大数据与中国历史研究

第 **1** 辑

付海晏
徐 剑
主编

Big Data
and the Study of
Chinese
History

社会科学文献出版社
SOCIAL SCIENCES ACADEMIC PRESS (CHINA)

发刊词

从 20 世纪 80 年代以来，计量史学在海内外开始受到关注，涌现了一些较有代表性的成果，但是在大数据的背景下，计量史学或定量研究从来没有像今天这样受到社会的广泛关注。最近耶鲁大学、清华大学双聘教授陈志武《量化历史研究告诉我们什么？》一文全面阐释了计量史学的重要性。

在海内外具有重要影响力的李中清教授，作为历史学社会科学化的倡导者，也是将社会科学的计量方法应用于分析历史数据的先行者。他和他的研究组把历史的和当代的档案资料、社会调查、家谱、碑铭及口述历史联系起来，创立了世界上数一数二的从 18 世纪一直延伸到 21 世纪的大规模个体数据资料。在继此前人口史、经济史计量研究的突破性贡献之后，2012 年完成的《无声的革命：北京大学与苏州大学学生社会来源研究（1952～2002）》在《中国社会科学》刊发后引起重要社会反响，次年出版的同名专著以扎实的数据证明了中国的高考制度对促进社会流动和保持社会公平具有积极作用，对今后高等教育领域的改革提供了重要参考。该书出版后，受到俞正声、刘延东等国家领导人的高度重视。

华中师范大学在章开沅先生的带领下，长期以来在社会经济史、教会大学等中西文化交流史领域具有较大的学术影响力。在计量史学方面，1997 年当我入选国家教委人文社会科学"跨世纪优秀人才"后，曾开始从事"民国时期社会发展水平的统计研究"这一跨学科研究，这项研究针对中国近代史研究中量化研究尚不足的薄弱环节，借鉴统计学、社会学等学科的理论方法及现代科技，突破传统史学模式，引入计量史学的方法，尤其是通过若干指标体系的建立，来具体说明民国时期社会发展水平的实际状况，并进而提升史学研究的科学性，为中国现代化的进程提供一个比较可信的参照系数，除先后发表《建构民国时期（1912~1949）社会发展指标体系的几点思考》、《民国时期政府统计工作与统计资料述论》等文外，还主编了《民国时期社会发展统计资料汇编》，限于种种原因，至今尚未出版。2009年以来，我有较多的机会参加国际经济史学会（IEHA）举办的各种活动，特别是作为中国经济史学界的学者代表当选国际经济史学会执行委员，在评审各国学者提交的小组议题中，发现越来越多的学者选择了大数据、数据库的利用与研究，事实上使用数据以及数据库也是国际经济史学会确定的重要遴选标准之一。

自2013年开始，华中师范大学与香港科技大学开始在大数据历史研究以及人才培养方面的合作，2015年在华中师范大学人文社会科学高等研究院开设大数据历史专业硕士研究生基地班，在国内率先开展共同培养大数据与中国历史研究方向的研究生，香港科技大学人文学院李中清院长、李伯重教授先后被聘任为我校特聘教授，香港科技大学人文学院副院长康文林教授通过长江学者客座教授评审。在专业课程设置方面，大数据历史专业开设了诸多较有特色的专业课程，其中"大数据与中国历史"系列讲座系高等研究院、历史文化学院共同举办，每年邀请海内外十余位在量化历史研究、数字人文研究方面素有专长的资深教授、新锐青年学者做专题讲座，本刊收录了部分学者的研究成果、演讲稿，今后将每年出版一本，力争将《大数据与中国历史研究》系列专辑打造为一个在国内具有较大影响力的学术品牌。

此外，香港科技大学李中清、康文林教授为大数据历史专业开设了 A New History of a New China（新中国、新历史）、Big Data and New Methods in Chinese Social History: Collection, Transcription, Analysis（大数据与新社会史研究）等具有特色的课程，在今后合适的时候，我们也将根据课程内容出版相关的系列教程，组织相关的国际学术讨论会，期待为国内外方兴未艾的数字人文研究以及人才培养贡献一份力量。也期待通过这样的诸多努力，吸引更多优秀人才一起参与、引领"大数据历史"这一最新学术潮流，在重大研究领域、研究问题、学科发展与国际影响力等方面有新的突破，从而带动历史学等传统人文社会学科的新发展。

马　敏

2017年2月17日

目 录

·专题研究·

民国时期社会发展的计量研究与政府统计
　　资料利用 ·· 马　敏　陆汉文 / 3
量化数据库与历史研究 ························ 梁　晨　董　浩　李中清 / 34
中国历史时期经济总量估值研究
　　——以 GDP 的测算为中心 ········· 倪玉平　徐　毅　范鲁文·巴斯 / 58
从脚注中发现经济史：统泰升档案
　　旧事（1790~1850） ······································ 马德斌　袁为鹏 / 75
周学熙实业生涯中的社会网络关系考察 ················ 段　钊　谭艳平 / 90
北洋时期基层诉讼的规模、效率及结案方式 ··················· 唐仕春 / 109

·讲座实录·

大数据与中国历史研究 ·· 李伯重 / 159
大数据与社会科学和人文科学研究 ································ 周欣平 / 184
计量史学漫谈 ·· 袁为鹏 / 199
近代中国工业化进程中民间资本的地位和作用 ················· 朱荫贵 / 218

稿　约 ·· 242

Contents

Special Study

A Quantitative Study of Social Development in the Republic of China and Utilization of Government Statistics　　　　　　　　　　　　　　　*Ma Min, Lu Hanwen* / 3

Database and Historical Research　　　*Liang Chen, Dong Hao, James Z. Lee* / 34

A Study on the Estimation of the Economic Total in the Chinese Historical Period: Taking the Measurement of GDP as the Center
　　　　　　　　　　　　　　　　　　Ni Yuping, Xu Yi, Bas van Leeuwen / 58

Discovering Economic History in Footnotes: The Story of the Tong Taisheng Merchant Archive (1790 - 1850)　　　　　　　*Ma Debin, Yuan Weipeng* / 75

A Study on the Social Network Relationship of Zhou Xuexi's Industrial Career
　　　　　　　　　　　　　　　　　　　　　　　　Duan Zhao, Tan Yanping / 90

The Scale, Efficiency and Closing Mode of Grass-roots Litigation in Beiyang Period　　　　　　　　　　　　　　　　　　　　　　　*Tang Shichun* / 109

Lectures

Big Data and Chinese History Research　　　　　　　　　　　*Li Bozhong* / 159

Big Data and Social Sciences and Humanities Research　　　　*Zhou Xinping* / 184

On the Study of Quantitative History　　　　　　　　　　　*Yuan Weipeng* / 199

The Status and Function of Folk Capital in the Process of Industrialization in Modern China　　　　　　　　　　　　　　　　　　　　　*Zhu Yingui* / 218

Call for Papers　　　　　　　　　　　　　　　　　　　　　　　　　　　242

专题研究

民国时期社会发展的计量研究与政府统计资料利用[*]

马 敏 陆汉文

民国史研究乃至整个中国近代史研究目前亟待解决的一个问题是：如何在"定性"研究的基础上加强定量的分析，以提升史学成果的准确性、科学性。"现代化史"分析框架的引入，曾一度激活了人们的思想，促使研究者从社会演变的另一角度来思考中国近代的百年历史。但如果仅仅停留在"传统"、"现代"的二分，或若干现代化模式的宏观描述上，我们的史学未免再一次显得苍白、无力。现代化阐释框架目前正在被形形色色的"后现代化"思潮蚕食、挑战，便是一个明证。为此，以统计资料为基础，通过引入计量史学的方法，尤其是通过若干指标体系的建立，来具体说明民国时期社会发展水平的实际状况，无疑便成为进一步深化中国近代史（1840～1949）研究的关键之一。本文尝试沿此方向进行初步探索：第一部分介绍计量史学和社会发展指标体系的基本概念和思想，第二部分阐述构建民国时期社会发展指标体系的基石与原则，第三部分分析民国时期社会发展指标体系的基本框架与具体内容，第四部分梳理民国时期主要统计活动与统计资料，最后讨论政府统计资料在民国社会发展研究乃至整个民国

---

[*] 本文系作者根据推进大数据史学相关研究和人才培养工作的需要，对此前已经发表的两篇文章的整合。这两篇文章分别为《建构民国时期（1912～1949）社会发展指标体系的几点思考》（《华中师范大学学报》2001年第1期）和《民国时期政府统计工作与统计资料述论》（《华中师范大学学报》2005年第6期）。

史研究中的价值。

一 计量史学与社会发展指标体系

20世纪50年代,计量史学自法国滥觞,旋即西征东伐,掀起史学界的轩然大波。一大批运用回归分析、相关系数、方差分析等计量技术的"新史学"著作相继问世,向传统叙事式人文史学提出了严峻挑战,同时也招致一轮轮的指责。无须赘述计量史学的远大科学抱负及其卓越成就,也不论其反对者或中肯或武断的辩驳与诘难,计量方法由此所展现的对于史学研究的方法论意义是毋庸置疑的。对于具有深厚、悠久人文史传统,习惯于粗放式耕耘的中国史学界来说,这种意义尤为重大。

计量史学的灵魂是:在特定理论指导下,对历史做准确的结构性的数量分析,进而概括出关于历史的科学结论。由是,关于计量史学的争论便可归结为:一个个具体的具有内在情感与好恶的个人所创造的历史能够经由结构性的数量描述而再现吗?反对者以为,离开对重大历史事件及其背景以及历史人物的深刻洞察和理解就不可能接近历史。在这个意义上,关于计量史学的争论实际上可以进一步归结为人文主义与实证主义的论争。因此,厘清100多年来人文主义与实证主义论争的实质,是理解计量史学及其方法论意义的关键。作为一种方法论主张,人文主义强调经验的不可重复性、主观性,认为在社会、历史和文化领域不存在全称假说,不能建立因果律、统计律,而只能用诠释、理解的方法去做恰切的观照。实证主义则针锋相对,肯定经验的客观性、可测性及普遍定律的存在,坚持演绎说明是科学认识的最好模式,自然科学、社会科学概莫能外。但事实上,根据哈贝马斯及阿佩尔的观点,人文主义与实证主义并非水火不容,人文主义所要理解的是社会、历史和文化领域中需要理解的一个侧面,实证主义所要实证的则是同样领域的另一个侧面,两者回答的是纷繁世界的不同问题。[①] 因此,关于计量史学的争论便也有了消解的可能。计量史学无法取代人文史学,同样,人文史学也不应苛求计量史学。历史需要理解,理解一个个历史事件及英雄人物背后深刻而丰富的政治、经济、文化乃至心理内

---

① 江天骥:《略论社会科学中的科学主义与人文主义》,《天津社会科学》1999年第5期。

蕴；历史也需要计量，计量不同时段、不同地域、不同群体所显现出来的不同经济、社会、行为乃至文化心理特征。就此而言，我国史学界有理由更重视计量史学研究，通过数量分析提升史学研究成果的科学性，以补长期以来历史研究中人文史学一家独大之缺。

晚清时期，社会统计资料十分零散，统计手段也不甚科学，留下的能反映社会发展水平的系统的统计资料甚少，给计量史学研究造成了极大的障碍。民国以后，现代意义上的统计制度始逐渐建立起来。民国初年，曾有主计局等组织，负责一些统计工作。南京国民政府成立以后，"对于统计行政之划一，以及政府统计制度之确立，厘定法令，用策厉行"。1931年，国民政府设置主计处，"掌理全国岁计会计统计事务"。"依主计法规之规定，主计处统计局掌全国统计总报告之汇编，及分类统计年鉴之纂刊。"① 1935年，统计局汇编第一次全国统计总报告，并提要刊行《中华民国统计提要（二十四年辑）》。② 此后，虽然由于抗日战争爆发，统计事务受到极大破坏，但统计局仍坚持工作，于1940年、1947年两次汇编全国统计总报告，并提要刊行。这些综合性统计资料和各种部门统计资料的内容涉及土地与人口、生产事业、商业、货币金融、财政、交通、教育、政治、国际比较等众多类别，类之下又再分纲、目、栏等，并且注重历年之比较、各省之比较及各辑之间的联系与一致，数据相当全面翔实，有很大的学术价值。另外，还有一些机构和个人对中国社会的实际情况进行过一些调查统计，也留下了丰富的统计数据资料。这些数据为计量史学研究提供了资料上的保证和便利。因此，民国史的计量研究更有理由得到重视。

笔者认为，最能够彰显统计资料在民国史研究中的综合价值的是社会发展研究。社会发展是一种社会存在，是一个由低级到高级的运动过程。这个过程不仅是一种定性的描述，还是一种可以用指标体系加以观察的社会发展状态，是一种可测度的社会现象。这里所谓的指标是表示一个概念或变量的可观察、可测量的具体事物。一系列具有内在结构和逻辑关系的指标经理论整合即构成相应的指标体系。自20世纪30年代凯恩斯提出以

---

① 陈其采：《〈中华民国统计提要（二十九年辑）〉序》，国民政府主计处统计局编《中华民国统计提要（二十九年辑）》，商务印书馆，1940。
② 国民政府主计处统计局编《中华民国统计提要（二十四年辑）》，商务印书馆，1935。

GNP来度量经济增长以后，相当长一段时间内，发展被经济增长所代替，经济增长又主要由GNP等少数几个经济指标组成的指标体系来反映。这就是传统发展观及其指导下的经济性指标体系。60年代以后，人们开始认识到经济性指标体系的局限性，即经济增长不等于人们生活水平的提高，不等于社会进步，遂提出了新的发展观及相应的社会发展指标体系。根据有些研究者的归纳，新发展观包括综合发展观、人本发展观、社会整合观及可持续发展观等几种不同的具体形态。综合发展观认为发展包括经济增长、政治民主、科技水平提高、文化价值观念变迁、社会转型、生态平衡等多方面的因素。人本发展观以满足人的需求为核心价值取向，以实现人的全面发展为出发点和落脚点。社会整合观强调社会发展各要素的相互联系、和谐有序、灵活有效及一体化运作。可持续发展观则突出在社会经济发展过程中保护自然资源总量和总体上的生态完整，进而实现社会持续进步的价值优先性。[①] 不论哪一种具体形态，都强调全面发展的重要性，认为经济发展是社会发展的重要内容，但经济发展本身并不等于社会发展，社会发展最终是为了全面满足人的多层次需要。因此，与新发展观相对应的就是包括经济指标在内的注重社会全面发展状况的指标体系。

社会发展指标可解释为："量定某一社会发展程度的指数的材料"。[②] 社会发展指标体系依其功能可以区分为描述性指标体系、评价性指标体系和规划性指标体系。描述性指标体系通常是政府制定出来用以详细记录当时社会发展各方面变化情况的统计体系，像统计年报表、月报表之类，凡可以统计的内容都应囊括其中，比较具体、翔实、细致，因此，具体指标通常很多，常常有数百乃至上千个。民国时期的《中华民国统计提要》以及当代中国的《中国统计年鉴》即属此类。评价性指标体系旨在以描述性指标体系为主要依据，选择确立尽可能少的、具有内在逻辑关系的一些指标全面概括社会发展，达至对长时段社会发展状况或不同地域、国家的发展水平的总体性认识、评价和比较。其特点是少而精，注重从量与质的结合上把握人类社会的深层次脉络，既具备历史的纵深感，又具备空间上的延展性，从而能够作为认识历史与现实社会的有效工具。

[①] 宋林飞：《社会发展的评估与对策》，《南京社会科学》1998年第4期。
[②] 郑杭生等：《社会指标理论研究》，中国人民大学出版社，1989，第25页。

二 建构民国时期社会发展指标体系的基石与原则

建构民国时期的社会发展指标体系，是为了提供一种新的可资认识、评价民国史并能够对勘历史与现实的理论工具，因此，毫无疑问，要建构的是一种评价性指标体系。如前所述，指标体系是具体指标的结构性聚合，而其结构，取决于作为其理论基石的发展观。因此，建构民国时期社会发展状况的评价性指标体系，首先要确定的就是作为其基石的发展观。

近代以来的中国历史，贯穿着一条基本线索，即中国人对国强民富或社会由传统向现代转型的向往与追求，民国时期也不例外。作为民国时期社会发展指标体系理论基石的发展观应该能够抓住这种长时段特征。由此出发，新发展观当是恰切的选择。反观历史，尽管民国时期没有也不可能明确提出新发展观，但由于社会由传统向现代的转型必然涉及经济、政治、文化诸方面的全面变迁，中国人的求富逐强、救亡图存本就是一种笼统的整体性诉求，我们仍然可以运用基于新发展观而建立起来的反映社会全面发展状况的指标体系去分析和评价民国历史。更何况，历史不仅是一代又一代人主观能动地追求与奋斗的历程，更是一个客观自然过程，历史上没有明确提出新发展观，并不表明以此为判断标准的历史就没有发展。因此，运用新发展观下的社会指标体系对历史进行分析和评价是完全合理的。新发展观凸显发展的动态性和连续性，不仅关注人均国民生产总值、人均收入、卫生水平等主要反映当时富裕、发达程度的具体指标，而且关注经济社会结构的调整，关注人口素质的提高和社会价值观念的递嬗，以及制度创新与变迁等等。简言之，即关注进一步发展的障碍的扫除及条件的创造。在新发展观下，真正的发展必然是涉及经济、政治、文化、科技等的全面发展。单纯的经济增长必因制度、人口素质等其他某些方面的落后或不适应而难以长久，单纯的制度创新也同样会由于缺乏相应的经济支撑而难以扎根，都不可能是真正的发展。从社会指标的含义及新发展观出发，民国时期社会发展指标体系的建构应该遵循时代性、可行性、可比性、简约性等基本原则。

时代性。我们所要建构的指标体系是用来认识、评价民国时期的社会发展状况的，因此必须紧扣那一时代的主题，突出那些与该时期发展实际相联系的社会指标。这就要求在建构指标体系之前对民国史有一个定性的把握。诚然，建立民国时期社会发展的指标体系本是为了更准确地认识当时的社会发展，但是，以数量化为特点的指标体系的建立本身又需要以一定的定性认识为前提。换句话说，只有大致把握了民国史的基本特征，才能够建立起对应的指标体系，准确地勾画出民国时期的社会发展面貌及其时代特点。反过来，社会发展指标体系的定量化分析又必然能够导出关于民国史基本特征的更准确结论，进而在一定程度上对作为社会指标体系前提的定性认识构成挑战或补充。这样，定性认识与指标体系的概括既相互依赖、相互促进，又各自独立，共同构成了历史研究的有效途径。因此，建构民国时期社会发展指标体系要以某些得到普遍认可的关于民国史的已有结论为前提。

作为中国近代史上的一个重要历史阶段，民国时期至少有这样几个显著特点：其一，民国时期战争频仍。战争不仅消耗了大量财富，也造成了大量伤亡人口，对人口增长率、人口预期寿命等指标，对政治经济制度变迁及当时中国的发展主题、道路和模式构成了巨大影响。其二，中华民国不具有完全主权，也一直未能有效控制整个国家。因此，不同地域的发展目标、发展环境、发展政策、发展路径及发展成效可能都存在较大差异。忽视这种差异，就无法正确认识民国时期的社会发展。其三，民国时期，即使西方国家也只是强调经济增长，并没有意识到社会全面发展的重要性，而中国连经济增长都成问题。因此，社会发展在民国时期首先诉求的是和平，是有家可归、有食果腹、有衣蔽体，舍此而外，就谈不上发展。有些指标现在看来是层次比较低的，在当时却可能至为根本、关乎民生。民国时期社会发展指标体系必须凸显这类指标的位置。其四，虽然中国社会的近代转型至民国初期已历时数十年，但即使是到了民国后期，在中国延续2000多年之久，由小农经济、宗族制度、官僚政治所组成的高度一体化的农业宗法社会结构仍未发生根本性变化。建构民国时期社会发展指标体系时应该认真审视这些特点，关注经济社会结构的转型及其障碍，关注制度创新及其社会心理环境。

可行性。社会发展指标体系的建构既是一个理论问题，也是一个实践问题。若在实践上行不通，理论上再完善精致的指标体系，亦不过是绣花枕头，中看不中用。因此，建构民国时期社会发展指标体系既要注重理论方面的要求，也要考虑实践上的可能，要从民国时期的历史实际出发，保证各项具体指标的经验可测性。中华民国是已经逝去的历史，只能以现存史料作为建构社会发展指标体系的前提。因此，在确定指标体系的理论框架及具体内容时，首先要深入了解、分析包括《中华民国统计提要》在内的有关统计史料，把握民国的计政制度和统计方法，搞清楚民国统计机构采用了哪些指标；其初衷是什么；各个指标的含义是什么；是否有相应的统计数据；若没有统计数据，是否可以根据其他资料估算出来或者使用其他替代指标；不同年份的统计口径是否一致；各种数据是如何收集的；其可靠性如何；除官方统计外，还有哪些资料可资利用；等等。只有这样，才能保证社会发展指标体系的可行性。

可比性。民国时期社会发展指标体系是一把尺子，这把尺子应该能够测出此一历史时期中至少两个不同年份的发展水平，从而可以用作民国时期社会发展研究的工具，分析、比较当时的发展状况。在此基础上，该指标体系还必须具备与现代社会发展指标体系的一致性，从而使历史和现实具有可比性。因此，建构民国时期社会发展指标体系时，要以当今世界尤其是当代中国有影响的指标体系为参照系，认真分析其构成、内涵及使用方式，抠出那些代表性强、能够反映人类社会发展大势的核心指标，进而确定依据民国史料能够取得数据的相应指标，以保证指标体系的大致可比性。

简约性。社会发展千头万绪、林林总总，涉及政治、经济、军事、科技、文化、教育、卫生等许多方面的内容，全面、详细地描述各个方面的具体情况，需要建立庞大的统计指标体系，即描述性指标体系。评价性指标体系以特定的发展观为理论基石，强调各项指标的理论联系和逻辑关系，旨在描绘社会发展的主要特征，概括、评价社会发展的基本状况、利弊得失及内在规律。这种指标体系应简明扼要，通过少量有代表性的关键指标，提纲挈领又不失精当地反映社会发展状况，而不是像统计机构的统计报表那样，指标众多，包罗万象，面面俱到。因此，建构民国时期社会发展指标体系还需要在时代性、可行性、可比性的基础上讲求简约性，以尽可能少的指标达到从总体上对民国时期社会发展状况的把握，并能够进行历史与现实、中国与外国的比较研究。

三 民国时期社会发展指标体系的基本框架和具体内容

社会发展是一个综合系统,包括的具体内容很多,关键是如何选择最有代表性的核心指标,建构评价性指标体系,以便对社会状况进行综合分析和评价,简明扼要地抓住其主要特征。笔者以为,在新发展观指导下,根据民国时期的具体情况,可以从经济状况与物质生活、社会关系与群体生活、文化教育与心理状况等三个方面建构民国时期的社会发展指标体系,以期全面把握当时的发展水平,并与世界各国及当代中国的发展状况相参照。

社会发展最终是为了人,而人首先必须能够生存,需要衣、食、住以及其他生活物品。因此,人的第一个历史活动就是生产满足这些需要的物质资料,即生产物质生活本身。① 因此,经济状况与物质生活方面的指标应该是反映迄今为止的任何社会任何阶段的发展状况的基础性指标。对于民国时期来说,由于社会正处于结构转型期,商品经济与民族工业都有一定发展,工业化正在起步,由于经济增长与强权政治是世界范围内的主旋律,所以,这类指标对于衡量那时的社会发展水平来说就显得更为重要。民国时期的经济状况与物质生活尽管不似现在发达与富裕,但也涉及很多部门,如农业、工业、交通等,都需要相应的指标去量度。根据民国时期的统计体例,可以将这方面反映社会发展水平的指标概括为三类:经济指标、城市化指标、交通指标。

正如马克思所指出的,人的本质,"在其现实性上,它是一切社会关系的总和"。② 从一产生时,人的物质生产与物质生活活动就是群体性活动,涉及人与人之间的社会关系。为了自身的生存和发展,任何个人都必须与他人结成一定的交往关系,脱离与他人的交往关系,人也就不成其为人。因此,人们的社会关系与群体生活也就构成了社会发展的重要方面,社会发展程度必然通过社会活动和社会关系的量与质表现出来,通过人与人结

---

① 《马克思恩格斯选集》第 1 卷,人民出版社,1972,第 32 页。
② 《马克思恩格斯选集》第 1 卷,第 18 页。

成特定社会关系参与社会活动的深度和广度表现出来。① 社会关系与群体生活方面的发展涉及人口、家庭、社区以至整个社会结构和秩序，大体可以概括为三类：人口与社会保障指标、家庭与妇女发展指标、社会组织与公共秩序指标。

　　社会发展是一个客观自然过程，同时也是人们主观感受和参与的过程；不仅是外在于人的物质生产、社会结构变迁及制度创新过程，同时也是社会成员的心理嬗变过程和个人现代性的增长过程。因此，社会发展还包括一个重要方面，即人的文化教育与心理状况，用以表明人的现代性与精神生活质量，表明人对生活的意识能力和觉悟水平，表明人在自然环境和社会环境中的理解能力、创造能力和超越潜力。只有包含这方面内容的发展才是人的灵肉相济的发展，才是对全面社会发展的真切把握。文化教育与心理状况方面的指标首先包括新闻出版指标和教育指标。此外，由于社会成员的心理变迁和个人现代性的增长涉及人的内在的观念，其测量明显不同于物质生活与群体生活，除运用上述客观指标外，还需要同时使用主观指标。新闻出版和教育类客观指标的变化（如报纸发行量的增加），只有联系相应的主观指标（如人们对待报纸的态度），才能予以更有把握的解释。物质生活与群体生活方面的变迁也只有结合心理状况方面的主观指标，才能得出更可靠的结论。譬如，工厂工人的增多反映了工业化的推进，但如果当时人们对这种数量增加持否定性情感与认识，认为进厂务工即意味着背井离乡，给人无归依感，进而排斥工厂生活，则可以断言，工业化进程会因为社会成员观念的落后而遭遇较大的社会阻力；反之，若当时人们对这种数量增加持肯定性情感与认识，把离土离乡、进厂务工看作更令人满意、更有前途的生活方式，那么工业化进程就具有较好的民众心理基础，会比较顺利。因此，文化教育与心理状况方面包括三类指标，即除新闻出版和教育两类客观指标外，还有价值观类主观指标。只有这样，才能够提高指标体系的测量效度，以便更好地接近历史真实。

　　经济状况与物质生活、社会关系与群体生活、文化教育与心理状态等三方面的共同发展即全面的社会发展。从这三方面出发建构的由九类指标组成的指标体系能够避免单纯经济性指标体系测度发展水平的偏颇，真实

---

　　① 郑杭生等：《社会指标理论研究》，第175~177页。

全面地反映社会发展状况。

经济指标。民国时期，经济方面的统计极其周详，如《中华民国统计提要（二十九年辑）》的9个统计类别中，有生产事业、商业、货币金融、财政等4个类别11纲主要涉及的就是该方面的数据。根据民国时期社会发展指标体系的基本框架，可选择确定人均国民生产总值、年度财政收入、物价指数、机器工业与手工业的比重等四项具体指标。人均国民生产总值和年度财政收入从总量上体现经济发达与富裕程度。在已知国民生产总值和财政收入的前提下，物价指数能够大体反映人民群众基本的物质生活状况。民国时期，中国仍属于农业社会，传统手工业比较普遍，现代机器工业刚刚起步，处于同手工业激烈争夺市场的阶段，由此，机器工业与手工业的比重便比较精练地概括了工业化的水平。

城市化指标。城市化是现代化的一项重要内容，其水平与现代化程度密切相关。城市人口占总人口的比重、非农业就业人口占就业人口的比重、农业产值占国民生产总值的比重等三项指标能够大致体现民国时期的城市化水平。

交通指标。当今世界一些具有很大影响的社会发展指标体系中，都没有专门的交通指标，因为发达完善的交通网络乃现代社会的平常现象，其作为发展指标的意义被经济指标予以较好的涵盖和表达。民国时期则不然。当时的中国仍属于传统社会，交通状况还很落后，铁路、公路、邮电通信等现代交通技术，对于疆域辽阔、地形复杂的整个国家来说，在经济现代化、政治现代化乃至人们生活方式和观念现代化诸方面均具有极为重要的影响。因此，铁路里程、公路里程、邮政里程、电政收入等四项主要交通指标，对于反映不同地域以及整个国家的发展水平来说，具有不可替代的作用。

人口与社会保障指标。人口与社会保障指标是衡量社会福利水平和民众生活质量的基础性指标，在各国的社会发展指标体系中占有重要位置。根据已有统计资料，并参照前述代表性的指标体系，可以选择婴儿死亡率、平均预期寿命、人口净增长率、自然灾害死亡人口比重、每万人口拥有的医生数等五项具体指标测度民国时期的人口与社会保障状况。

家庭与妇女发展指标。家庭是人们最基本的群体生活形态和社会关系场所，平均家庭规模、离婚率等两项指标能够较好地反映这种形态和关系在社会结构转型期的变化。传统社会中,男尊女卑,"女子无才便是德"。近代以后特别是民元以降,受西潮冲击,男女平等的思想被越来越多的人接受,女性开始走出家庭,走向学校和社会,踏上妇女解放的道路。这个时期,受教育状况无疑是影响妇女角色定位、妇女发展以及妇女家庭与社会地位的最关键因素,因此,受教育人口中女性所占比重是测量民国时期妇女发展状况的最佳指标。

社会组织与公共秩序指标。法国社会学家涂尔干将建立在社会成员的高度相似性与同质性基础上的整合方式称为机械团结,建立在社会组织的功能分化和专业化基础上的整合方式称为有机团结。在他看来,传统社会主要依靠机械团结而维系,现代社会则主要依靠有机团结而维系。机械团结向有机团结发展的过程,亦即现代性成长的过程。近代以来出现的新式社团及司法制度无疑是有机团结的实现形式,因此,社团及其会员数量、每万人口法官数、民事纠纷立案数、刑事案件立案数等四项指标便从整合方式这一角度表征社会发展状况,表明现代社会土壤的潜滋暗长,乃至现代社会秩序的编织生成。

新闻出版指标。大众媒体及出版物能够开启民智,开阔眼界,传播新观念、新思想,提高民众精神生活质量,是影响个人现代性的一个重要因素。民国时期,报刊种类、报刊发行量、图书发行量等三项指标基本上代表了大众传播媒体的发展水平,可确定为基本的新闻出版指标。

教育指标。与大众传播媒体相比,教育的针对性更强,目标更明确,能够更有效、更直接地提高受教育者的素质,改变他们的思想和观念,为现代经济、政治、文化等各项事业的发展提供人力资源。因此,当今世界上的大多数社会发展指标体系都涉及教育状况,如识字率、大学生占适龄青年比重等指标。民国时期,传统教育式微,新式教育逐渐扩张,教育事业总的来说还很落后,教育经费占国民生产总值比重、新式教育人数占受教育人数比重、识字人口占总人口比重、适龄青年受高等教育和中等教育比重等四项指标能够较好地概括教育事业的发展状况。

价值观指标。价值观指标直接针对人的态度和观念,属于主观指标,涉及很多内容。民国时期政府统计资料中缺少相关数据,但一些机构和个人开展的社会调查包含相关资料。我们选择确定城乡居民生活满意度、城乡居民对社会变迁的认识、城乡居民对个人苦难的解释等三个较抽象的指标，希望能够借以捕捉当时根本性的社会观念和价值取向，以便弥补客观指标的不足，真实反映民国时期的社会心理状况。

四　民国时期主要统计活动与统计资料

那么，民国时期的统计活动和相应统计资料又怎么样呢？能够在多大程度上覆盖上述指标体系？首先可以看一看部门统计资料的情况。

农业统计。民国时期的农业统计1912年开始由农林部举办，1914年后由农林、工商两部合并而成的农商部继续办理。农商部在1914~1924年先后完成《农商统计表》9次，其中农业方面包括农家户数与田圃面积、农家户别耕地的多少、农产品、桑田与茶田面积、蚕茧、蚕丝、茶、荒地、农田灾歉、农会等众多项目，只是多数年份各省的数字都不齐全，算不上完整的统计。相比之下，1914年和1918年的统计表较全，被较广泛地引用与参考。1924年以后，因国内政局日趋动荡，全国范围内的调查与统计，遂尔中断。①

1928年，南京国民政府农矿部成立，农业统计属其职掌之一，但由于该年之国内战争，农矿部未及着手普遍调查。1929年立法院统计处成立后，曾计划举办全国农业清查，终因经费困难，未克实施。后来仅调查江宁县270个村，由立法院统计处调查员直接查报，调查项目包括每户田地面积、户均人数、农民构成、农民工银、地价、农作物耕种面积及收成、牲畜家禽数及其价值等，调查结果刊载于立法院《统计月报》上。立法院统计处并运用通信调查法，完成各省农户及耕地、重要作物耕作面积与产值、佃农分布状况、试验农产预测、小麦播种时期研究、租率等统计，结果亦刊载于立法院《统计月报》中。1931年主计处成立后，统计局继续办理历年各省农产预测、各省农佃押租调查、各省农业工资统计、各省茶叶生产量统计等工作，结果先后刊布于该局接办的《统计月报》上。1932年实业部统计长办公处成立，主办《实业统计》双月刊，载有该部各种农业统计。其他重要统计还有：1930年铁道部对各新线沿路各县之农户及耕地亩数统计（见《各新县沿线经济调查报告书》）；1931实业部中央农业试验所成

---

① 国民政府主计处统计局编《中华民国统计提要（二十四年辑）》，第465页。

立，该所农业经济科举办农家经济、米价、农村经济等调查，相关资料每月由《农情报告》刊出；1933 年农村复兴委员会成立，该委员会以每省抽查数县的方法，对江苏、浙江、河南、陕西、广西、云南等省进行调查，由商务印书馆印行相关调查报告；① 1933 年国防设计委员会试办的句容县人口农业调查；② 福建省政府秘书处统计室举办的长乐县人口普查；广西调查统计局在贺县、绥渌县举办的农业普查。此外，还有一些学术团体和个人举办的农业调查统计。全国性的农业普查，虽屡有打算，但迄至 1949 年一直未能实际举办。③

工业统计。工业统计在 1928 年以前少有人做。北京政府工商部及合并后的农商部曾举办工业清查，但究竟是实地调查还是估计所得，无从稽考。从存留的统计资料来看，机器工业似曾详查，手工业资料则极为简陋。这些资料多刊布于农商部《农商统计表》中。④ 而华商纱厂联合会编辑出版的《中国纱厂一览表》（1933 年）亦属该时期有相当参考价值的统计资料。其他散见于各种报刊者，则多为片断之记载，如英文《中国年鉴》和日文《支那年鉴》都载有我国工业之零星资料。⑤

1928 年以后，工业调查统计渐受重视，政府机构、教学科研团体与个人参与其事者甚多。1929 年，铁道部组织测量队和经济调查队，分赴云南、贵州、广西、福建、浙江、江西等省铁路沿线调查，机械工业和手工业分别属调查内容之一。1931 年主计处成立后，统计局、实业部、国定税则委员会、上海市社会局、中国经济学社研究委员会、交通大学等机构联合组成上海工业调查联合事务所，将上海划分为闸北东西二区、公共租界东中西三区、法租界、沪南、浦东等区，分别调查机械工业。1932 年，实业部国际贸易局运用实地调查法和文献法，调查 29 省区的实业，工业部分包括机械工业和手工业，具体涉及厂数、资本数、工人数、原料、产地、制造手续、出品种类、商标、销售方法、地域等项目，调查统计结果编成《中

---

① 参见行政院农村复兴委员会《江苏省农村调查》、《浙江省农村调查》、《河南省农村调查》、《陕西省农村调查》、《广西省农村调查》、《云南省农村调查》，商务印书馆，1934。
② 参见国防设计委员会《句容县人口农业调查总报告》，编者刊，1934。
③ 参见《中华民国统计提要（二十四年辑）》，第 465～466 页。
④ 刘大钧：《中国之统计事业》，《统计论丛》，黎明书局，1934，第 151 页。
⑤ 《中华民国统计提要（二十四年辑）》，第 595 页。

国实业志》，由国际贸易局于 1933 年起陆续出版。1933 年，国防设计委员会举办一项涉及 14 省 100 余市县的工业统计，共调查工业 180 余种，工厂 2800 余家。1934 年，上海市社会局举办上海工厂调查。1945 年，主计处统计局举办四川省江北县基本国势调查，工业方面包括新式工业、手工业及农村副业，手工业与农村副业又分纺织、造纸、烧窑、砖瓦、榨油、面粉、土木石工、染坊、碾米、编织、制糖、榨菜等业。1947 年，经济部举办全国经济调查，工业调查是其主要部分之一。工业调查分一般性调查表和分业性调查表两种，一般性调查表包括工厂概况、职工人数、动力设备等内容，分业性调查表包括机械设备、主要产品、主要原料等内容。① 其他如广西、四川等地方政府及上海面粉业公会等行业组织也曾组织本地或本行业的调查统计工作。

商业与物价统计。民国时期的统计分类中，商业统计通常仅指公司注册、事业设立与倒闭、公司营业、营业捐税、商品运输等较狭义的方面。前述农商部所编《农商统计表》除刊载较多的工农业统计外，亦发表该部一些商业统计数字，只是质量极差，几无利用价值。② 国民政府奠都南京之后，成立全国注册局，办理公司、行号等注册事宜，随后设工商部，接着与农矿部合并成立实业部，迄 1938 年复改为经济部，是为商业行政主管机关的沿革。这些机关先后从事过一些涉及商业状况的调查统计工作，但并没有取得很大的成绩。此外，其他相关部门如铁道部等以及社会团体如商会、同业公会等也涉及部分商业统计工作。只是由于商业行号多而分散，且更迭变化频繁，所以，一直缺乏完整确实的商业统计资料可稽。③

物价通常分为趸售（批发）和零售两种。趸售物价是指物品大量购入或出售时的价格，用以代表一国一地的物价，表示货币的价值亦即货币购买力的强弱。零售物价是指物品零星购入或出售时的价格，用以测定一般人民的生活费用。④ 民国时期，物价指数的调查编制一直受到重视。1919 年 9 月，财政部驻沪调查货价处开始按月调查编制上海趸售物价指数，物品涉及粮食、其他食物、纺织品及其原料、金属、燃料、建筑材料、化学品、

---

① 朱君毅：《民国时期的政府统计工作》，中国统计出版社，1988，第 70~71 页。
② 刘大钧：《中国之统计事业》，《统计论丛》，第 151 页。
③ 主计部统计局编《中华民国统计年鉴》，中国文化事业公司，1948，第 153 页。
④ 《中华民国统计年鉴》，第 167 页。

杂类等8类154项。1925年5月，财政部驻沪调查货价处开始按月编制上海输出入物价指数，物品分原料品、生产品、消费品三大类，计输出物品66项、输入物品82项。1929年4月，货价处归并于国定税则委员会，编制工作由该委员会续办。趸售物价指数和输出入物价指数均按期刊布于《上海物价月报》和《上海货价季刊》。①

广东省农工厅1925年7月开始调查物价，9月发表试编之广州批发物价指数，次年1月发表修正指数，物品包括米、其他食品、衣料、燃料、金属及建筑材料、杂项等6类190项（初为205项）。农工厅之后，由广东省建设厅、广东省调查统计局先后续编广州批发物价指数。主要结果先后刊载于农工厅《统计汇刊》、建设厅《经济旬刊》、调查统计局《统计汇刊》上。②

南开大学经济学院1928年起开始编制华北批发物价指数，物品项目初为78项，后陆续增至106项，涉及食物、服用、金属及其制品、建筑材料、燃料、杂项等6类，结果按月披露于南开大学经济学院《中国经济月报》（英文）上。③

1930年1月起，实业部统计长办公处（第一年为工商部）开始按月编制南京批发物价指数、青岛批发物价指数、汉口批发物价指数，物品包括食料、衣料、燃料、金属及电器、建筑材料、杂项等6类，计106项（南京）、121项（青岛）、111项（汉口），结果按月公布在该统计长办公处编《物价统计月刊》上。④

湖南省财政厅1931年1月着手调查物价，1933年9月开始在该厅《物价指数特刊》上发表长沙批发物价指数。此项指数涉及粮食、其他食物、布匹及其原料、燃料、金属及建筑材料、杂项等6类105项物品。⑤

国民政府主计处统计局也编制有全国趸售物价指数和零售物价指数。这两种指数都从1937年1月开始编制，在抗战时期包括重庆、成都、西安、兰州、贵阳、康定、昆明等7个城市，其中昆明从1944年4月开始编制，抗战胜利后增加南京、上海、北京、天津、青岛、杭州、合肥、镇江、长

---

① 《中华民国统计提要（二十四年辑）》，第632、634页。
② 《中华民国统计提要（二十四年辑）》，第632、633页。
③ 《中华民国统计提要（二十四年辑）》，第633、634页。
④ 《中华民国统计提要（二十四年辑）》，第631~633页。
⑤ 《中华民国统计提要（二十四年辑）》，第633页。

沙、南昌、开封、福州、广州、桂林、济南、太原、汉口、台北（计算全国指数时没有包括台北在内）等 18 个城市。各地指数均以 1937 年上半年为基期。趸售物价指数涉及的物品有食物、衣着、燃料、金属、建筑材料、杂项等 6 类 50 项。零售物价指数涉及的物品有食物、衣着、燃料、杂项等 4 类 50 项。各种物品价格，由各地统计机关依照主计处颁定的物价调查与统计方案派员按旬直接调查统计。①

此外，其他机关编制的零售物价指数包括河北省实业厅编制的河北省各县零售物价指数、湖南省政府秘书处编制的湖南省各县市普通生活零售物价指数、江西省政府秘书处统计室编制的南昌市日用物品零售物价指数、浙江省商务管理局编制的杭州市零售物价指数、广东省调查统计局编制的广州市零售物价指数等。②

交通与通信统计。民国时期的铁路统计创始于 1915 年，由交通部根据各路造送的报告按年编制，内容包括各铁路收支、资本、财政、营业里程、客运人数、货运吨数、机车列车里程、员役人数等。此项工作至 1926 年暂告中辍。③ 1928 年后由南京政府铁道部统计科继续编制。此外，铁道部还于 1932 年设立铁道年鉴编纂委员会，负责汇编《铁道年鉴》，涉及大量铁路统计资料。④ 迨 1938 年，铁道部与交通部合并，铁路统计复由交通部办理。

中华全国道路建设协会自 1921 年成立后一直把编制各项公路统计图表作为其主要目标之一，并且取得了可观的成绩。国民党中央党部 1933 年向各省主管机关征集截至 1932 年底的公路材料，编成《全国公路统计》（正中书局，1935）一书。该统计主要源自各省按既定格式所造送的材料并经仔细审核校正，只有辽宁、吉林、黑龙江、内蒙古、西藏等地或者采用了其他机构编制的第二手资料，或者空缺，前三省系由于沦陷，内蒙古、西藏两地乃因为偏僻和遥远。⑤

水上航运统计，1927 年以前主要见于交通部和铁道部组织的交通史编

---

① 《中华民国统计年鉴》，第 167~168 页。
② 《中华民国统计提要（二十四年辑）》，第 631 页。
③ 刘大钧：《中国之统计事业》，《统计论丛》，第 152 页。
④ 《中华民国统计提要（二十四年辑）》，第 1075 页。
⑤ 《中华民国统计提要（二十四年辑）》，第 1042 页。

纂委员会编印的《交通史（航政编）》（编者刊，1931），① 1928年以后则主要见于交通部按年编制的《交通部统计年报》。《交通部统计年报》的统计资料主要源自各主管机关的正式报告，也参照了有关档案材料，水上航运统计涉及注册船员、船舶、码头、造船厂、航运公司等方面的详细情况。② 民用航空事业因发展甚晚，主要由1930年以后始组建的中国航空公司和中央航空运输公司经营，具体统计工作，也经由这两个公司办理，交通部统计处负有总揽之责。③

邮政统计和电报电话统计，在1912年至1923年由交通部办理，按年刊布于该部出版的《交通统计图表》，内容非常简陋；此后直至1927年，一直停办；1928年开始，交通部续办邮政统计和电报电话统计，并补以1924年至1927年间的邮政及电报电话概况，发表于《交通部统计年报》或《交通统计简报》（半年刊）上。④ 此外，交通部并编有《中国邮政统计专刊》（编者刊，1931），分甲乙两编，分别述及邮务和储金，邮务材料自1912年起至1928年止，储金材料从1919年起至1928年止，凡可录诸数字者，都列有图表，甚为详细。⑤

人口统计。民国成立后，内务部于1912年举办全国各省户口调查，统计结果在1916年至1917年间陆续发表，范围包括直隶、江苏、浙江、江西、山西、河南、湖北、湖南、吉林、奉天、新疆、福建、甘肃、贵州、山东、陕西、四川、云南等省和绥远、京兆2个特别区，清查办法为逐户调查，内容涉及户口数、性别、年龄、婚姻、职业、出生率、死亡率等。其余各省，或者也有相应调查，惟无案可考，详情不得而知。⑥

地方各省，自1913年至1927年间，也有分别编查人口统计的。山西省按年编查，直至1927年。江苏、吉林、黑龙江、察哈尔等4省编至1921年，浙江、江西、山东、河北、河南、湖北、湖南、四川、辽宁、新疆等10省分别编至1915年至1919年不等。安徽、贵州、福建、甘肃、青海、

---

① 《中华民国统计提要（二十四年辑）》，第1095页。
② 《交通部统计年报》（年刊，1928年起）凡例及目录等，湖北省档案馆资料，全宗号：LSG1.41，案卷号：13。
③ 《中华民国统计年鉴》，第293~296页。
④ 《中华民国统计提要（二十四年辑）》，第991、1010页。
⑤ 《中华民国统计提要（二十四年辑）》，第991页。
⑥ 刘大钧：《中国之统计事业》，《统计论丛》，第151页。

宁夏、绥远等7省仅编查一两次或至1915年后才开始编查。陕西、云南、广东、广西等4省则完全没有人口编查。①

南京国民政府成立后，人口调查受到新的重视。内政部乃于1928年制定户口调查统计报告规则，通令各省调查人口。截至1930年底，江苏、浙江、安徽、山西、河北、辽宁、陕西、湖北、湖南、新疆、绥远、察哈尔、黑龙江等13省全部调查完毕并上报内政部。山东、福建、江西3省仅调查部分人口。其余省份，则未行查报。②

主计处成立后，按照《统计法》的规定，户口普查由该处主办。1937年，主计处开始筹备全国户口普查。1941年，主计处呈准公布《户口普查条例》，并拟定《四川省选县户口普查方案》，选择四川省彭县、双流、崇宁3县进行户口普查。1942年，四川省选县户口普查正式开始，至年底完成户口统计基本报告表。1943年，《四川省选县户口普查总报告》由主计处统计局编印刊行。1946年，户口普查改由内政部举办。1947年，内政部人口局成立，开始重新筹划户口普查。但没有多久，南京政权即告崩溃，全国户口普查始终未克举办。③

1929年起，地方政府自行举办的户口调查也不少。1929年，有山西、河北、吉林、绥远、察哈尔、热河、宁夏等省。1930年有湖南、山西、山东、河北、陕西、辽宁、察哈尔、宁夏省。1931年有江苏、浙江、福建、广东、广西、贵州、山西、河南、察哈尔、宁夏等省。1932年有江苏、浙江、江西、陕西、山西、河南、湖南、广东、云南、察哈尔、宁夏、绥远等省。1933年有江苏、安徽、江西、河南、湖北、贵州、广西、宁夏、青海等省。④ 1934年有江西、山西、安徽、甘肃等省。1935年有河北、湖北、河南、青海等省。1936年有江苏、浙江、山东、福建、广东、广西、云南、贵州、四川、西康、新疆、青海、察哈尔、绥远、宁夏等省区。⑤ 调查大多按照内政部1928年制定的户口调查统计报告规则进行，统计结果或刊于本省《民政公报》等刊物，或印为专册。至于各市县，也有自办户口调查的，

---

① 《中华民国统计提要（二十四年辑）》，第219~220页。
② 《中华民国统计提要（二十四年辑）》，第220页。
③ 朱君毅：《民国时期的政府统计工作》，第55~56页。
④ 《中华民国统计提要（二十四年辑）》，第220页。
⑤ 卫挺生、杨承厚：《中国现行主计制度》，国立编译馆，1946，第371页。

其中较重要者有定县、句容县、江宁县、邹平县、兰溪县、呈贡县等地调查。河北定县调查是中华平民教育促进会1930年举办的一项综合性社会调查，包括对该县人口的调查与推算，采取的是选查少数以推多数的方法。江苏句容县调查由国防设计委员会与句容县政府合作在1933年举行，是关于该县农业的总调查，兼及人口状况，采用的是挨户查询方法。江苏江宁县调查由主计处统计局指导江宁自治试验县在1933年举办，是为自治做准备的户口清查，采用的是挨户查询并后续人事登记的方法。① 山东省邹平县调查是1935年举办的普查式户口调查，并续有户籍与人事登记。浙江省兰溪试验县调查于1936年仿照江宁县调查方法举办，即开展人口调查并后续人事登记。云南省呈贡县人口普查1939年展开，由清华大学国情普查研究所设计实施，此乃我国近代式科学人口普查的代表。②

此外，其他一些机构和团体也曾致力于人口调查统计。如邮政局在1919年、1920年、1925年、1928年等年经由各地方长官和邮政职员的调查或估计而先后推出中国人口调查报告，只是仅有总人数而无户数及男女各别人数；中国海关亦曾根据其他机构的报告和海关职员的估计而编制人口估计报告，同样只有总人数，且简陋粗糙；中华基督教协进会在1922年发表中国人口统计结果，该统计以中国官方既有报告为主，以各教会传教士和中国邮政局的估计为辅，其可靠性也不是很高。③

劳工与社团统计。民国时期的劳工与社团统计涉及工人生活及其费用调查、工人工资及工时统计、劳资纠纷统计、社团发展状况等方面的内容。关于工人生活及其生活费调查，最早当属狄莫尔（C. G. Dittmer）1917年从事的北京西郊农村工人家庭调查。1922年以后，金陵大学、南开大学、北平社会调查所和陈达、甘博（S. D. Gamble）、索克斯基（G. E. Sokolsky）等教学科研机构与个人先后对手工艺工人，或纱厂工人，或印刷工人，或邮局工人，或铁路工人等的生活进行了数十次调查。而南京市社会局编制的南京工人生活费指数、国定税则委员会编制的上海生活费指数、上海市社会局编制的上海工人生活费指数、北平社会调查所编制的北平生活费指数、

---

① 《中华民国统计提要（二十四年辑）》，第221页。
② 朱君毅：《民国时期的政府统计工作》，第55页。
③ 《中华民国统计提要（二十四年辑）》，第221~222页。

南开大学经济学院编制的天津工人生活费指数等多按月刊布，对了解工人生活极有价值。关于工人工资及工时统计，北京政府农商部曾编有1912年至1920年全国工业与矿山劳动者人数统计，及1919年劳动者工资统计。北京政府交通部编有1916年至1925年铁路职工人数统计。南京政府交通部编有1928年全国电报及电话业工役人数统计。1930年，工商部派员调查9省区中29个主要工业城市的产业工人，编成《全国工人生活及工业生产调查总报告》（工商部，1930）。同年，铁道部调查铁路工人，对其工资进行统计。至于劳资纠纷统计，较早的如陈达著《中国劳工问题》（商务印书馆，1929）、北平社会调查所《河北省及平津两市劳资争议的分析》（社会调查所，1930）等著作虽载有部分年度的罢工统计，但多半属从报纸等既有文献中搜罗所得，而非直接调查，可靠性难以保证。相比之下，上海市社会局1928年关于上海劳资纠纷的统计和实业部1932年对15省市劳资纠纷的统计均来自直接调查，要可靠得多。[①]

社团统计迟至南京政府成立之后才由中国国民党中央统计处及中国国民党中央执行委员会民众运动指导委员会等机构比较系统地展开，包括农会、工会、商会、妇女会、学生会、教育会、自由职业团体及其他各类团体的会员数、团体数等方面的详细状况。[②]

1940年底，行政院下设社会部，在该部的重视与推动下，劳工与社团统计进一步完善。1941年，社会部选定重庆、成都、自贡、内江、乐山、万县、西安、贵阳、桂林、衡阳、新化、吉安、浮梁等13处举办工人家计调查，以便编制工人生活费指数。1942年，社会部颁行《全国人民团体总登记办法》，此后，社团统计逐渐得以规范开展。1947年，社会部举办南京、上海、北京、天津、青岛、重庆、沈阳、汉口、广州、西安、兰州、成都、昆明、台北等14个重要工商业城市产业工人（含技术人员）调查。该调查采用通信法，所选城市中举凡有动力设备或所用技术人员或产业工人在10人以上的工厂均在调查之列。调查结束之后，每3个月由劳动局劳动调查登记站就地查报异动情形，以便了解各地劳工状况的变化。[③] 社会部

---

① 《中华民国统计提要（二十四年辑）》，第267~268页。
② 《中华民国统计提要（二十四年辑）》，第455页。
③ 《中华民国统计年鉴》，第358~389页。

关于劳工与社团方面的重要统计资料大都能够及时发表在社会部统计处编印的专门刊物《社会调查与统计》上，或以《全国人民团体统计》之类的专册单独刊行。

医疗卫生与社会救济事业统计。民国时期的医疗卫生统计包括人口死因、医药状况、卫生防疫状况等方面。1930年卫生部举办全国各市生死统计，该部1931年被裁撤后，主计处统计局续办生死统计，并要求各省市政府将当地人口死因统计材料按月填报。自1931年至1933年，南京、上海、天津、广州、汉口、青岛、杭州等7市均能逐月填报齐全；1932年和1933年，北京市也能逐月填报；其他各市则未能按要求填报。关于医药状况，政府行政机构和私人团体，都曾调查统计。卫生部1929年举办全国医药概况调查，涉及新旧医师、助产士、接生婆、药剂师、医药、病床、西药房、中药铺等方面的数据。内政部卫生署于1931年调查各省医院及病床数，于1933年发表1929年至1932年全国注册医师、药剂师和助产士数量统计。中央卫生设施试验处曾对注册医师的籍贯、性别、年龄、毕业学校所在地、毕业年月等进行统计。地方政府和团体从事医药状况统计的则更多。如汉口市政府1930年刊行的《汉口特别市市政统计年刊（民国十八年度）》，载有该市的医药状况；青岛市政府1931年编印的《青岛市行政统计汇编（民国十八年上下期）》，包含有合格医师数量统计；浙江省民政厅1930年推出的《浙江民政统计特刊》（第1辑）和浙江省政府1934年出版的《浙江二十一年度行政统计》的卫生类中均列有全省医药概况统计；广东省政府1931年编印的《统计汇刊》第2卷第9～12期刊有医药师统计；中华医学会于1930年调查全国中医师、药剂师及助产士数量，刊布于该会出版的《中国医界指南》（1930）。关于卫生防疫状况，卫生部及由该部改组后隶属于内政部的卫生署从1929年起就开始按月调查并报告全国传染病状况，只是甚为简略。中央卫生设施试验处工作报告中也包括部分传染病及卫生防疫资料。①

社会救济事业统计在南京国民政府成立后才开始受到重视，主要由国民政府特设专门机构——行政院赈务委员会主持。该委员会所编《赈务月刊》、《赈务统计图表》等刊物汇集了灾害、赈务等方面的大量调查统计资

---

① 《中华民国统计提要（二十四年辑）》，第377页。

料。内政部则对养老、孤儿、济贫、育婴等收容事业进行调查统计，随时刊布于《内政公报》中。① 迨行政院社会部成立，置有社会福利司专掌社会救济工作，大量社会救济事业统计资料由该部统计处汇编并不定期刊布。②

公共安全与社会病态统计。司法组织与人员、民事案件、刑事案件、行刑、监狱、感化设施等司法统计对说明公共安全及社会秩序非常重要。民国甫经成立，司法统计即开始受到重视。1914 年至 1920 年间的司法统计由司法部按年在《第一次民事统计年报》、《第一次刑事统计年报》至《第七次民事统计年报》、《第七次刑事统计年报》中刊布，包括司法行政、民事及刑事案件、监狱等项内容，但没有将大理院及县知事衙门审理的案件统计在内。1925 年，大理院发表 1912 年至 1921 年间大理院民事及刑事案件统计结果，内容涉及该院组织构成、人员及处理的民事刑事案件。1931 年，司法院秘书处刊行《民国十八年司法统计》。其后，司法行政部先后刊行《民国十九年一月至六月司法统计》（1931）、《民国十九年度司法统计》（1933）、《民国二十年度司法统计》（1934）等。1934 年，最高法院刊行《三年来之最高法院》，其中包括该院多年来处理案件的统计。此外，少数地方政府也不时有该地司法统计方面的数据公布，如山西省长公署刊行的《山西第三次政治统计》（1915）、江苏省长公署统计处刊行的《江苏政治年鉴（民国十一年）》（1924）、东北文化社刊行的《民国二十年东北年鉴》（1931）等刊物中都涉及所在地方的司法统计。这类统计虽然在范围上不及于全国，但常常包括县政府审理的案件，有着独特的价值。③

保卫统计直接以阐明各地方公安状况为目的，包括违警、警备、消防、火灾等。违警方面，内务部 1913 年公布内务统计表式之后，历年均有报告。1931 年起，内政部开始编印年度或半年度《全国警政统计报告》，包括违警事件、违警者年龄与职业、破获案件等内容。一些地方政府，如广西、湖南、南京、上海、北京、青岛、汉口、天津等省市，及湖北、河南等省省会，也公布了许多地方违警统计资料。警备方面，全国范围的统计主要由内政部统计司办理。地方则有浙江、安徽、江西、广东、广西、湖南、湖

---

① 《中华民国统计提要（二十四年辑）》，第 443 页。
② 《中华民国统计年鉴》，第 365~366 页。
③ 《中华民国统计提要（二十四年辑）》，第 137 页。

北、河北、绥远、北京、青岛、汉口、开封等省市曾办理该地警察概况统计。消防方面，内政部曾于1930年、1931年两度开展临时调查统计，广西、湖南、南京、北京、青岛、汉口、开封等省市，也曾经进行调查统计。火灾方面的统计，内务部及其后的内政部均在相关报告中涉及，南京、上海、北京、青岛、汉口等市及湖南、湖北、河南等省省会也有经常之报告。①

社会病态统计主要包括离婚统计和自杀统计，能够从负面指示社会整合状况。广西、上海、青岛、汉口、天津等省市都有比较丰富的离婚统计资料。自杀统计自民国成立就受到重视，但直到1931年，才有内政部《全国警政统计报告》等根据省、市、县公安局或分局造送材料汇编成细致的自杀统计资料，包括自杀人数、自杀者年龄、自杀者职业、自杀原因、自杀结果等内容。地方方面，上海、青岛两市分别从1928年、1929年起开始举办自杀统计，稍后，广西、湖南、湖北等省省会及北京、汉口、天津等市也展开自杀统计。②

文化教育统计。民国时期，教育事业是一个很宽泛的概念，包括高等教育、中等教育、初等教育、社会教育、学术机构与团体等，其中，社会教育又涉及图书、博物、广播电影、美术、音乐、体育等众多方面及各种职业教育和特殊教育，因此民国时期的教育统计实际上包括文化、教育乃至娱乐方面的丰富内容。③ 民元以降，教育部先后编印《全国教育统计图表》5次，至1916年底止。接下来因材料不全，没有继续编印。1922年以后，中华教育改进社先后刊印《中国教育统计概览（民国十一年）》和《全国中等以上教育统计（民国十四年）》，从而开学术团体举办教育调查统计的先河。④ 大学院成立后，重新规划教育调查，追新教育部揭牌，教育统计逐渐完善。自1928年起，大量教育统计资料先后刊行，如《全国高等教育统计（民国十九年度）》（教育部）、《全国中等教育统计（民国十九年度）》（教育部）、《全国初等教育统计（民国十九年度）》（教育部）、《全国高等教育概况统计（民国二十一年度）》（教育部）、《全国社会教育概况统计

---

① 《中华民国统计提要（二十四年辑）》，第397~398页。
② 《中华民国统计提要（二十四年辑）》，第359页。
③ 《中华民国统计年鉴》，第309~337页。
④ 《中华民国统计提要（二十四年辑）》，第293~294页。

(民国二十一年度)》(教育部)、《全国教育统计简编(民国二十四年度)》(教育部)、《全国教育统计简编(民国三十四年度)》等等。此外,地方教育行政部门也经常单独编制当地教育统计资料。这些教育统计涉及大学、独立学院、专科学校、中学、小学、幼稚园、职业学校、特殊学校等各类学校的性质与数量和教职员、学生、经费、图书设备等,以及学术机构与团体、图书馆、民众阅报处、通俗演讲所、公共体育场、民众教育馆、公共娱乐场、公园、剧场、电影场、广播电台、科学馆、博物馆、美术馆等文化教育机构与设施状况,资料颇为翔实。以教育部《全国高等教育统计(民国二十年度)》为例,它包括全国各大学概况、各独立学院概况、各专科学校概况、留学概况、学术机关及团体概况等内容,且又分有细目,如各大学概况的细目由沿革(附学校年龄)、概况(校地及经费员生等总数)、编制、课程种数及每周授课时数、经费(来源及支配并附百分比)、教职员、在校生、毕业生、设备状况等组成。其中,教职员的具体统计内容包括教员之等级性别与职别(附百分比)、各科教员、教职员月俸及资格,在校生的具体统计内容包括院科别(附百分比及女生)、系别、年龄、籍贯、家庭职业、婚姻状况、新生学历、年级、成绩、动态(转学、休学、开除、死亡)、体格检查,毕业生的具体统计内容包括民国以来历年毕业生之人数、本年度毕业生之科别,设备状况的具体统计内容包括校地、校舍、教具校具之价值、图书、本年度新添设备之价值。① 统计内容的详细和具体,由此可见一斑。

民国时期,在上述九个类别的部门统计之外,政治、外交、土地、财政、金融、水利等其他很多方面也都有相应的统计活动,积累有丰富的统计资料,此不赘述。除了部门性统计工作和相应的统计资料外,民国时期也开展了一些综合性的统计工作并形成相应的综合性统计资料(多数综合性统计资料实际上是由各类部门性统计资料综合而成)。这一工作在北京政府时期一直付诸阙如,至南京政府时期才在主计处的统筹和安排下逐步展开。该处先后汇编有《全国统计总报告》、《中华民国统计提要》、《中华民国统计简编》、《中华民国统计年鉴》等数种重要的综合性统计资料。

---

① 教育部高等教育司编《二十年度全国高等教育统计》细目,教育部,1933。

《全国统计总报告》。该统计资料由主计处统计局依照《统计法》和《主计处组织法》的规定，对各机关按照统一格式造送的统计材料进行审核、整理，并参照其他相关统计，汇编而成，涉及土地、资源、人口、政治、经济、社会、文化等各个方面，内容非常详尽。该资料不对外公开，也不正式出版，而仅以内部编印形式送呈国民政府作为施政参考。主计处统计局从 1933 年开始筹办第一次《全国统计总报告》的编纂事宜，并制订各机关造送《全国统计总报告》材料应用表格，呈请国民政府通饬各机关查填，迄 1935 年完成第一次《全国统计总报告》，共分 36 类统计资料。第二次《全国统计总报告》资料的收集，因抗日战争的影响而延宕，至 1939 年 6 月才核编完成，共分 25 个类别，343 个表格。1941 年起，随着各种公务统计方案的制定实行，中央机关大都能够按照方案规定按期登记并整编资料，那些未能及时制定统计方案的中央机关也多能按照主计处要求造送材料。第三次《全国统计总报告》便以 1942 年度为截止期，于 1943 年 12 月核编完成，共分 40 类 407 表。这以后，各机关造送的材料越来越完整和充实，《全国统计总报告》的编纂渐入轨道：第四次《全国统计总报告》于 1944 年 10 月顺利编成，计 38 类 346 表；第五次《全国统计总报告》于 1945 年 6 月顺利编成，计 40 类 346 表；第六次《全国统计总报告》于 1946 年 10 月编成，计 37 类 294 表；第七次《全国统计总报告》于 1947 年 6 月编成，计 39 类 379 表。① 中国第二历史档案馆现在仍然保存有大量此类资料，可参阅。②

《中华民国统计提要》。该统计资料系就《全国统计总报告》抉精钩元，编制而成，以备社会各方之参考和应用。民国时期，此类资料共刊行四次，分别是《中华民国统计提要（二十四年辑）》（主计处统计局刊行，1935；商务印书馆刊行，1936）、《中华民国统计提要（二十九年辑）》（主计处统计局刊行，1940）、《中华民国统计提要（三十四年辑）》（主计处统计局刊行，1945）、《中华民国统计提要（三十六年辑）》（主计处统计局刊行，1947）等。

《中华民国统计提要（二十四年辑）》是根据第一次《全国统计总报告》可以公开的内容，提要编制而成，全书 1247 页，内容包括疆界与地

---

① 行政院新闻局编《统计事业》，编者刊，1947，第 22~23 页。
② 《主计处（部）档案》，中国第二历史档案馆，全宗号：6。

势、地质、气象、政治组织与行政、法制、司法、官吏与考试、监察、外交、人口、劳工、合作事业、教育、社会病态、卫生、保卫、救济、人民团体、土地、农业、林业、渔业、畜牧、矿业、工业、商业、贸易、物价、金融、财政、邮政、电政、公路、铁路、航政、水利及公用事业等36类，计330个表格。每类数据之前，均冠有引言，简要述及该类材料相关调查的经过及编制方法，并列有主要参考书报名称。具体表格和数据多能上溯往年已有材料，并考虑到不同地域的分类统计。该辑资料是历次统计提要中最详细的。

《中华民国统计提要（二十九年辑）》根据第二次《全国统计总报告》提要编制，共280页，包括土地与人口、生产事业、商业、货币金融、财政、交通、教育、政治、国际比较等9类，计192个表格。为便于国际宣传，该辑的全部中文材料均有英文相对照。不过，其每类数据都比较简单，也没有引言之类的说明文字。

《中华民国统计提要（三十四年辑）》共187页，包括土地与人口、农业、工商、财政与金融、交通、教育、社会与卫生、政治组织等8类，计92个表格。所有材料，都并列1937年与1944年的重要数字，且载有详细的中英文说明，以阐明其变迁与进步，供国内外人士参考。

《中华民国统计提要（三十六年辑）》共140页，包括土地与人口、农业、矿工商业、财政与金融、交通、教育、社会与卫生、政治组织等8类，计80个表格，涉及1937年至1947年6月的重要资料。该辑同二十九年辑一样，没有引言之类的说明文字，但全部中文材料均有英文对照。

《中华民国统计简编》。该统计资料由主计处统计局1941年编印，共131页，包括党务、政治、土地与人口、保甲与警卫、农矿、工商、合作事业、交通、货币与金融、财政、教育、卫生、禁烟、赈济、战绩等15类，具体数据大多截至1939年底。它是对统计提要再行取舍，并补入较近的或秘密的数据编辑而成，专供党政机关负责人员及国民党中央训练团使用，属机密材料。

《中华民国统计年鉴》。该统计资料是民国时期编定的唯一一部统计年鉴，它由主计部统计局拟订计划，统计局和中央各统计机构分类主稿，统计局最后汇集整理，并广泛参考相关书籍及专家意见，统一订正而成，中国文化事业公司1948年印行。全书434页，包括地理环境、政治制度、人口、农林渔牧、水利、矿与矿业、工业、商业与物价、国际贸易、地政、粮食、财政、金融、交通、教育、卫生、社会、司法、考铨、侨务等20类统计资料，计312个表格，各表资料自南京国民政府成立起至1947年6月止。年鉴编成时获得的截至1947年12月底之最新数据，另列简表，置于各类资料之首。该书各类资料，数字与文字并重，用数字以显示事实之真相，用文字以阐明数字之含义。因此，它可以说是民国时期最系统的统计资料。

同时，地方政府统计机构在编制该地的综合性统计资料上也有不少建树。1943年以后，江苏、四川、贵州、广西、广东、浙江、福建、江西、湖南、湖北、安徽、河南、陕西、甘肃、绥远等省，及南京、上海、天津、北京、重庆等市都能按年汇编全省（市）统计总报告，内容丰富具体。江苏、浙江、福建、江西、湖南、湖北、广东、广西、陕西、安徽、河南、甘肃、绥远等省，及南京、上海、天津、北京、重庆等市还能进一步编纂统计提要或统计年鉴，供中央和地方政府应用，以及民间团体与个人参考。①

可见，建构民国时期社会发展的指标体系并开展相应计量研究，可以得到政府统计资料的有力支撑。倘若考虑到本文未及详论的那些由社会机构和个人开展的调查统计，则这种研究可加以利用的资料更为丰富。

余论　如何充分发掘统计资料在民国史研究中的价值

推进民国时期社会发展乃至整个民国史的计量研究，除了要梳理统计资料和发展指标体系之类的分析工具外，还有另外一些值得讨论的议题。

民国政府卷帙浩繁的统计资料既有其值得珍视和利用的一面，也有其需谨慎对待的另一面。然而，也许正是这种状况使历史研究本身具有"仁者见仁，智者见智"的学术魅力，给我们的研究工作留下了很大的空间。诚如有研究者所指出的，即使比较可信的资料，也可能会有不足或遗漏，需要经过史料的考证、评估等过程，才能够得出可靠的研究结论。退一步说，即使最不可信的资料，也并非毫无价值，其中总会蕴藏着一些真实的

---

① 《统计事业》，第23~25页。

东西，关键在于我们如何去发掘、甄别和利用。① 因此，研究者在微观层面上对具体统计资料的恰当评估和谨慎利用就显得尤为重要。例如，自杀作为一种意外变故，政府机关是不可能统计清楚的。内政部通过各城市公安机关统计的上海、南京等31个城市1932年自杀人数共1277人，② 而实际上仅上海市1932年的自杀人数即多于该数，③ 自杀统计遗漏之惊人由此可见一斑。因此，根据政府统计直接计算自杀总人数及在总人口中所占比例等总体数据没有什么意义。但是考虑到通常情况下不同性别、不同年龄、不同原因自杀者被遗漏的概率应该相差不大，且不同城市的结构性误差可相互抵消一些，存在惊人遗漏的各城市自杀统计仍可以视为自杀总体的一个有代表性的样本，包含着非常有用的信息，可用以推论城市自杀现象的结构特征，如自杀者性别构成、自杀者年龄构成、自杀原因等。可见，只要研究者能够真正重视并认真检视民国政府的统计资料，就完全可能发掘出这些数据的价值，使之成为历史研究中的有用史料。

不仅如此，与文字资料相比，民国时期的政府统计资料还具有非常独特的价值。首先，政府统计旨在周知国势民情以及政府工作绩效，作为政府施政之参考及社会各界之借镜。因此，历史上遗留下来的政府统计资料实际上是时人和今人可以共享的"文本"。透过"文本"，我们不仅可以明了时人对处身其中的国家和社会的认识和概括，而且可以提出我们今天的解释，并在与时人的概括相比较的过程中，达成与时人的对话，进而更好地进入"文本"，更透彻地理解历史。另一方面，由于同一历史时期世界上许多国家都已建立起比较完善的统计制度，收集有丰富的统计资料，并且不同国家的统计方案和规则也有很多相通的地方，这就使得以政府统计资料为依据开展民国时期我国与世界上其他一些国家的比较研究不仅可能，而且非常便利。这有助于认识当时的中国与其他国家的差距。国民政府主计处统计局汇编《中华民国统计提要（二十九年辑）》专辟"国际比较"一类资料即显明了这种可能性。同样，以统计资料为依据，对民国时期的中国与当代中国及其他一些发展中国家进行比较，可以帮助我们更好地理

---

① 曹幸穗：《民国时期农业调查资料的评价与利用》，《中华民国期的经济统计：评价与估计国际研讨会论文集》，日本一桥大学经济研究所，2000，第253页。
② 《中华民国统计提要（二十四年辑）》，第360~368页。
③ 忻平：《无奈与抗拒：20~30年代上海转型时期的社会问题》，《学术月刊》1998年第12期。

解中国社会主义建设取得的成就，及反过来以当代中国及其他一些发展中国家为参照更好地评价民国历史。实际上，统计资料算得上对具有不同传统及发展模式的国家或同一国家的不同历史阶段进行比较的最好依据之一。当然，比较并不是简单地看数据的表面差异，而是要以一定的理论和指标体系为指导，深入数据的背后，寻找深层次的东西。

其次，民国政府的统计资料涉及国势民情的方方面面，不仅包括政治的、经济的、人口的，而且包括教育的、卫生的、社会的；不仅包括城市的，而且包括农村的；不仅包括上层的，而且包括下层民众的；等等。所以，这些统计资料是民国时期遗留下来的涉及范围极为广阔的史料类型，不仅史料基础已很扎实的政治史、经济史等可以从中受益，而且社会史之类史料基础相对较薄弱的研究领域也可以直接扎根其中。比如，我们的很多研究成果，包括政治史、经济史等等，经常面临的问题就是，众多的档案文献记载的主要是精英人物的活动，因而很难写出包含普通人物的历史。统计资料则由于往往包括总体的数据，注重面上的情况，而有助于我们克服这样的问题。又如，社会史作为一种新的研究"范式"，强调"综合的"、"整体的"取向，但社会生活千头万绪，包罗万象，社会史研究要避免"琐碎化"的陷阱，除了理论方面的建设外，史料的选择也很重要。如果史料本就极为琐碎零乱，其"结构化"自然很困难。由于是按照特定目的和程序或完整的统计方案而收集汇编的，民国时期尤其是主计处成立后的许多统计资料本来就具有"综合的"、"整体的"和"结构化的"特点，因此，这些资料用于社会史研究具有不可替代的长处。

再次，统计资料主要是以数字形式表达的史料，而数字显然是最精练、最便于使用的记录符号，这就使得统计资料具有其他很多史料无法比拟的优势。在方法论意义上，统计资料有助于计量史学的理论与方法在我国的运用。计量史学作为一种方法论路径，只能用于那些可以用数字表达出来的史料。近代以前的中国历史，由于统计资料的缺乏，很难诉诸系统的计量研究。迄至清季，新式统计开始出现，但局限于海关等少数经济领域。民国时期，各部门的统计逐渐完善起来，这就使得计量方法有了广泛的应用空间，可以用中国的经验数据检验计量史学相关理论和方法的适用性和解释力，建构和发展中国的计量史学科体系。另一方面，尽管计量史学也有自身的缺陷，但对于具有深厚、悠久人文史传统，习惯于"定性"分析的中国史学界来说,计量方法仍然具有不可替代的作用和独特的优势,可借以深化许多已有研究成果,或实现新的突破。比如,现代统计方法和计算机软件技术的迅猛发展和密切结合,使得统计资料的使用和分析变得非常方便,在没有计算机的情况下无法真正应用于实践的一些多元分析技术,现在可以轻松地通过统计软件完成,我们因此可以将更多因素纳入历史研究的视野,将表面上看来互不相干的一些变量引入统计模型,经过反复运算,寻找其深层联系,从而有可能提出新的问题,发现历史的新面相。

最后,民国时期的政府统计资料是在特定的统计制度下,由特定的人员按照特定的程序和方法收集汇编的,绝大多数统计表格都附录有资料来源及其他具体说明,因而其甄别考证等工作一般而言应有轨可循。此外,以数字形式表达的史料相互印证的机会更多。比如,不同年份的数据可以根据变化的趋势和可能性相互印证,不同类型的统计数据可以根据彼此的依存关系相互印证,不同地域的统计数据可以根据地域差异相互印证,等等。所以,未经细致考证的统计资料比其他史料更容易露出破绽,这就给统计资料的考证提出了更高的要求。换言之,以统计资料为依据进行研究,必须更注重其可靠性、可信性,更注重考证功夫。在这个意义上,以统计资料为依据的研究更值得信赖,更科学。

另外需要提及的是,尽管政府统计资料具有很高的史料价值,但在民国史研究中的利用还面临着其他一些不容忽视的具体困难。比如,政府统计浩如烟海,其发掘和整理工作异常繁重。除主计处统计局汇编的综合性统计资料(如《中华民国统计年鉴》等)比较集中外,在当时各种杂志、报纸、学术著作、年鉴、中央政府各部门出版物、地方政府出版物等载体上都散布有大量的政府统计资料,系统搜集和整理这些资料的难度极大。迄今为止,尚无关于民国时期政府统计的大型汇编资料问世,而在这方面单凭个别研究者的努力是很难取得巨大成效的。又如,因时局的动荡,民国时期政府统计在时间上的连续性不强,很多数据在一些年份上存在残缺不全的情况,这使得长时段的纵向比较和趋势分析常常成为无米之炊。尽管部分领域残缺的数据(如物价)可以通过各种方法估算出来,得出一个连续序列,但这毕竟提高了数据误差的可能性。再如,中国地域辽阔,区域差异鲜明,同样的数字在不同的地方可能有不同含义,需要做不同的解释。这就要求研究者的数据分析工作能够将抽象的数字与各地丰富多彩的现实生活联系起来，做出恰如其分的分析和解释。这些都在一定程度上为利用统计资料进行历史研究增加了难度，提出了更高的要求。

（马敏，华中师范大学中国近代史研究所教授；陆汉文，华中师范大学社会学院教授）

量化数据库与历史研究[*]

梁 晨 董 浩 李中清

一 前言：量化数据库研究的兴起与研究范式调整

自然科学和人文社会科学学术传统在16世纪开始的"科学革命"（Scientific Revolution）后出现"大分流"：自然科学追求对"未知"事物的发现和认识，人文社会科学注重对"已知"现象的理解和解释。根据美国教育学家欧内斯特·博耶（Ernest L. Boyer）对学术类型的分类，前者更符合"求是型学术"（Scholarship of Discovery），后者偏重于"解释型学术"［Scholarship of Integration（or Interpretation）］。①

然而，20世纪90年代以来，一种将大批量历史材料数据库化，并依靠定量分析揭示其中隐含的史实、检验和发展历史认识与经验的新方法逐渐在国际学术界流行起来，很多成果与著作产生重大学术和社会影响。例如，美国家谱学会保存的历史长时段人口资料对20世纪90年代遗传学家和医学家在乳腺癌基因遗传方面的重大研究突破有很大推动作用。② 法国经济学家

---

* 本文原刊于《历史研究》2015年第2期。
① Ernest L. Boyer, *Scholarship Reconsidered: Priorities of the Professoriate*, Princeton, N. J.: The Carnegie Foundation for the Advancement of Teaching, 1990. "求是型学术"和"解释型学术"为作者根据英文定义进行的意译。
② Kevin Davies and Michael White, *Breakthrough: The Race to Find the Breast Cancer Gene*, New York: John Wiley & Sons Inc., 1995.

托马斯·皮凯蒂（Thomas Piketty）《二十一世纪资本论》（*Capital in the Twenty-First Century*）一书依据多国 20 世纪国民账户、收入、财产与纳税等多种系统历史数据，研究资本主义社会不平等的长期演化。该书曾高居英文畅销书排行榜首并引发热烈的学术讨论。① 美国经济学协会主席克劳蒂亚·高丁（Claudia Goldin）与《经济学季刊》（*Quarterly Journal of Economics*）主编、前美国劳工部首席经济学家劳伦斯·凯兹（Lawrence Katz）合著的《教育与技术的竞赛》（*The Race between Education and Technology*）基于近一个世纪以来美国教育、职业和收入的个人层面微观数据讨论美国经济不平等的历史脉络和技术革新、教育进步对收入分配结构的影响。② 这些成就在推动全球学术进步的同时，也彰显了大规模量化数据库在结合历史资料系统研究人类社会长期变化与延续等大问题上的作用。由此可见，人文社会科学研究同样可以贡献"求是型学术"。

量化数据库研究是指搜寻能够涵盖一定地域范围、具有一定时间跨度的整体性大规模个人或其他微观层面信息的系统（一手）资料，并将这些资料按照一定数据格式进行电子化，构建成适用于统计分析软件的量化数据库并进行定量研究的方法。量化数据库研究多以"大数据"为基础，关注材料的系统性和可量化数据平台的构建，重视对长时段、大规模记录中的各种人口和社会行为进行统计描述及彼此间相互关联的分析，以此揭示隐藏在"大人口"（Big Population）中的历史过程与规律。相较于传统定量研究，这种方法对数理统计分析技术要求不高，很多时候只需要描述性统计分析和比较研究即可，大大方便了对复杂定量分析方法认识有限的普通学者对数据的理解和运用。同时，"大数据"本身往往涵盖相对完整的"大人口"的多种"长时期"的具体信息，这使学者不仅可以依托数据库理解个体是如何被宏观社会环境所规范和影响的，也可以理解这些微观、个体行为又如何集合起来塑造和改变宏观社会进程，甚至可以用来检验"中观"社会群体，如家族、邻里社区等在宏观环境和微观行为互动下的特点和作

---

① Thomas Piketty, *Capital in the Twenty-First Century*, trans. by Arthur Goldhammer, Cambridge: Belknap Press of Harvard University Press, 2014. 图书所获奖项详见 http://www.hup.harvard.edu/catalog.php?isbn=9780674430006。
② Claudia Goldin and Lawrence Katz, *The Race between Education and Technology*, Cambridge: Belknap Press of Harvard University Press, 2010.

用。传统定量研究则倾向于将研究问题和具体操作抽象化,倚重数理模型和逻辑推导,强调复杂统计方法的运用,但往往不够重视实证材料或数据本身。因此,量化数据库研究是一种更为基础和宽泛的研究思路和方法,它既能够丰富、完善我们对微观人类历史和行为的认识,还有助于构建更为可靠的宏大叙事,促进我们对人类社会发展规律的进一步认识。

20世纪90年代中期以后,利用历史资料进行量化数据库构建与研究逐渐成为国际学术界关注的一股"热潮"。以当前国际上最有影响的五大历史量化数据库为例,建成初期学界对它们的利用、研究很有限,但进入20世纪90年代,尤其是1995年以后,情况发生巨大转变(见图1)。2006~2010年的五年间,检索五大数据库①的新增学术发表成果已达2360余篇。尽管这些学术成果中有很大一部分来自IPUMS所包含的当代人口统计数据,但如果只统计三个纯历史微观数据库,即BALSAC、HSN和SEDD,其贡献的新增学术成果在2006~2010年五年间也达到117篇,且近20年的增速与五个数据库发表成果数量增长趋势几乎一致。需要注意的是,图1中的右侧纵坐标已经过指数转换,而非传统线性坐标,可见这些大规模量化数据库对学术研究的贡献是呈几何级数增长的。

值得注意的是,目前历史学界似乎对量化数据库这种科学化的方法在研究和学科建设上所具有的重要价值缺乏认识。积极参与到这股"热潮"中来,将历史量化数据库作为新的工具与资料开展研究的更多是社会科学和自然科学学者。历史量化数据库日益凸显的学术价值与历史学者及整个学科在这一新兴学术浪潮中的远非充分参与,形成一种对比强烈的"内冷外热"现象。

一方面,重视构建大规模史料数据库已经成为国内外史学界共识,国内一些学术单位与学者也尝试建立数个重要的大型电子史料库,但史学家对数据库建设的认知大多还停留在资料永久保存阶段,以文献和数据检索为主要目的。数据库的可量化研究以及由此带来的方法转变还未曾涉及,

---

① 这五大数据库分别是美国整合公共微观数据库(Integrated Public Use Microdata Series,简称IPUMS)、加拿大巴尔扎克人口数据库(BALSAC Population Database,简称BALSAC)、荷兰历史人口样本数据库(Historical Sample of the Netherlands,简称HSN)、瑞典斯堪尼亚经济人口数据库(Scanian Economic Demographic Database,简称SEDD)和美国犹他人口数据库(Utah Population Database,简称UPDB)。

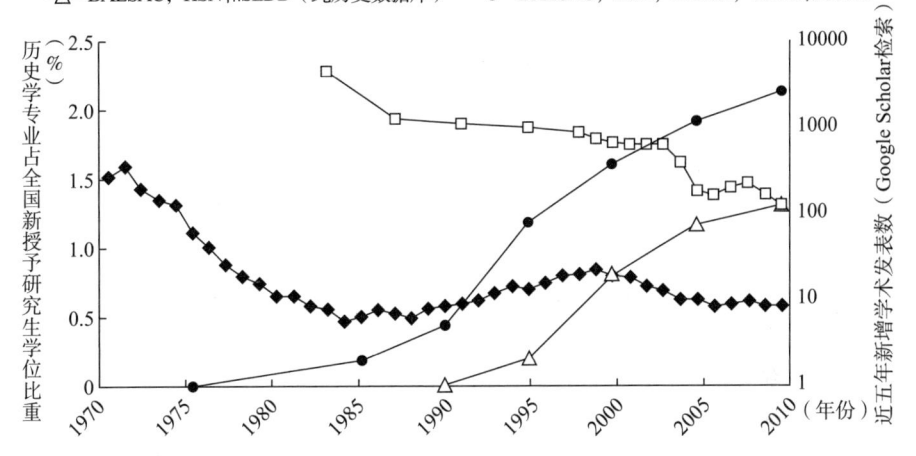

**图 1　中美两国应届历史学专业研究生（硕士及博士）学位比重与主要
量化数据库新增学术发表成果**

数据来源：Google Scholar 搜索结果（截至 2014 年 1 月）；美国国家教育统计中心《教育统计简报 2012》（*Digest of Education Statistics* 2012）表 310 和 364，http://nces.ed.gov/programs/digest/2012menu_tables.asp；《中国教育年鉴》（1982~1984、1988、1992、1996 及 1998~2012 年），人民教育出版社，分别出版于 1985、1989、1993、1997 及 1999~2013 年。

这也造成一些大规模历史数据库被构建却无法得到很好利用的尴尬。① 量化数据库是分析大规模史料的重要方法之一，能为历史学者解决这种"尴尬"提供帮助。

另一方面，由于教学和研究方法与技术发展潮流脱节，传统史学越来越难以吸引年轻人，已经是一个持续多年且国际化的状况。以哈佛大学为例，50 年来以人文学科为主业的学生比例已从近 40% 下降到 20%，全美这一比例则从 14% 下降到 7%。② 作为历史学者的最直接来源，如图 1 所示，20 世纪 70 年代以来，中美两国应届历史学专业研究生比重总体呈现明显下降趋势，这间接反映了历史课程与研究方法的"落伍"和不够实用。

---

① 2013 年 8 月，教育部社会科学委员会历史学学部在哈尔滨召开年度工作会议，主要讨论历史数据库的构建与研究问题。参见教育部社会科学委员会历史学学部《2013 年度工作会议纪要》，2013 年 10 月，第 2~9 页。

② Russell A. Berman,"Humanist：Heal Thyself," *The Chronicle of Higher Education*, June 10, 2013, http://chronicle.com/blogs/conversation/2013/06/10/humanist-heal-thyself/.

本文着重通过介绍国际学界历史大数据库构建与研究的状况，分析探讨这种新研究方法对历史研究的价值，历史学者面临的挑战与诸多自身比较优势，以及开展相关教学的必要性。

二 国际大型量化历史数据库的创建与运用

量化数据库研究方法是近60年来计算技术发展的结果。第二次世界大战后，计算机逐渐深入人类生活的各个方面，海量电子原始数据（Raw Data）也逐渐在全球积累起来，人类正步入"大数据"时代。[1] 这些数据是分析、研究人类多种行为的重要依据。但面对庞杂的信息数据，不仅人眼（人脑）无能为力，甚至早期的统计分析工具也无法胜任，[2] 这促使统计分析技术向"数据挖掘"方向发展。利用"数据挖掘"，研究者可以对复杂的"大数据"进行定量分析，从中有效挖掘隐藏的现象与规律，总结经验模式。[3] 20世纪中期以后，计算机辅助下的定量分析逐渐成为国际学术研究中的一股新风潮，许多大型量化数据库得以构建并服务于学界。[4] 1962年，以美国密歇根大学为基地成立的跨大学政治和社会校际联合数据库（Inter-university Consortium for Political and Social Research，简称ICPSR），联合全世界多个成员机构，存储17000多种调查资料，包括全球各地各种社会调查，其中美国自身资料包括各州选举投票资料、军队名册、遗嘱、遗嘱查验与税收记录和美国联邦调查局案卷资料等，是目前世界上最大的社会科学数据中心之一，对经济学、政治学、社会学、人口学以及法学等学科研究具有重要价值。[5] 1968年，德意志联邦共和国成立了德国社会科学信息中心，负责收集各种社会科学信息并建设成专业数据库，供学术界以及公众使用。

---

[1] Jonathan Shaw, "Why Big Data is A Big Deal: Information Sciences Promises to Change the World," *Harvard Magazine*, no. 3, 2014, pp. 30 – 35, 74 – 75.

[2] William J, Frawley, Gregory Piatetsky-Shapiro and Christopher J. Matheus, "Knowledge Discovery in Databases: An Overview," *AI Magazine*, vol. 13, no. 3, 1992, pp. 57 – 70.

[3] Onno Boonstra, Leen Breure and Peter Doorn, *Past, Present and Future of Historical Information Science*, Helsinki: Edita, 2006, p. 57.

[4] 计量方法在历史研究中运用的发展历程，参见孙圣民《历史计量学五十年——经济学和史学范式的冲突、融合与发展》，《中国社会科学》2009年第4期。

[5] ICPSR 的详细介绍，参见其官方网站 http://www.icpsr.umich.edu。

目前，该机构的数据库涉及社会学、心理学、人口学、政治学、历史学和经济学等多个领域，是欧洲最重要的数据库之一。①

定量研究的风气也渗透进历史研究。20世纪60年代起计量史学在欧美学界曾盛行一时。②

20世纪80年代中期起，英、美两国先后成立国际性历史与计算学会。③一些国际学者开始尝试建设小型个人历史专题数据库。到20世纪90年代，一些重要的大型、超大型量化史学数据库构建成功并对学界开放使用，引起国际学界极大关注。美国明尼苏达大学人口中心创建的整合公共微观数据库是其中最有影响者之一。微观数据（Microdata）指社会抽样调查和人口普查等包含的个人层面（Individual-level）信息，如性别、年龄、婚姻、家庭状况、职业和出身等。微观数据在世界各国广泛存在，内容和形式高度一致，适合连缀成超大数据库，进行国际比较，是新社会史和经济史研究的关键。历史学家是除统计机构外较早使用微观数据进行研究的学者。④1998年起，IPUMS首席科学家罗伯特·麦凯（Robert McCaa）先后说服100多个国家的统计机构与IPUMS合作，将各自数据库连接起来并免费用于学术研究。目前，IPUMS包含19世纪以来多个国家［包括中国第三次（1982）、第四次（1990）人口普查］的微观数据。现在，IPUMS数据还在不断增长，其中最显著的是从18世纪开始到20世纪中期，以数字抄本为基础的历史人口微

---

① 德国社会信息中心的情况，参见蔡莹《德国社会信息中心数据库建设经验》，《中国信息界》2005年第5期；国际社会科学界对数据库的使用与研究，参见埃尔温·K. 朔伊希《社会科学数据服务的历史与观念》，王星译，《国际社会科学杂志》（中文版）2004年第3期。
② 美国新社会史代表人物史蒂芬·塞恩斯特罗姆（Stephen Thernstrom）的《另一些波士顿人》以及新经济史代表人物福格尔和恩格尔曼的经典著作《十字架上的岁月：美国黑人奴隶制经济学》都是这方面的代表，而法国史学界则集中将计算机计算技术运用于历史人口学研究。参见 Onno Boonstra, Leen Breure and Peter Doorn, *Past, Present and Future of Historical Information Science*, p. 20。
③ 1986年国际历史与计算学会（AHC）成立，1989年牛津大学出版社发起创办《历史与计算》杂志（History and Computing，参见 Robert J. Morris, "History and Computing, A New Magazine," *Historical Social Research*, vol. 15, no. 1, pp. 118 – 120）。随后美国也成立历史与计算学会，并于1996年出版同名期刊（http:// quod. lib. umich. edu/ j/ jahc/）。这些学会的重要宗旨是让历史与计算科学更好、更有效地结合，以推动历史教学、研究和历史作品的写作。
④ 20世纪30年代后期，弗兰克·劳伦斯·奥斯利（Frank L. Owsley）使用电子计算技术分析人口普查数据以研究南北战争前美国南方的社会结构。

观数据。到 2018 年，IPUMS 数据记录总量将扩展到 20 亿人次。①

IPUMS 等基于人口普查的微观数据库尽管具有地理、人口覆盖面广的优势，但这类数据往往只能反映一个或几个时点的横截面（Cross-Sectional）微观数据，无法对个人进行跨时点的连续追踪。与之相对的是基于历史户籍、族谱、教会记录等长时段连续记录构建的长时段纵贯（Longitudinal）数据。虽然这些数据库往往只能覆盖一些地区，但可以连续观察这些地区居住人口几十年甚至几百年的行为活动，成为研究历史社会发展与个人行为互动的重要材料。目前全球有多个公开或半公开的大型历史微观数据库，除图 1 涉及的五个数据库外，还有加拿大历史人口计划数据库（Le Programme de Recherche en Démographie Historique，简称 PRDH）、瑞典乌米亚人口数据库（Umea Demographic Database，简称 DDB）等。它们普遍涵盖一个或几个地区个人层面的大规模人口信息，除人口事件外，往往还包含一定的个人或家庭层面的社会经济信息。

由于这类西方长时段微观历史数据库的材料来源和结构具有一定的相似性，本文着重介绍四个纳入图 1 计算的数据库。BALSAC 涵盖自 17 世纪以来第一代欧洲定居者以至当代的加拿大魁北克地区约 500 万人口，通过对该地区以婚姻证书为主的人口事件记录进行电子化转换，并对个人记录进行人际、代际连接，重建亲属网络和谱系。② HSN 是一个对荷兰全国人口具有统计意义的代表性人口样本数据库。研究者通过对全国人口出生记录进行随机抽样，将 1812～1922 年在荷兰出生的 78000 人纳入其中，并尝试查找和连接相关个人婚姻证书和死亡证书。另外，除了这些"分散"的人口事件记录之外，近年来荷兰研究者还尝试录入人口户籍资料信息，以期较"连续"地观察每个人的生命历程。③ SEDD 资料来源相较 BALSAC 和 HSN 更为复杂。数据库不但包含 9 个教区的人口出生、婚姻和死亡证书，用于构建个人层面的人口事件和家庭关系，还与相应教区的"人头税"册以及教会问答测试记录连接，

---

① IPUMS 及其所含历史微观数据的介绍，参见 Patricia Kelly Hall, Robert McCaa and Gunnar Thorvaldsen, eds., *Handbook of International Historical Microdata for Population Research*, Twin Cities: Minnesota Population Center, 2000; Steven Ruggles, "Big Microdata for Population Research," *Demography*, vol. 51, 2014, pp. 287–297.
② 加拿大巴尔扎克人口数据库的信息，可访问 http://balsac.uqac.ca/english/。
③ 荷兰历史人口样本数据库的信息，可访问 http://www.iisg.nl/hsn/。

记录较为详细的动态家庭构成和社会经济信息。其公开数据记录了1829年至1968年间5个教区共108000人，非公开部分连续记录至2011年。① UPDB数据来源是这几个数据中最为丰富的，包含的信息也最为全面。与其他人口数据库类似，生育、婚姻、死亡等人口事件证书和由摩门教会记录的家族谱系资料是UPDB的基础。研究者将数据库与美国人口普查数据、犹他州选民登记资料、犹他州驾照信息、医院出诊和手术记录、癌症登记资料、离婚登记、社会保险死亡登记等多种资料连接，形成一个包含11代730万人共1900万条记录的大型微观数据库。② 这些数据库不仅有助于学者深入理解大规模人口历史，亦可为更广义的社会科学以及遗传学、医学和其他自然科学研究做出巨大贡献，为开发珍贵历史资料的巨大潜能创造条件。

最近十几年里，一些侧重东亚研究的历史学者和研究团体意识到，西方学术界构建量化历史数据库使用的相关人口、社区原始材料，在中国或东亚地区很早便广泛存在。一些东亚地区的历史人口微观数据库由此陆续得以建立。如美国学者李中清（James Z. Lee）、康文林（Cameron Campbell）从20世纪80年代起，花费20多年时间，建立基于八旗户口册和清代皇室族谱资料的中国多代人口系列数据库（China Multi-Generational Panel Data Series，简称CMGPD）。③ 该系列数据库包含辽宁、双城和皇族三个子数据库，其中前两个已经在ICPSR网站上对全球学界免费公开。辽宁数据库涵盖1749～1909年辽东地区26万人的150余万条记录。双城数据库涵盖1866～1913年黑龙江双城县10万人的130余万条记录，并尝试与不同时段的家户地亩资料相连接。这些大规模、长时段的微观历史数据包含丰富的人口和社会经济信息，具有时间上的深度和空间上的广度，对人口统计学、家与家族、亲属关系、社会分层与流动、卫生健康等多个学术研究领域有重要价值。④ 东亚其他国家和地区

---

① 有关瑞典斯堪尼亚经济人口数据库的信息，可访问 http://www.ed.lu.se/databases/sedd。
② 有关美国犹他人口数据库的信息，可访问 www.hci.utah.edu/groups/ppr/。
③ 有关中国多代人口数据库的介绍、使用指南、数据下载等，可访问 http://www.icpsr.umich.edu/icpsrweb/ICPSR/series/265。
④ James Z. Lee, Cameron Campbell and Shuang Chen, *China Multi-Generational Panel Dataset, Liaoning (CMGPD-LN) 1749 - 1909: User Guide*, Ann Arbor, MI: Inter-university Consortium for Political and Social Research, 2010; Hongbo Wang et al., *China Multi-Generational Panel Dataset, Shuangcheng (CMGPD-SC) 1866 - 1913: User Guide*, Ann Arbor, MI: Inter-university Consortium for Political and Social Research, 2013.

也存在大量类似的户口册资料，如日本的户口册、韩国的"户籍大帐"、台湾日据时期户籍资料等，目前这些相应数据库都在各国或地区研究者的努力以及国际学界的合作下不断完善，对整个东亚历史人口和社会变迁的研究产生积极影响，更为与西方社会进行长时段和微观层面的比较研究提供更多便利。①

大规模历史微观数据库不仅成为历史研究的重要基础，也越来越为其他相关学科学者所看重，成为学术研究的重要推动力。利用 Google Scholar 的搜索功能，统计五大国际微观量化数据库和中国多代人口数据库辽宁部分在不同学科领域内研究使用情况，可以看出，所有数据库在社会学、经济学、人口学、政治学、生物学和健康学等非历史学领域都有普遍运用（见表1）。

表1　各数据库分学科引用情况（截至 2014 年 1 月）

	IPUMS	HSN	SEDD	CMGPD	UPDB	BALSAC
条目总数	4680	180	69	13	1460	53
历史学	3520	172	66	13	1300	49
社会学	2100	102	25	8	91	21
经济学	4370	161	58	12	303	26
人口学	3580	158	50	11	659	41
政治学	429	7	1	2	17	4
生物学	890	62	24	4	812	32
健康学	2960	109	48	8	1310	35

注：1. 数据依据 Google Scholar 搜索引擎，通过使用" "功能搜索包含各数据库全称的公开学术发表。例如，搜索"Integrated Public Use Microdata Series"以获得 IPUMS 相关条目数目。2. 分学科引用情况数据由搜索数据库全称加学科名获得。如搜索"Integrated Public Use Microdata Series" history 以获得引用 IPUMS 数据库的学术发表成果中与历史学相关的条目。这种简洁的搜索方式，可以比较不同学科的引用分布并在数据库之间进行比较。但不可避免的是，存在很小一部分搜索结果包含学科名关键字但并非该学科相关文献的情况。我们假定这些"噪音"检索条目在搜索不同学科关键字时出现的概率相当，所以对不同学科的引用分布趋势没有很大影响。3. 需要注意的是，一篇学术文献往往涉及多个领域。同一文献可在多个领域搜索，表格内的数据并没有相互排他性。4. 为统一检索标准和结果，表格中 CMGPD 相关数据仅包含 2010 年在 ICPSR 网站使用"China Multi-Generational Panel Data—Liaoning"名称公开数据后的引用文献，这些只占基于辽宁多代人口数据库发表的学术研究成果很小一部分。CMGPD 的另一个子数据库双城多代人口数据库（China Multi-Generational Panel Data—Shuangcheng）已于 2014 年在 ICPSR 网站免费公开，但公开时间较短，没有纳入表格。

---

① 有关这些东亚微观历史人口数据库的介绍和对比研究，参见 Hao Dong et al., "New Sources for Comparative Social Science: Historical Population Panel Data from East Asia," *Demography* (forthcoming)。

总的来说,大规模量化历史数据库的建立为整个学界提供了更为丰富、灵活而有效的研究资源。IPUMS 的专家们宣称,对于他们的数据库,研究者只需要一个稳定的网络链接和一台个人电脑就可以在任意地点展开研究。① 对于历史学家来说,构建大规模历史数据库并采用定量研究方法,必然促使他们从传统的文献解释研究模式向信息数据收集、数据挖掘、数据库建设和记录分析与写作模式转变。这种研究方式的大转变意义重大。

三 量化历史数据库的学术价值

量化历史数据库是计算技术和结构数据的组合,这种源于方法的更新带来史学研究形式的改进。巴勒克拉夫认为 20 世纪后半叶以来,历史学向其他社会科学寻求新方法,突破旧史观和研究框架已成必然。这使得社会科学在两个层面上促进了历史学的新发展:一是应用更加广泛的社会科学思维范畴;二是新的定量方法开始运用。这些影响最终推动了历史研究重心的大转移,从特殊转向一般,从个别事件转向普遍过程,从叙事研究模式转向结构分析模式。② 量化数据库研究模式及其在历史学中的应用,在有效扩展研究史料范围和转变研究驱动模式的同时,帮助历史学家从更普遍、更基层的角度发现隐藏的史实与规律,开展更具普遍意义的国际比较,实现史学研究的突破与转变。

(一) 扩大史料范围和史学研究基础

量化数据库方法对分析大规模的系统性、连续性历史材料非常有效,在扩展几乎所有史学研究门类材料范围的同时,为克服史料繁芜提供重要思路,可使史学家们从传统的"选精"与"集萃"研究方法中超脱出来,对"大人口"、"长时段"的整体史学研究颇有帮助。大规模、同类型的群

---

① Patricia Kelly Hall, Robert McCaa and Gunnar Thorvaldsen, "Introduction: International Historical Microdata: A New Resource for Research and Planning," in Patricia Kelly Hall, Robert McCaa and Gunnar Thorvaldsen, eds., *Handbook of International Historical Microdata for Population Research*, pp. 3 – 10.

② 杰弗里·巴勒克拉夫:《当代史学主要趋势》,杨豫译,上海译文出版社,1987,第 74、77 页。

体性记录广泛存在于历史材料中,但过去往往被历史学家忽略或无法运用。历史因果关系是"多种事物互为因果的复杂关系",普通逻辑思维本就"难济事",① 个人层面的微观材料又繁芜庞杂,如果没有科学的研究方法几乎无法开展系统性整体研究,史料的学术价值无法被开发。就国际史学来说,警察记录、税收记录、人口调查资料、遗嘱、市政委员会的诉讼、教堂登记、新闻报纸、选举统计和人口史领域内的家族谱与人口登记材料等均是在量化历史数据库建立后,首次为学者系统利用,对研究选举与政治史、商业周期史以及历史人口学和家族等重大问题起到重要作用。② 近些年笔者一直从事的中国大学生学籍卡数据库构建及研究亦如此。学籍卡是近现代教育史上常见材料,但在建立量化数据库之前,一直不能为中国史学界深入利用,通常只为佐证某位名人的求学经历等。学籍卡数据库的建立,为分析整个大学生群体的社会来源与社会流动等学术问题提供了可能。③

中国历史文献中类似材料非常丰富,量化数据库的构建与研究可以有效发挥它们的学术价值。笔者认为传统官方文献中至少有三类非常适合数据库化和定量研究。第一,历代户籍材料。中国约自战国时期已有户籍制度,秦统一后逐渐形成规模,经三国及南北朝时期的调整,隋唐后已经非常完备。在这个过程中,户籍登记材料得以累积并逐渐完善。明代以来的黄册更是蔚为壮观。这些连续长达两千多年的户口材料是数据库与量化研究的绝好素材。第二,与户籍材料相伴随同样历史悠久的土地及财产占有与分配登记材料。西周以来,中国土地赋役制度经历井田制、屯田制、均田制、府兵制、均税法、一条鞭法、摊丁入亩到现代土地改革多次调整,但每个新制度下,对土地数量丈量、归属权益的明确以及相关赋税情况都有庞大记录,这些重要材料非常适合数据库化研究。第三,自隋唐以来,考试(考核)就成为中国社会选拔精英人才的重要方式,历代皆有数量惊

---

① 吴承明:《经济史理论与实证:吴承明文集》,刘兰兮整理,浙江大学出版社,2012,第339页。
② Heinrich Best, "Technology or Methodology? Quantitative Historical Research in Germany," *Computer and Humanities*, vol. 25, no. 2/3, 1991, pp. 163 – 171.
③ 相关成果参见梁晨、李中清等《无声的革命:北京大学与苏州大学学生社会来源研究(1952~2002)》,《中国社会科学》2012年第1期;梁晨、张浩、李中清等《无声的革命:北京大学、苏州大学学生社会来源研究(1949~2002)》,三联书店,2013。

人的科考或官员铨选材料，这些材料历时长，系统化程度高，是不可多得的量化数据库素材。李中清－康文林研究组目前正在收集此类教育与官员考核史料，以构建两个新的全国性量化历史数据库。一个是由李中清、梁晨负责的民国大学生学籍信息数据库。目前已收集、输入近 10 万民国大学生的学籍信息，对民国大学生社会来源问题研究很有帮助。另一个是康文林负责的清代《缙绅录》资料的数据库化和量化分析。目前已确定《缙绅录》涉及 50 万官员超过 260 万条个人记录，对系统分析清代官员人际网络和职位波动意义重大。以上三方面材料及相关研究问题是中国历史研究的重点与热点。以这些材料来构建大型量化历史数据库，对重大历史选题研究的突破和为教师提供教学素材等都非常有利。此外，民间材料如家族谱、商业机构账册等都是适于构建量化数据库的重要资料。

大数据库通常涵盖某一范围内所有参与者或构成者的状况，量化方法又能系统、细致地研究或描述不同规模群体的多种信息。一些多变量分析方法还能同时比较多个因素与结果的相互关系，或者在考虑到结果与其他因素相互关联的情况下，估计特定因素与结果的统计相关性。这不仅能帮助研究者更深入理解各种因素的变化与彼此关系，还能兼顾所有个体的影响与权重，很大程度上避免选择资料时的疏漏与偏废，可弥补史学家惯用的"选精"与"集萃"研究方法之缺陷。李伯重认为，"选精"与"集萃"研究方法，前者是"从有关材料中选取一两种据信是最重要或最有'代表性'的，以此为据来概括全面"；后者是在研究"一个较长时期或一个较大地区中的重大历史现象时，将与此有关的各种史料尽量搜寻出来加以取舍，从中挑选出若干最重要或最有代表性的，集中到一起，合成一个全面性证据，以求勾画历史现象的全貌"。他认为这两种方法是史学家惯常使用的，但在本质上并无大异，其特点都是通过从史料中选取具有代表性的例证推导出结论。研究者常将"某一或某些例证所反映的现象普遍化"，从而可能丧失真实性，导致研究结果具有一定不可靠性，需要加以改进。① 量化数据库研究在处理海量材料上的能力，在一定程度上可以解决史学研究中"史料不可能竭泽而渔，甚至难以把握边际"的困难，避免"或分门别类，缩

---

① 李伯重：《理论、方法、发展趋势：中国经济史研究新探》，清华大学出版社，2002，第 110~121 页。

短战线；或随意比附，看朱成碧"的研究困境。①

（二）善于发现隐藏史实，改进研究驱动模式

量化研究的一个重要优势是，能够发现靠传统文献阅读无法发现的隐藏在历史资料堆中的史实。与传统计量史学强调高级统计方法和侧重因果推论不同，大规模微观量化数据库最根本的优势在于，可以帮助研究者通过简单的统计分析，得出基础的描述性统计结果、发现不同因素间基本的相互关系。当然，通过巧妙的研究设计和逻辑推导，研究者同样可以基于这些"大数据"得出因果推论。同时，这种基于量化数据库的基础性统计描述有很大兼容性，对系统的、可归类的文字信息也有很好的分析能力，这使得它为帮助史学家发现传统文献阅读无法察觉到的历史因素的相关性，对话已有的学术理论和观点以及进行更为复杂的研究分析提供了基础。

以大规模数据为基础的量化研究还能较好纠正研究的主观性，实现研究从常见的理论或问题驱动转向数据或经验驱动，在发现真实历史的同时修正过去的讹误。② 我们强调的构建量化数据库应是一个整理、开发历史材料的客观过程。设计合理的量化数据库，应首先完整体现史料所记录的原始信息而非研究者对数据的主观判断和改动，将主观处理和理解数据库的操作空间留给数据库使用者，并在设计上为数据库使用者依据当前数据生成需要的新变量提供可能。不同于以存档和检索为目的的文史资料数据库，构建量化数据库的初衷在于方便研究者直接对数据进行量化分析。量化数据库所包含的信息既可以直接来自史料中的数字记录，如人口、税赋、田亩等，也可以对文本资料如传记、名录等进行系统编码。量化数据库的形式往往是一个或多个数据表格。虽然具体数据结构可能因材料类型、内容及其他特点而不同，但绝大部分数据表格的设计都是每列包含一个因素或类别（即变量）的信息，每行代表一个最低层次的研究个体，例如某人、户等。对这些数据库的量化分析，实际上就是通过统计软件对大规模研究个体（行）在不同因素（列）之间相互关系的统计分析。这种量化分析本身并

---

① 桑兵：《晚近史的史料边际与史学的整体性——兼论相关史料的编辑出版》，《历史研究》2008 年第 4 期。
② Heinrich Best, "Technology or Methodology? Quantitative Historical Research in Germany," *Computer and Humanities*, vol. 25, no. 2/3, 1991, pp. 163 – 171.

不依赖任何单个或正反方事件参与者的叙述，相对简单、明确的数量关系也可以避免表达上的主观与刻意，可以更好避免研究者基于自身认知或经验所形成的预设观点对研究结论的影响，减少研究时的"先入为主"并方便重复验证，得出的规律性现象或结论也更可靠。因此，只有保证数据库最大限度地反映历史材料的原有信息，才可能保证分析结果的客观性和完整性。

构建量化数据库尤其是大规模微观量化数据库能够更好地推动历史研究，其原因主要在于，相比传统史学的"选精"、"集萃"或是新经济史研究中常见的集合数据（Aggregate Data），量化数据库能够提供更加全面、系统和微观的信息。在获取历史事实方面，仅仅依靠对各变量最简单的描述性统计，如频数、平均值、标准差、比例、列联表等，量化数据库就可以提供许多集合数据或个案研究无法提供的信息和视角。这一点在结合历史数据往往覆盖长时段的特性时作用尤为明显。更重要的是，这些简单的统计描述仅反映数据库的客观情况，不同的数据库使用者可以如自然科学研究一样重复检验。目前许多定量历史研究在解释历史现象方面依靠自然实验（Natural Experiment）的设定，借鉴现代计量经济学如工具变量（Instrumental Variable）、双重差分法（Difference in Difference）、断点回归（Regression Discontinuity）、倾向值匹配（Propensity Score Matching）等前沿技术进行因果推断。[①] 这些统计方法的运用往往需要对变量之间的关系和分布引入许多较强的假设。尽管很多假设并非直接针对数据的局限性，但是有限的数据往往限制了研究者对假设合理性的检验，从而增加了研究结论受研究者选择方法的主观性影响的风险。而大规模量化数据库的构建，无疑可以提供更多微观、有效的信息，提高统计功效，为大规模历史数据与复杂统计模型分析的结合提供条件。

（三）为国际比较和多学科合作创造精准的数据基础

国际比较和多学科合作研究是很多大规模历史研究项目追求的重要目

---

① 有关计量分析与历史相关研究结合部分具体实例的中文讨论，参见孙圣民关于 Robert Fogel，Douglass North 和 Daron Acemoglu 等人研究的介绍（孙圣民：《历史计量学五十年——经济学和史学范式的冲突、融合与发展》，《中国社会科学》2009 年第 4 期）。近年来基于微观历史数据定量研究发表论文众多但较分散，很多都出现在经济学、政治学、社会学、历史学等学科国际主流甚至顶级期刊。读者亦可通过 Claude Diebolt 对近年来发表在计量史学专门期刊 Cliometrica 上论文的总结，集中获取一些研究实例。参见 Claude Diebolt, "Where Are We Now in Cliometrics?" Historical Social Research, vol. 37, no. 4。

标之一，但很多历史现象本身蕴含复杂的信息，直接进行跨国、跨文化比较研究困难重重。李伯重指出，比较是史学（特别是现代史学）的基础，但在进行比较研究时须认真考虑研究对象是否具有可比较性，有无一致的时空范围以及是否具备合适的比较标准，而数据的优点使得量化比较成为比较史学中最成功的部分。① 量化数据库则致力于从文献中系统抽取相对明确的信息，如传记履历或人口调查材料中的生卒年份、职业身份、财富收入等，通过编码处理供计算机分析。这些信息基本都有普遍通用的含义，适合进行跨地区、跨国界比较。加之定量方法的客观性与可比性，这削弱了材料与结论的意识形态和国别属性，可以保证国际比较的事实基础可靠，比较的结果相对准确，容易形成共识。

由多国社会科学家组织开展的欧亚人口和家庭史项目（Eurasian Population and Family History Project，简称 EAP），可视为近些年来利用大规模微观数据研究进行国际比较的范例。

1994 年以来，来自欧洲、美国、日本和中国等国家的人口史学家、社会学家和经济学家等，将比利时、中国、意大利、瑞典和日本等国 100 个村庄的个人层面微观数据分别建成量化数据库，通过构建标准统一、便于比较的统计模型，分析死亡、出生、婚姻等多种人口行为与社会环境的互动。该系列研究成果集中关注中西方社会人类行为的空间差异及其与人类意志的关系，挑战了现有传统研究下的某些经典宏大理论，对人口学、历史学及社会学等学科发展具有重要意义。②

量化历史数据库的构建还能为社会科学家提供强大且灵活的研究资源，推动历史学与其他社会科学的优势整合。传统史学研究，一般通过文献资料

---

① 李伯重：《量化史学中的比较研究》，http://history.orientalpatek.com/newsdetail.aspx? id =955。
② 该计划的重大研究成果已由美国麻省理工学院（MIT）出版社集结成三册系列专著出版，分别是 Tommy Bengtsson et al., *Life under Pressure: Mortality and Living Standards in Europe and Asia, 1700 - 1900*, Cambridge: MIT Press, 2004; Noriko Tsuya et al., *Prudence and Pressure: Reproduction and Human Agency in Europe and Asia, 1700 - 1900*, Cambridge: MIT Press 2010; Chfister Lundh et al., *Similarity in Difference: Marriage in Europe and Asia, 1700 - 1900*, Cambridge: MIT Press, 2014。有关国际学界对前两本著作学术贡献的评价，参见 Ronald Lee and Richard H. Steckel, "Life under Pressure: An Appreciation and Appraisal," *Historical Methods*, vol. 39, no. 4, 2006, pp. 171 - 176; Jack A. Goldstone, "Prudence and Pressure: Everywhere," *Historical Methods*, vol. 44, no. 4, 2011, pp. 181 - 184。

收集和学者个人化解读，梳理出历史史实。这些史实通常可以成为其他学科的认识基础与判断依据，但由于研究方式不一致，大部分描述性的历史材料或结论，较难直接应用于其他学科相对系统和量化的研究方法，进而阻碍历史学与其他学科的融合。通过对史料整合，构建量化数据库，历史材料转变成可直接适用于定量分析研究的数据，成为历史学和其他学科均可直接分析利用的一手材料，而不是难以"消化"的描述性史实，为实现历史学科研究方法的多样化，以及与其他社会科学甚至自然科学的交流互动提供基础，提升历史学的学术价值。

此外，量化历史数据库大多向学界开放，这意味着会有更多不同学科的研究者和研究方法投入历史材料的解读和分析，丰富历史研究的形式和成果，形成与传统历史学家"单打独斗"不同的局面。如中国多代人口数据库辽宁部分，早期主要由研究组成员及其合作者使用，但随着数据材料于2010年对学界在线开放，已有越来越多数据计划成员（李中清－康文林研究组）以外的学者开始使用这些数据进行研究，成果数量甚至超过了李中清－康文林研究组本身。这只是各大公开量化数据库对学界贡献的一个缩影。量化数据库的构建与公开，对学术发展的贡献显然已超出单个学者或研究组的能力范围。

四 量化数据库运用中的挑战与机遇

构建数据库和量化分析的研究方法是史学研究"现代化"、"科学化"的一个重要途径，但现代方法与古老学科的结合可能存在很多困境与挑战。巴勒克拉夫认为，历史学者往往有一种"心理障碍"，对新研究方法不容易接受。[1] 还有学者认为，相较于其他学科，计算机技术在历史研究中的应用状况并不好，这不是因为计算机技术不够发达，而是因为历史学家没有学会使用新技术，甚至对新方法抱有很强的偏见和反感。[2] 因此，即便定量分析明显为"描写大人口群的历史提供了巨大机会"，但"很多从事流行文化

---

[1] 杰弗里·巴勒克拉夫：《当代史学主要趋势》，北京大学出版社，2006，第333页。
[2] Onno Boonstra, Leen Breure and Peter Doorn, *Past, Present and Future of Historical Information Science*, p. 16.

与社会研究的历史学家对这一方法却非常消极"。① 这些论断未必完全正确,但历史学家运用社会科学化的研究方法确实存在很多挑战。

在中国,这种挑战似乎更严峻。欧美不少大学早已设立专门机构,研究计算机技术在人文学中的应用,并依托其来培训学生,打造未来学者。英国普利茅斯大学以第二次世界大战后的英国选举数据为例,训练历史专业的学生掌握基础数据分析方法;② 牛津大学在很多人文领域进行计算机研究和拓展,包括人文计算中心、牛津文献档案馆、人文中心等;格拉斯哥大学有人文高级技术与信息中心,鼓励使用信息技术开展人文研究和教学。美国几十所大学设有专门机构研究量化史学方法。普林斯顿大学、罗格斯大学以及弗吉尼亚大学设立人文电子文献中心。加拿大多伦多大学等也有类似机构。③ 国内在此方面却几乎还是一片空白。钱学森先生 30 年前就呼吁中国史学界要加强对学生的计算机技术教育,开设系统科学、电子计算机和高等数学等课程,培养定量研究专门人才,以能运用系统的科学方法进行历史研究。④ 但这一倡议并未引起重视。而自中学就实行的文理分科和历史等传统文科对科学方法教育、应用的漠视使未来史学家在掌握新方法上遇到更多困难。最近几年,一些外国学者开始尝试以暑期班的形式在国内大学开设量化史学课程,如 2011 年起,康文林、李中清在上海交通大学开设"中国多代人口数据库暑期学校",陈志武于 2013 年起在清华大学组织"量化历史研究班"。⑤ 他们希望将大数据量化分析方法教授给国内史学新秀。但在授课过程中,主讲教师意识到国内年轻史学工作者对史料有较深的理解和掌握,但对基本统计学理论与方法则比较陌生,使得教学效果大打折扣。

---

① Pat Hudson, *History by Numbers: An Introduction to Quantitative Approaches*, London: Arnold, 2000, p. 7.
② Paul Lambe, "An Introduction to Quantitative Research Methods in History," *History and Computing*, vol. 6, no. 2, 2003, http://hdl.handle.net/2027/spo.3310410.0006.205.
③ Onno Boonstra, Leen Breure and Peter Doorn, *Past, Present and Future of Historical Information Science*, p. 10.
④ 钱学森、沈大德、吴廷嘉:《用系统科学方法使历史科学定量化》,《历史研究》1986 年第 4 期。
⑤ "中国多代人口数据暑期学校"主要教学内容,参见上海交通大学中国东北历史与社会研究中心官网相关介绍,http://ishnc.sjtu.edu.cn/do/list.php?fid=51;"量化历史研究班"基本情况,参见清华大学社会科学学院官网关于该班 2014 年第二届招生宣传海报,http://www.tsinghua.edu.cn/publish/sss/8028/20140408080501602515533/222.pdf。

当下的多数历史学者，不仅在掌握量化数据研究技术与方法上存在很大困难，接受与适应这种社会科学化的研究组织与管理模式也不容易。构建量化数据库通常包括数据采集、数据分类、数据编码、数据存储、数据信息挖掘和定量分析等多个环节，数据库建成后还可能需要数据管理和维护等多种工作。相对于以数据为中心的"科学化"、"电子化"研究方式，传统史学研究显得有些手工艺式的陈旧。① 历史学者从事研究时多是"单打独斗"，而构建大规模、量化史学数据库并对其进行分析与研究，通常需要构建起一个研究团队，由多学科专业人员合作参与。这种社会科学化的研究，无论对经费还是组织管理都有相当要求。另外，量化历史数据库要发挥更大学术价值，开放是非常关键的。李中清-康文林研究组的中国多代人口数据、包弼德领导下的哈佛大学中国历代人物传记数据库（China Biographical Database Project，简称 CBDB）② 以及耶鲁大学自 1949 年开始建立的人类关系地域文件库（Human Relations Area Files，简称 HRAF）③ 等都实现了在线公开，方便全球学者利用，这与过往那种不将珍贵史料与人分享的做法也完全不同。

不过，面对"大数据"时代量化研究的大趋势，历史学者绝非"赤手空拳"，只能消极被动接受转变，而是有其独特的比较优势。历史学者掌握的众多史料、丰富的历史知识以及考据等研究方法等对量化研究历史资料来说都是必需的。量化数据库方法要在历史乃至社会科学研究领域发挥更大价值，历史学者的作用不可或缺。实际上，尽管使用数据进行分析的多为非历史学者，但前文介绍的社会科学最重要的公开数据整合中心之一ICPSR 和几个重要量化历史数据库 IPUMS、HSN、SEDD、CMGPD 的项目发起人或领导者都获得历史学博士学位。这说明历史学者不仅能够参与，而且对于这些国际主要量化数据库项目的成功有不可替代的作用。④

---

① Heinrich Best,"Technology or Methodology? Quantitative Historical Research in Germany," *Computer and Humanities*, vol. 25, no. 2/3, 1991, pp. 163 – 171.
② 参见该数据库官网：http://isites.harvard.edu/icb/icb.do?keyword = k35201&pageid = icb.page145374。
③ 详情参见官网：http://www.yale.edu/hraf/。
④ ICPSR 中心主任乔治·奥特（George Alter）、EAP 计划领导者及 CMGPD 数据项目发起人李中清、HSN 项目及欧洲历史人口数据网络（European Historical Population Sample Network）计划领导者凯斯·曼得麦克斯（Kees Mandermakers）、IPUMS 项目主任斯蒂芬·鲁格斯（Steven Ruggles）、EAP 领导者及 SEDD 项目主要负责人汤米·本特森（Tommy Bengtsson）均为历史学（或经济史学）博士。

历史学者在研究中认识和处理史料的宝贵经验，是构建量化数据库和进行后续分析不可缺的。量化数据库的构建与研究，必须依托于统一的制度性定义或标准化结构的信息材料才能完成，但历史材料的丰富性、多样性和复杂性成为构建系统、直观的量化数据库的障碍。如郭松义曾分别研究清代在京山西商人和司法审判中私通行为，前者有136宗样本，后者有403宗案例，从社会科学角度来看体量并不大，但这些个案分散在"乾隆朝刑科题本"、"宗人府来文"、"内务府来文"、"八旗都统衙门档案"、"刑法部档案"及《刑案汇览》、《刑案汇览续编》等众多官方文献以及如《资政新书》、《樊山政书》等海量个人文献中。对缺乏史学训练和长期研究积累的非历史学者来说，了解这些史料并找到所需研究个案是非常困难的。[①] 又如，前文提到的SEDD数据库，整合了出生、婚姻、死亡三类登记册以及税册和教会考试册等多种材料。如果没有对各种历史材料的深入理解，很可能会在整合不同资料构建量化数据库的过程中产生种种问题。构建量化数据库并非单纯将历史材料"电子化"，而是需要凭借历史学者对原始材料的深刻理解，创造性地进行归类和整合。

在选定和整理好原始史料后，对史料中包含的具体信息的分类与编码依然需要依赖历史学者的专业知识。由于时代背景错综复杂、史料建立和涵盖的时间长短不一，史料记录的内容可能不一致或不完整，且难以今日的常识直接理解。此外，单一历史材料也可能包含多种类型和层次的信息，比如人口户籍材料不仅包含个人信息，也可能包含家户成员关系和土地、财产构成等信息，往往需要细致、全面地理解和辨别。因此，将史料记载的复杂信息灵活妥当地分类并设计变量编码方式并非简单依靠电脑技术或其他模版即可完成。这种史料的复杂性一直是历史研究的难点，同时也是历史学者学习、训练和研究的重点。历史学者对文献中各种信息的真伪与具体含义的把握优于一般的非历史学者。历史学者在长期训练、研究中积累起来的专业历史知识是构建、研究量化历史数据库工作必不可少甚至是至关重要的保证。

历史学家对当时社会、人文环境的认识比较全面和深入，在对各种历

---

① 相关研究及材料状况分别参见郭松义《清代北京的山西商人——根据136宗个人样本所作的分析》，《中国经济史研究》2008年第1期；《清代403宗民刑案例中的私通行为考察》，《历史研究》2000年第3期。

史文本信息的解读和对分析结果诠释方面,往往也拥有比较优势。随着数据挖掘和信息处理技术的发展,尤其是文本挖掘(Text Mining)技术的进步,分析人物传记、文学手稿等结构较为复杂的文本材料成为可能。例如哈佛大学学者让-贝普提斯特·米歇尔(Jean-Baptiste Michel)和耶瑞兹·列博曼·艾登(Erez Lieberman Aiden)领导的研究组于2011年在美国《科学》(Science)杂志上发表《基于百万电子化图书对文化的定量分析》(Quantitative Analysis of Culture Using Millions of Digitized Books),通过"谷歌图书计划"(Google Books Project)得以构建涵盖人类印刷出版物4%的电子文字数据库,并量化分析1800~2000年英文语言应用所反映的文化趋势。通过词典编纂、语法进化、集体记忆、技术传播、名誉获得、文字审查、历史传染病学等方面的分析实例,他们很好地展示了如何通过构建大规模量化数据和应用简单统计方法(仅仅是对特定词语的出现频次进行统计)认识历史和发现新知。[①]

历史学家对具体史实的细致把握,往往能够弥补大规模定量分析注重整体推论但部分忽视或无法理解具体演变过程和机制的弊端。量化历史数据库的应用并非鼓励纯粹定量分析,而是需要传统史学方法与定量方法的互补。在量化数据库的分析过程中,社会科学化的定量分析优势在于对多变量相对作用的分析,以及对整体统计或因果关系的概括,然而对具体作用机制和社会、经济、制度环境的认识往往较为表面。而传统研究擅长结合丰富的相关史料,深入理解一些典型个案,这无疑对研究设计和具体分析助益良多。

更为重要的是,研究者需要有对特定历史背景的准确把握,才能选择合适的定量分析方法并正确解读分析结果。进行以量化数据库为基础的研究分析,研究者需要思考的首要问题是选取构建数据库的史料是否存在选择性偏误,即这些材料能够在多大程度上反映当时的社会现实,能够反映哪些特定人群、特定条件下的具体情况?只有对数据来源的选择性有充分认识,才可能避免错误解释分析结果或过分夸大结论的代表性。而这些必要的历史背景往往是通过传统文本分析获得的。因此,史学研究方法一方面可以深化对定量分析结果的理解和解释,另一方面,也可以对定量分析

---

① Jean-Baptiste Michel et al., "Quantitative Analysis of Culture Using Millions of Digitized Books," *Science*, vol. 331, no. 6014, 2011, pp. 176–182.

结果和定性研究结果进行经验比较，通过多种研究方法的结合减少主观性风险的影响，提高对研究对象全面、深入的整体认识。"数量分析本身不是目的，只是认识的手段"，[1] 这些定性分析，对于以复杂的人类行为为研究主题的社会科学必不可少。对新一代历史学者来说，要将科学方法融入传统研究中去，既不能因循守旧，也不可以盲目推崇新方法完全替代旧方法。

五 无限可能：量化数据库与"求是型学术"在中国

对史学研究来说，构建量化数据库是兼及史料整理和问题研究的重要工具，代表历史学未来发展的一个新方向。其尊重材料、注重探求事实本源的方法导向，与历史学的学术传统契合。然而，中国历史学者的研究和教学在此方面仍停滞不前。一方面，大量掌握在历史学者手中的重要人类经验数据资料可能难以被利用，历史学的学科功用受到限制；另一方面，历史专业的学生对新研究方法缺乏足够了解和学习，在数字时代的竞争力自然受到影响。如何缩小差距、转变思路，在发挥自身优势的同时实施教育改革，仍是历史学科建设亟须思考和解决的问题。

目前，历史学者从事量化数据库构建和研究的门槛已大大降低。近年来，一些暑期集训课程在推动中国量化历史分析教育方面取得很多进展，丰富的社会科学定量方法暑期培训项目为学生和教师短期内提升分析方法的修养提供可能。许多大学经管专业开设的发展经济学和经济史课程，也大量涉及量化历史研究的各种经典实例，为历史专业学生和学者深入学习相关理论与分析应用提供可能。而且，Excel 等大众化数据管理软件的普及与发展，对于数据库构建、数据管理和基本分析提供了便利。SPSS、SAS、STATA、R 等专业统计软件在操作指令和交互界面方面也日趋人性化。

同时，社会科学的发展，为史学家和社会科学家的交流合作提供可能。[2]

---

[1] Dobrov Deopik et al., "Quantitative and Machine Methods of Processing Information," 转引自杰弗里·巴勒克拉夫《当代史学主要趋势》，杨豫译，上海译文出版社，1987，第337页。
[2] Patricia Kelly Hall, Robert McCaa and Gunnar Thorvaldsen, "Introduction: International Historical Microdata: A New Resource for Research and Planning," in Patricia Kelly Hall, Robert McCaa and Gunnar Thorvaldsen, eds., Handbook of International Historical Microdata for Population Research, pp. 3 – 10.

跨学科合作交流或团队的建立，可以帮助历史学家突破技术壁垒。历史学家自身不可比拟的比较优势，更能够帮助他们有效融入新的研究潮流，对正确构建和分析历史量化数据库意义重大。① 中国史学界长期积累和正在进行的许多文献收集和整理项目，都具有构建大规模量化数据库的先天优势，预示着未来短期内大规模历史量化数据库及相关研究在中国蓬勃发展的广阔前景。

国内很多学术单位和图书档案管理单位都已经开始重视大规模、系统化历史材料的收集与整理，建立了一些文献保存或文献索引型数据库。如国家与地方档案馆的文献材料数码化工程和国家清史工程对清代文献的收集和整理；中国社会科学院近代史研究所对所藏约19万件珍贵档案的整理和电子扫描。各地高校历史研究机构则致力于大规模收集地方社会历史材料，部分也已进行电子化处理。如山西大学中国社会史研究中心收集、整理逾千万卷山西地方社会历史档案；中山大学历史人类学研究中心收集以闽粤为中心的地方家族谱和民间契约文书等；上海交通大学历史系开展以上海郊区、苏南、浙北地区为中心兼及中西部地区的"县级档案与契约文书的收集、整理与研究"项目，已汇集8省50县约600万页档案和30多万件民间契约；浙江大学地方历史文书编纂与研究中心则与浙江龙泉市档案馆合作，将该馆所藏晚清至民国时期总计17333卷宗88万余页的地方司法档案进行整理、电子化并出版。这些大规模史料收集与文献数据库的构建对材料的永久保存意义重大，大量分散在各地、各机构的重要史料得到了整合，一些数据库还支持检索功能。

虽然这类文献检索类数据库的保存格式和数据结构仍无法直接用于定量分析研究，但已经为构建量化数据库奠定坚实的材料基础，从而有利于较快实现向量化数据库的转变，进而促进系统、深入地利用这些历史材料进行分析研究。可以预见，未来短期内我国历史学在上述材料相关研究领

---

① 孙圣民指出，20世纪80年代末90年代初，当国内历史学家开始关注历史计量学研究时，系统的西方经济学教学在国内才刚刚起步。历史学家缺乏合格的合作对象，即掌握现代经济理论和分析工具的经济学者。目前国内经济学教学和研究水平正逐步与国际接轨，上述条件和时机都已经具备，当务之急是为史学家和经济学家提供必要的交流和合作平台，如创办协会和年会、开办杂志或专栏等，通过双方合作撰写高质量的研究论文并参与国际历史计量学活动，提升国内历史计量学的研究水平（孙圣民：《历史计量学五十年——经济学和史学范式的冲突、融合与发展》，《中国社会科学》2009年第4期）。

域将会有长足发展，不仅在国家与社会、民间契约、宗族行为与司法诉讼等社会历史研究方向取得重大进展，更会为相关社会科学和国际比较研究提供全新动力。

整合历史数据与当代数据的思路，无疑为进一步通过大规模量化数据库促进跨学科、跨时段、跨地域全面认识人类社会与自我提供了无限可能。而在实际操作层面，各种数据公开、数据管理、数据安全和数据分析方面的具体问题也不容忽视。前文讨论的 ICPSR 中心以及 IPUMS 和 UPDB 等数据项目就是成功范例。它们不仅为许多学科学术研究提供整合历史与当代数据的新资源，更在实践中总结出大规模量化数据库管理方面的宝贵经验，涉及明确原始数据所有权、签署用户保密协议、隐去数据内个人隐私信息、限制用户接触和分析数据的方法与层级等方面的许多具体实践。

另外，卢森堡收入研究跨国数据中心（LIS Cross-National Data Center）除能如 IPUMS 等数据项目提供在线生成统计表的简单分析功能以外，还支持数据使用者自己编写统计软件代码，以远程分析保存在中心主服务器上的数据方式替代使用者自行下载、保存和分析数据的传统数据分享方式，从根本上提高了对公开数据的安全和个人隐私的保障。这些都为今后我们在构建、管理、公开和使用大规模量化数据库时，在如何结合互联网技术最大限度公开数据、方便研究分析但又保证数据安全和个人隐私等敏感信息安全方面，提供重要的参考模板。

我们认为，提倡依托于大规模量化数据库的学术研究，对推动整个人文社会科学的"求是型学术"、真正认识中国社会和历史发展的特征、平衡东西方学术见解意义重大。人文社会科学注重"解释型学术"的传统，使得各学科在资料收集方面往往不断确认"已知"而轻视探索"未知"。历史学科的"选精"、"集萃"如此，当前社会学科中较为普遍和"科学"的统计抽样调查等方式亦是如此。尽管在数据收集的功效和人口层面的代表性等技术层面，统计抽样社会调查有其得天独厚的优势，但由于西方理论范式先行，我们在中国实施抽样调查项目往往仍需要大量借助西方已有研究经验，通过研究直觉提出问题和设计问卷时，难免会受到西方"已知"事实和理论的影响。诚然，许多重要研究成果确认或修正了东西方"共性"的认识，但我们也在一定程度上丧失了认识中国"未知"特质、完善和平衡国际学界对不同社会差异根本认识的可能。不论是历史上还是当代，基于档案等人口层面系统记录的大规模量化数据库,无疑成为弥补当前这一研究缺憾的最佳选择。这种以注重材料、探求事实为先的"求是型学术",必定会促进我国历史学科乃至整个人文社会科学平衡、健康、全面地发展,也会为国际学术进步提供丰富的"中国经验"。

(梁晨,南京大学中华民国史研究中心副教授;董浩,香港科技大学人文社会科学学院社会科学部博士研究生;李中清,香港科技大学人文社会科学学院讲座教授)

中国历史时期经济总量估值研究*
——以 GDP 的测算为中心

倪玉平　徐　毅　范鲁文·巴斯

中国不仅是四大文明古国之一，也曾是世界上最大的经济体。从20世纪后期起，特别是进入21世纪以来，中国经济在改革开放中迅速崛起，GDP已经超过日本，仅次于美国，成为世界GDP第二大国。在此背景下，重新评价历史上中国经济发展水平及其在世界经济史上的地位日益受到国内外学者的关注。同时，随着计量史学、新经济史学的崛起，量化中国不同历史时期的经济发展水平并与同时期的世界其他经济体进行比较的"历史GDP"研究，① 在国内外学术舞台上日渐兴起，并汇聚成一股频繁互动的研究潮流，吸引着不同学科、国籍的学者参与讨论；不仅如此，在国际学术界，围绕这一研究潮流还引发了诸如"大分流"（the Great Divergence）等问题广泛而持续的大讨论。在中国学术日益走向国际的今天，中国历史GDP研究的发展脉络本身就是中国学术国际化的生动案例，因此，及时跟踪这一具有国际意义的学术动态显得格外重要。本文即从学术史的角度，对中国历史GDP研究如何从国际学界专门性的研究领域，一跃成为备受各

---

* 赫治清、史志宏研究员及匿名评审专家对本文提出宝贵修改意见，谨致谢忱！
① 到目前为止，学术界关于中国历史时期GDP的研究成果，集中于唐宋至新中国成立前。唐之前的GDP研究因资料原因尚难系统展开，新中国成立后的GDP数据则可以按现代统计学方法获得。故本文所言的"中国历史时期GDP"研究，指唐宋至民国时期须凭借经济史学家测算而获得的GDP估算研究。

国不同学科学者关注的焦点领域这一发展脉络，做一简单梳理，总结当前热潮中出现的问题与可能的发展趋势，供学界同人参考。

一 研究缘起与初步探索：1930~1990年

从宏观上考察一个国家或地区的经济总量并进行横向国际比较的研究，有着悠久的历史。早在17世纪，英国古典政治经济学家威廉·配第尝试对英格兰和威尔士的国民经济进行过定量匡算，并将英国、荷兰和法国的国民财富进行"政治算术"式的比较。[①] 但配第的这种计算相当粗陋，并没有形成一套专门体系。直到20世纪30年代，为应对当时的经济衰退，美国经济学家克拉克·沃伯顿和西蒙·库兹涅茨（Simon Kuznets）等人先后提出GDP、国民收入（National Income）等概念，并对之加以科学定义及规范计算，GDP统计工具才正式诞生。[②] 将这一新兴的宏观统计方法运用于长期的经济增长研究，其目的大致有两个：一是通过测算各国人均GDP的长期增长，揭示现代经济增长的起源问题；二是通过对现代经济增长出现前后东西方各国人均GDP水平的比较，探索东西方各国经济发展水平的差距。在这样的背景下，历史GDP研究的先驱者试图建立一种跨国的、长期的研究模式。

最早尝试这种研究模式的是英国经济统计学家克林·克拉克。1940年，他首次对世界上28个国家的国民收入进行核算。在其著作中，克林·克拉克利用工资数据，大略估算了1925~1934年的中国GDP。[③] 这应是西方学者对中国历史时期GDP的最早测算。而在此前的1937年，华人经济学家刘大钧出版了中国第一次全国性工业普查的结果——《中国工业调查报告》。[④] 这本调查报告成为后来学者估算20世纪30年代中国工业产值的主要数据来

---

① William Petty, "Verbum Sapient," in Charles Henry Hull, ed., *The Economic Writings of Sir William Petty: Together with the Observations upon the Bills of Mortality, More Probably by Captain John Graunt*, Cambridge: Cambridge University Press, 1899, vol. 1, pp. 99–120.

② Clark Warburton, "Value of the Gross National Product and Its Components, 1919–1929," *Journal of the American Statistical Association*, December 1934, pp. 383–388.

③ Colin Clark, *The Conditions of Economic Progress*, London: Macmillan Press, 1940, p. 41.

④ 刘大钧：《中国工业调查报告》，经济统计研究所，1937年。

源。1946年，美国布鲁金斯学会出版了刘大钧的《1931～1936年的中国国民收入》一书，① 这是中国学者涉足此项研究的第一部著作。1947年上海中华书局出版了由巫宝三等主编的《中国国民所得：一九三三年》，对1933年的中国国民收入进行了细致的核算与评估。以此为基础，此后巫宝三又将其测算年份加以扩展，对1929、1936和1946年的国民收入也做出估计。② 可见，中国历史时期 GDP 研究与世界历史 GDP 研究几乎同时起步。

上述学者在引入现代 GDP 研究体系的基础上，共同开创了一个超越单一部门或领域的、全面量化历史时期中国经济发展水平的全新领域。这一新兴研究领域在开拓之初，便给后来的学者留下了两个极富学术价值的问题。第一，经过以上学者的研究，当时基本达成一个共识：以人均 GDP 为标准，从世界范围来看，现代经济增长最早源于18世纪末的英国，以工业革命的成功展开为发端，之前的世界经济都处于"马尔萨斯陷阱"（Malthusian Trap）。第二，尝试研究世界各国 GDP 长期序列的西方学者认为，在现代经济增长出现前，西方发达国家的人均 GDP 已经大大高于亚洲和非洲的广大发展中国家，只是其论点暂时还找不到来自前近代中国人均 GDP 数据的支持。与西方发达国家相比，英国工业革命前的中国经济发展处于何种水平，便成为另一个悬而未决的问题。

从20世纪50年代开始，国内外不断有历史学家和经济学家加入这一新兴研究领域。讨论第一个问题的主要学者有张仲礼、费维恺（Albert Feuerwerker）、刘大中、叶孔嘉和珀金斯（Dwight H. Perkins）等人。1962年，曾留学美国的经济史学家张仲礼在《中国绅士的收入》中对19世纪80年代中国的国民收入进行了估算。他认为，19世纪80年代，中国的农业和绝大部分的非农产业仍处于前近代的发展阶段。他还将其估算与巫宝三等人估算的1933年的国民收入比较，得出结论：若以1933年的价格计算，当1933年部分地区经历工业化的时候，中国的国民收入较之19世纪80年代增长了

---

① Ta-chuen Liu, *China's National Income, 1931－1936: An Exploratory Study*, Washington: Brookings Institution, 1946.
② 巫宝三1948年的哈佛博士学位论文《中国的资本形成和消费者的开支》（第204～211页），概括了其《中国国民所得：一九三三年》（中华书局，1947）中的资料。另见巫宝三《中国国民所得：1933、1936及1946》，《社会科学杂志》第9卷第2期，1947年12月。以上作品由商务印书馆整理重印，见巫宝三《中国国民所得（一九三三）》，商务印书馆，1992。

40%，人均国民收入增长了 30%。① 美国的中国史专家费维恺认为，张仲礼夸大了绅士的收入，并且过于依赖 1887 年耕地面积的官方材料。② 费维恺将农业估值上调 30%，结果大大降低了 1880 年至 1933 年中国经济的增长率，国民收入增长率降至 36%，人均国民收入增长率降为 18%。

1965 年，美籍华人学者刘大中与叶孔嘉合作出版了《中国大陆的经济：国民收入与经济发展，1933~1959》一书，③ 重新评价了巫宝三等人当年使用的主体资料，如《农情报告》、《中国土地利用》(Land Utilization in China) 和《中国工业调查报告》等，并且修正了部分测算口径，从而得出了 1933 年中国国民收入的新估值，并将研究视野向后延伸至中华人民共和国早期，在西方学术界产生了极大影响。此后，他们还分析了 1931~1936 年中国的 GDP 估算，认为这一时期中国经济的特征为"中等程度的工业增长，农业的停滞不前以及人口的继续膨胀"，人均 GDP 的年增长率只有 0.33%。④ 20 世纪 70 年代，中国经济史专家珀金斯在《二十世纪中国的经济增长与结构变化》中，⑤ 不仅修正了刘大中等人对 1933 年农业产值的估计，而且根据其有关农业的研究成果与章长基 (John K. Chang) 关于工业的研究成果，⑥ 将 GDP 的估算扩展到 1914~1918 年这一时间段，从而建立了这一时期新的 GDP 序列；显示 1933 年的人均 GDP 与 1914~1918 年相比，仅实现了约为 0.54% 的年均增长。

部分西方经济学家则尝试探索第二个问题。1981 年，法国经济学家贝

---

① 其估算过程与结果参见该著附录 1。Chuang-li Chang, *The Income of the Gentry: Studies on Their Role in Nineteenth Century Chinese Society*, Seattle: University of Washington Press, 1962, pp. 291 – 325.
② 费维恺的修正结果发表在《剑桥中国晚清史》，参见费正清、刘京广编《剑桥中国晚清史》下卷，中国社会科学院历史研究所编译室译，中国社会科学出版社，1985，第 9~10 页。
③ Ta-chung Liu and Kung-chia Yeh, *The Economy of the Chinese Mainland: National Income and Economic Development, 1933 – 1959*, Princeton: Princeton University Press, 1965.
④ K. C. Yeh, "China's National Income, 1931 – 1936," in Chi-ming Hou and Tzong-shian Yu, eds., *Modern Chinese Economic History*, Taipei: The Institute of Economics, Academia Sinica, 1977, p. 120.
⑤ Dwight H. Perkins, "Growth and Changing Structure of China's Twentieth Century," in Dwight H. Perkins, ed., *China's Modern Economy in Historical Perspective*, Stanford: Stanford University Press, 1975, pp. 115 – 165.
⑥ John K. Chang, *Industrial Development in Pre-Communist China: A Quantitative Analysis*, Chicago: Aldine, 1969.

洛赫发表《工业革命以来国家经济差异的主要趋势》，该文除研究西方发达国家外，还统一按照 1960 年的美元价格，依次估算了 1800、1860、1913、1938、1950、1960、1970 和 1977 年的中国人均国民收入。贝洛赫反驳了克拉克·沃伯顿、库兹涅茨的观点，认为工业革命前中国的人均 GDP 比西方发达国家要高很多。① 他的研究经由法国史学家布罗代尔的引用而广为人知。②

大致而言，至 20 世纪 80 年代，国内外学界针对开拓者们遗留问题的讨论才刚刚展开，具有鲜明的起步阶段特征。首先，刘大钧、巫宝三等人奠定了中国历史 GDP 研究的基本方法。根据国民收入账户体系（SNA），GDP 的统计有所谓的"三方等价原理"，即 GDP 的生产量、分配量与使用量三者完全相等，这就意味着可以分别从生产、收入与支出三个角度对 GDP 进行测算。他们的贡献还在于使用了指数原理，利用重要的指标数列，推求了其他年份的历史 GDP。其研究方法成为中国历史 GDP 研究的经典方法，不断被后来的学者，如张仲礼、刘大中、费维恺、珀金斯和刘瑞中等人引用、充实。

其次，所有学者都将中国作为整体进行分析，并且大多数的研究都集中于民国时期，特别是 20 世纪 30 年代的 GDP 估算上。从 20 世纪 50 年代开始，中国大陆学者掀起了一场有关资本主义萌芽的大讨论，虽然并未涉及或研究历史时期的 GDP 问题，但为从生产与流通两个环节来深入探讨资本主义萌芽问题提供了一大批明清时期的计量资料和历史数据。自 20 世纪 60 年代以后，以许涤新、吴承明为首的一批承接"中国资本主义发展史"研究任务的学者，有针对性地对中国明清时期和近代国民经济主要部门的产品产量、产值、贸易量、物价水平等计量指标进行研究和估计。这些工作都为后来的历史 GDP 研究奠定了资料基础。

最后，由于研究方法单一、研究时空对象集中、研究资料整理不足，这一时期学者的估算结果比较趋同，反映在上文所提及的两个遗留问题的

---

① Paul Bairoch, "The Main Trends in National Economic Disparities since the Industrial Revolution," in Paul Bairoch and Maurice Levy Leboyer, eds., *Disparities in Economic Development since the Industrial Revolution*, New York: St. Martin's Press, 1981, pp. 3–17.

② 布罗代尔：《15 至 18 世纪的物质文明、经济和资本主义》第 3 卷，施康强等译，三联书店，2002，第 617~618 页。

回应上,即认为:随着民国时期现代工业的发展,中国的现代经济增长随之出现,但因为现代工业产值在当时全国 GDP 中所占比重极小,由其带动的现代经济增长成就显得微乎其微,几乎完全被农业部门带来的停滞抵消;在现代经济增长出现前,中国的人均收入与西方发达国家相差甚小。

二 国际学术大讨论与研究潮流的出现:1990 年至今

在西方学术界,不断有学者使用 GDP 核算方法重新量化工业革命之前的世界经济发展水平,证实了一个正在成为共识的观点,即真正的经济增长并非起源于 19 世纪初的工业革命,而是开始于中世纪晚期或近代早期,是由当时一系列重大经济变革引发,也就是说,"马尔萨斯陷阱"仅出现于中世纪晚期以前。这一新共识被简·德弗里称为"早期近代主义者的挑战"(Revolt of the Early Modernists)。[1]

两位西方经济史学家关于中国历史时期 GDP 的研究,不但在西方学术界引领潮流,而且对中国学者也产生了重大影响。第一位是美国经济史学家罗斯基。他在 1989 年出版的《战前中国的经济增长》一书,利用一系列新数据,修正了 1914~1918 年和 1931~1936 年两个时段的 GDP 与人均 GDP 的增长率。他认为,当时人均 GDP 年均增长率大约为 1.1%,比刘大中等人的估算高出 0.77 个百分点,比珀金斯的估算也要高出 0.56 个百分点。他认为二战前的中国经济,并不像过去认为的那样暗淡无光,而是从根本上冲破了传统的发展模式,经历了持续 20 年的"现代经济增长",且增长率几近于同时期的日本及其殖民地。[2]

另一位是数量经济史学家英国人麦迪森。他在 20 世纪 90 年代中期后陆续发表《世界经济观测》、《中国经济的长期表现:公元 960~2030》、《世界经济千年史》、《世界经济千年统计》等著作。在他看来,公元 1 年至 1000 年,中国经济没有出现实质性增长,人均 GDP 低于同期欧洲,但是在

---

[1] 库兹涅茨认为,总产出或人均产出在 15~20 年里有了相当的增长,可视为现代型的经济长期增长。Simon Kuznets, *Modern Economic Growth, Rate, Structure, and Spread*, New Haven: Yale University Press, 1966, p. 27.

[2] Thomas G. Rawski, *Economic Growth in Prewar China*, Oakland: University of California Press, 1989.

960~1279年的两宋时期，中国经济获得了一次实质性增长，人均GDP超过欧洲成为世界最发达和最大的经济体。在此后的五个半世纪里，中国经济再次陷入相对停滞的状态，而西欧早在14世纪就超过中国。不过，直到1820年，中国的经济总量仍然占到世界经济总量的1/3多。鸦片战争至甲午战争之前，中国经济出现大幅度衰退。1890~1933年，随着局部地区开展工业化进程，中国经济出现缓慢而持续的增长；但抗日战争与解放战争使得1950年左右中国的人均GDP退回到1890年的水平。①

从更深远意义上影响中国历史时期GDP研究的，是美国史学家彭慕兰。2000年，彭慕兰出版《大分流》一书，认为至少在18世纪工业革命以前，中国最发达的江南地区的经济发展水平与同期西北欧的英格兰不相上下。后来双方拉开差距的原因，一是美洲新大陆的开发，二是英国煤矿的优越地理位置，此二者使英国的工业革命获得成功，从而发生了"大分流"。②彭慕兰的观点在国际学坛引发众多学者的讨论。起初，学者从农业生产效率、财产关系、家庭组织，乃至思想文化的角度来参与"大分流"的讨论，研究多数属于定性的讨论与分析。2004年以后，"大分流"讨论逐渐转向，学者开始将"大分流"的讨论与中国历史时期GDP研究结合在一起，计量中国与欧洲之间的经济发展水平，从而使讨论由以定性分析为主转变到以定量分析为主，形成了"大分流"讨论与历史GDP研究在中西经济比较研究基础上的"合流"。以每四年举办一次的世界经济史大会为例，自2000年以来，国际经济史学会分别在阿根廷布宜诺斯艾利斯、芬兰赫尔辛基、荷兰乌特勒支和南非斯坦伦布什举办，历次大会均有一至两个以"大分流"为主题的分场讨论会。2006年以前，世界经济史大会中的"大分流"分场讨论与历史GDP研究基本没有关系，但此后的三届大会上，"大分流"与历史GDP研究相关的分场讨论成为大会最热门的议题。伴随着"大分流"的国际学界大讨论，有关中国历史时期GDP研究被推到国际经济史学界的最前沿，从而构成了引领国际经济史学界研究的热点问题

---

① 参见 Angus Maddison, *Monitoring the World Economy, 1820-1992*, Paris: OECD Development Centre, 1995; *Chinese Economic Performance in the Long Run*, Paris: OECD Development Centre, 1998。

② Kenneth Pomeranz, *The Great Divergence: Europe, China, and the Making of the Modern World Economy*, Princeton: Princeton University Press, 2000.

之一。

事实上，此后国内外几乎所有的中国历史 GDP 研究成果都是围绕罗斯基、麦迪森和彭慕兰等人挑战传统的两大讨论而展开。首先，是他们的研究引发学者重新认识近代以来中国的经济表现。1995 年，日本一桥大学启动包括中国在内的亚洲长期经济研究统计计划。他们对近代中国 8 个年份的 GDP 初步进行了全新估算，认为中国现代经济增长出现的时间比罗斯基等人认为的更早，即 1840~1911 年中国就经历了第一阶段的经济增长。[①] 华人学者马德斌利用巫宝三、刘大中等人使用的资料，仅就 20 世纪 30 年代江苏、浙江两省及上海地区的 GDP 与人均 GDP 进行估算，认为 1933 年长江下游地区的人均 GDP 大约高出全国平均水平 60%，比日据时期的朝鲜、中国东北地区人均 GDP 水平高出 40%~50%，仅次于日本和中国台湾。他认为长江下游地区的现代经济增长真正起步于 20 世纪初，而不是 18 世纪。[②] 马烨与赫尔曼也是在前人成果基础上，建立了晚清（1840~1911 年）中国 GDP 时间序列，认为这一时期中国经济遭遇衰退或停滞，其估计与麦迪森一致，而与日本一桥大学学者的研究相左。[③]

国内学者参与讨论始于 1997 年刘佛丁、王玉茹、于建玮出版的《近代中国的经济发展》。该书认为人均 GDP 的年均增长率，1850~1887 年为 −0.38%，1936~1949 年为 −2.87%，而 1887~1914 年、1914~1936 年两个时段的增长率则为 0.30% 和 1.02%。其估算非常接近于罗斯基的研究结论。[④] 在《近代中国 50 年 GDP 的估算与经济增长研究（1887~1936 年）》中，刘巍和陈昭将成系列的部分数据，如进出口量、人口、近代工业投资等，代入不同的宏观经济学模型中，即利用计量方法倒推出 1887~1930 年的中国 GDP，得出更为乐观的人均 GDP 增长率，即 1887~1911 年为 0.71%、

---

① 国民经济核算研究组：《近代中国 GDP 消长分析》，日本一桥大学经济研究所编《中华民国期的经济统计：评价与估计国际研讨会论文集》（这本论文集由日文版与中文版两部分组成，即每篇论文都有日文与中文两个版本，本文引用的是中文版本中的内容，东京，2000 年 2 月，第 213~222 页）。

② Stephen Broadbury, Hanhui Guan, and David Daokui Li, "China, Europe and the Great Divergence: A Study in Historical National Accounting," 2012 年亚洲历史经济学大会论文，http://ahec2012.org/programme.html。

③ Ye Ma, and Herman de Jong, "China's per Capital GDP between 1840 and 1912: A New Estimation," 2012 年亚洲历史经济学大会论文，http://ahec2012.org/programme.html。

④ 刘佛丁、王玉茹、于建玮：《近代中国的经济发展》，山东人民出版社，1997。

1911～1936 年高达 1.78%、1887～1936 年为 1.25%。①

其次，是"大分流"研究引发了学者对前近代中国经济发展的讨论。这又集中在两个方面。一是有关中国前近代个人收入的研究。近年来，很多学者开始使用个人收入并结合生产函数，对 GDP 与人均 GDP 进行估算。《大分流》出版后，艾伦等人便着手收集欧洲和中国等地区工资、消费与物价等方面的数据，连续发文挑战彭慕兰的观点：从工资角度来看，18 世纪中国几个大城市的货币工资确实要低于英国和少数低地国家，但与欧洲中部地区和南部地区接近。到了 20 世纪，欧洲落后地区得到长足发展，其生活水平也开始高于中国，而中国大城市的生活水平仍然只是些微高于欧洲"最低生活水平"。② 二是中国前近代 GDP 的直接研究。2005 年，刘光临根据货币供应量、价格水平与人口，利用货币供求理论中的"费雪方程"，对多个年份的人均 GDP 进行估算，认为 1775 年中国人均 GDP 略低于 1120 年的宋代。③ 范·赞登（Jan Luiten van Zanden）利用艾伦等人的工资研究成果，并结合曾运用于计算欧洲历史 GDP 的柯布－道格拉斯生产函数，估算出 1750 年江南地区的人均 GDP 高于同期的欧洲平均水平，但是比同期的英国低 15%。

2010 年，国内几乎同时出版了两部回应讨论前近代中国 GDP 的研究专著，一是刘逖的《前近代中国总量经济研究（1600～1840）：兼论安格斯·麦迪森对明清 GDP 的估算》，④ 一是李伯重的《中国的早期近代经济：1820 年代华亭－娄县地区 GDP 研究》。⑤ 刘著在汇总前人成果的基础上，认为麦

---

① 刘巍、陈昭：《近代中国 50 年 GDP 的估算与经济增长研究（1887～1936 年）》，经济科学出版社，2012。
② 参见 Robert C. Allen, "The Great Divergence in European Wages and Prices from the Middle Ages to the First World War," *Explorations in Economic History*, vol. 38, no. 4, 2001, pp. 411 – 447; Robert C. Allen, J. P. Bassino, Debin Ma, C. Moll-Murata, and J. L. van Zanden, "Wages, Prices and Living Standards in China, 1738 – 1925: in Comparison with Europe, Japan and India," *Economic Historical Review*, vol. 64, S1, 2011, pp. 8 – 38。
③ Guanglin Liu, Wresting for Power: The State and the Economy in Late Imperial China, 1000 – 1700, Ph. D. diss., Harvard University, 2005. 另见其中文论文《宋明间国民收入长期变动之蠡测》，《清华大学学报》2009 年第 3 期。
④ 刘逖：《前近代中国总量经济研究（1600～1840）：兼论安格斯·麦迪森对明清 GDP 的估算》，上海世纪出版集团，2010。
⑤ 李伯重：《中国的早期近代经济：1820 年代华亭－娄县地区 GDP 研究》，中华书局，2010。

迪森的数据存在较大误差，中国经济发展水平显著低于欧洲国家。① 该书认为，19 世纪初期，松江府华亭和娄县地区已经城市化，进而对比 19 世纪 20 年代华娄地区与 19 世纪最初十年荷兰的 GDP，认为"19 世纪初期江南经济已经不再是以农业为主的传统经济，而是一个以工商业为主的早期的近代经济"。后来，他还与范·赞登合作研究，认为 1820 年华娄地区人均 GDP 比同期尼德兰低 86%。

同年，管汉晖、李稻葵发表《明代 GDP 及结构试探》，主要是利用各种二手资料与前人估算成果，推算明代 GDP，认为明代整体经济增长不快，年均 GDP 增长率为 0.29%；总经济规模有所增长，人均年收入没有明显变化，始终维持在平均 6 公石（391 公斤）小麦上下的水平。② 最近，他们又与史蒂夫合作，重建北宋至清朝（1850 年）的 GDP 时间序列，认为北宋时期的人均 GDP 是明代的 1.46 倍，清代的 1.89 倍。北宋时期中国人均富裕程度高于 1086 年左右的英国，只是从 1400 年开始，中国才被英国超越，因此西北欧与中国发生的"大分流"不在 1800 年，而是在 1500 年。③

面对众多中国前近代 GDP 研究的新成果，"大分流"观点的开创者彭慕兰部分接受了李伯重与范·赞登等人的观点，即承认 18 世纪的英国或其他西北欧低地发达国家的经济发展水平，还是要高于中国经济最发达的地区——江南。④

三 从观点交锋到理论反思：历史 GDP 研究趋势的理性转变

20 世纪 90 年代以来热烈而深入的国际大讨论，使中国历史 GDP 研究出

---

① 是书也基本涵盖了作者此前论文的基本观点。参见刘逖《1600~1840 年中国国内生产总值的估算》，《经济研究》2009 年第 10 期；《论安格斯·麦迪森对前近代中国 GDP 的估算》，《清史研究》2010 年第 5 期。
② 管汉晖、李稻葵：《明代 GDP 及结构试探》，《经济学》2010 年第 3 期。
③ Stephen Broadberry, Hanhui Guan, and David Daokui Li, "China, Europe and the Great Divergence: A Study in Historical National Accounting," 2012 年亚洲历史经济学大会论文, http://ahec2012.org/programme.html。
④ Kenneth Pomeranz, "Ten Years After: Responses and Reconsiderations," *Historically Speaking*, vol. 12, no. 4, 2011, pp. 20–25.

现了许多新趋向。首先，在方法论上，国内外的学者不再仅沿用巫宝三等人创立的经典方法，而是根据其所研究时段的资料特点，灵活引入各种现代宏观经济学的模型展开估算，从而出现了研究方法上的多元化。如艾伦用真实工资、范·赞登用柯布－道格拉斯生产函数、刘光临用费雪方程、刘巍使用总供给－总需求模型和进出口贸易模型等都是非常有意义的尝试。

其次，受两大讨论的影响，在研究的空间对象上，学者们除继续关注整个中国外，也开始关注中国内部区域，主要是江南；在时间上，除继续关注20世纪30年代外，更多的研究目光则向前后拓展，从抗日战争期间、20世纪头10年，到19世纪下半叶，乃至宋代以来的中华帝国晚期，均被关注。

再次，在资料搜集与整理方面也进一步拓展。上起12世纪下至20世纪40年代之间的长期历史数据，成为国内外学者的收集对象。在此时期，局部行业、局部地区收集的数据从质量和数量上都远超过以往任何一个阶段。

最后，学者对两大国际讨论的估算结果意见不一。对于近代中国的经济增长，除了都认同1937年之后增长率为负外，对于晚清和民国前30年的增长率，学者们则形成了针锋相对的两派。尽管由彭慕兰引发的中西方经济发展水平"大分流"的讨论，使学者们的观点趋向一致，即认为中国的人均GDP水平在18～19世纪，无论是在江南还是在全国，都已经落后于西欧发达国家，但是对于中国与西方何时出现这种分流，则存有很大争议，有"宋代分流说"、"明代分流说"和"清中期分流说"等不同观点。

当国内外部分学者针对历史GDP估算结果展开大讨论时，也有相当一部分学者发出了从理论上反思这一研究热潮的呼声。这种反思的转向始于2011年《中国经济史研究》编辑部召开的"中国经济史中GDP估算的资料来源与理论方法研讨会"。与会学者形成了两种相对集中的观点：第一种是批评了当前许多历史GDP研究者不加批判地使用前人的二手数据，轻视收集与整理原始数据的浮躁风气，主张对相关史料"竭泽而渔"，要以"重建历史数据"为目标，在此基础上以收入法估算国民经济总量；更有人提出为修正先前学者关于近代以来的历史GDP研究，要建立近代经济原始数据资料库、修正数据资料库；还有人提出中国历史数据缺乏统计学意义，学术界应效法李伯重对华娄地区的GDP研究，不必求全求大。

第二种则具体评价了最近历史GDP研究中的方法论问题。有人指出估算跨地区GDP时，横向平均价格容易带来总值高估；采用年均价而不考虑季节性,则可能带来 GDP 结构估计偏误;将 GDP 用于国际比较时,当期购买力平价法是较适合的方法。亦有人认为,不能本末倒置地先用某种理论模型推算宏观结论,再去做微观解释;估算近代中国 GDP,必须保证理论函数的前提假设与宏观经济运行环境贴近,因果关系设置合理,则数量模型效果显著;等等。①

这次会议后,国内学者的理论反思持续升温。杜恂诚、李晋的《中国经济史"GDP"研究之误区》一文,指出现在历史时期 GDP 研究已进入误区,偏离了 GDP 规范定义。② 此后,杜恂诚以国内商品流通总量为基础,重新核算以市场价值总和为范围的 1933 年的中国 GDP,得出了比巫宝三等人核算结果要小 30% 左右的 GDP 估值。③ 陈争平则认为研究中国近代的 GDP 可以包括市场与非市场两部分,同时为了凸显二元经济结构,有必要研究 GDC(Gross Domestic Commodity Economy,国内商品经济总值),这样不仅可以衡量中国商品经济发展水平,还能分析中国近代二元经济结构的演变。④

对此,史志宏等人有不同的理解。他们认为,欧洲各国在近代早期,乃至中世纪晚期也经历过二元结构的大变动,这就使近年来那些将 GDP 核算方法用于中世纪晚期和近代早期欧洲经济史研究的西方学者,也面临着与中国学者同样的问题。据此,西方学者才提出"历史国民账户体系"(The System of Historical National Accounts)这一新概念,专门用于核算工业革命前欧洲各国的经济增长,并随之发展出一套有别于现代国民账户核算方法的历史统计学新方法。这一新的核算方法明确将农业、手工业两个部门中市场与非市场的活动都计入 GDP,但是服务业中的非市场部分则排除在外。⑤ 当代经济学家为适应发展中国家二元结构经济的实际需要而拓展的 GDP 规范

---

① 这两种观点详见《中国经济史 GDP 估算研究笔谈》,《中国经济史研究》2011 年第 3、4 期。
② 杜恂诚、李晋:《中国经济史"GDP"研究之误区》,《学术月刊》2011 年第 10 期。
③ 杜恂诚:《市场的定义与 1933 年 GDP 测算》,《社会科学》2013 年第 1 期。
④ 参见陈争平"近代中国经济统计研究"(国家社科基金重大项目)开题报告,http://blog.sina.com.cn/s/blog_aeff03e5010173tn.html。
⑤ 对"历史国民账户体系"研究做出开拓性贡献的是荷兰范·赞登领导的团队。有关"历史国民账户体系"的概念及其研究方法参见 Jan-Pieter Smits, Edwin Holings, and Jan Luiten van Zanden, *Dutch GNP and its Components, 1800 – 1913*, Groningen Growth and Development Centre, pp. 5 – 7。英国学者这一新核算体系的运用参见 Stephen Broadberry, Bruce Campbell, Alexander Klein, Mark Overton, and Bas van Leeuwen, *British Economic Growth, 1270 – 1870*(未刊稿)。

定义,在内容与适用范围上几乎等同于经济史学家为核算19世纪以前的经济增长所提出的"历史国民账户体系",其共同点就是两者都主张计入非市场的活动。相信由GDP规范定义引发的有关GDP核算体系能否运用于历史研究的讨论,将会逐渐被诸如如何核算非市场活动、量化二元结构的程度等讨论所取代。①

李伯重著作出版后,彭凯翔指出:书中以食物消费或营养摄入为主来评价生活水准,有不足之处;主要以GDP为标准来评价华娄地区的发展水平并不全面;劳动力市场不完全假设与充分就业结论不尽一致;华娄地区是否充分实现"斯密型成长"亦有可讨论之处。②倪玉平对李伯重和刘逖的著作,亦分别撰文予以评论。他认为李著是一部"融入世界"的著作,认为该书做到了对史料的"竭泽而渔",研究视野开阔,突出整体史和注重进行国内外比较。③同时,他批评刘著依据的"完全是第二手的资料和现有研究成果",其研究既存在历史文献解读的常识性错误,对待数据亦有明显的实用主义态度,忽视了数据背后的历史真实性与合理性,其结论难以令人信服。④

四 对今后中国历史GDP研究的几点思考

中国历史GDP研究本身在走过了近百年历程之后,仍具有广阔的学术前景。中国历史时期GDP研究是深化历史学与经济学相互融合的纽带,也是加深中国与世界相互理解的桥梁,具有重要的理论意义和现实意义。我们认为,今后的中国历史GDP的研究,应力争在以下几方面有所突破。

1. 估算方法

国际范围的大讨论正是由不同的估算方法与资料所推导出的不同估算结果而引发的。从20世纪90年代以来,不断有各种经济学模型在中国历史

---

① 参见史志宏、徐毅、倪玉平《19世纪中期的中国经济总量估值》(未刊稿)。
② 彭凯翔:《传统中国经济张力的立体透视——评〈中国的早期近代经济——1820年代华亭-娄县地区GDP研究〉》,《经济研究》2011年第5期。
③ 倪玉平:《一部"融入世界"的著作——评李伯重〈中国的早期近代经济〉》,《中国经济史研究》2011年第1期。
④ 倪玉平:《评〈前近代中国总量经济研究(1600~1840)〉》,《中国史研究》2013年第1期。

GDP 研究场上小试牛刀，同时历史数据也被前所未有地整理与开发出来。近年来出现的理论反思也多是沿着资料与方法两个方向展开，这些都说明中国历史 GDP 研究正在走向完善与成熟。

到目前为止，国内外学界认同度最高的核算方法还是巫宝三等人创立的经典方法，即从生产、收入、支出等三个角度核算 GDP 的方法；约有 70% 的研究成果使用了这种方法。但是，同样使用这种方法，学者们却会得出不同的核算结果，其原因除了所使用的基础数据不同之外，还有这种方法本身带有局限性。我们认为，在估算历史 GDP 时，虽然应以巫宝三等人的经典方法为主，但同时还要尽可能多地使用其他方法，对经典方法所估算的结果进行"交叉验证"（Cross Check）。事实上，当年巫宝三使用生产法为主核算 1933 年中国 GDP，然后用支出法估算的结果加以验证。后来一些学者也主张，考虑到中国历史时期的国情，应以生产法统计中国历史上农业、手工业和工业的产值，以收入法统计服务业的产值，同时用支出法进行检验。① 尽管如此，我们仍主张，交叉验证的方法不仅应该应用于 GDP 的最终核算结果，更需要应用于 GDP 核算的整个过程，即尽可能地对每个用于核算 GDP 的指标进行交叉验证。如在考证出某个历史时段的耕地面积后，我们可以使用当时气候变化的史料与数据来对耕地面积进行验证；在对每个行业或部门的产量或产值估算之后，可以用人均消费、真实工资、进出口、货币流通量、原材料投入、劳动数量与劳动生产率等指标结合相关的经济模型，验证估算结果等。通过交叉验证，我们往往会纠正仅使用一种估算方法带来的估算错误，提高估算的准确度。

2. 基础数据

中国历史 GDP 研究几乎与西方世界同时起步，但此后关于西方国家历史 GDP 以及相关量化经济史的研究，其广度和深度远超中国，其根本原因在于西方显著的数据收集成就。早在 19 世纪中叶，西方各国就开始展开大规模的数据收集与整理。但当时主要是收集价格、产业等方面的数据。自库兹涅茨等人创立国民账户体系后，西方各国的经济学家与经济史学家联手，开始按照国民账户体系的框架，大规模整理与收集历史

---

① 见陈争平"近代中国经济统计研究"（国家社科基金重大项目）开题报告，http://blog.sina.com.cn/s/blog_aeff03e5010173tn.html。

数据。① 西方学界历史 GDP 的研究乃是本国历史数据收集水到渠成的结果。中国则直到清末民初时，才逐步使用西方的现代统计学方法采集和记录经济活动。巫宝三等人对 1933 年国民收入的估计，正是这一潮流的产物。尽管经过从巫宝三到张仲礼、帕金斯、刘大中再到吴承明、罗斯基以及当代研究历史 GDP 的学者的努力，但是所整理出来的基础数据，还远未达到能够细致估算清代、民国时期历史 GDP 的程度。学界对于近代基础数据的整理要略胜于前近代时期。但无论是近代还是前近代，学者用功最深的领域，如历代人口、农业、金融货币、国内外贸易、政府财政、工资以及现代工业等，在统计过程中仍存在着许多争议。这些争议往往会影响历史 GDP 的最终估算结果。还有很多其他领域，如历代物价、手工业、服务业，则由于数据资料零散，鲜有人做过系统的挖掘与数据整理。

正是因为估算中国历史时期 GDP 的基础数据不足，近十年来，学者对中国历史 GDP 的研究出现分流。由于工资、个人收入和货币供求量等领域的一手数据相对集中，部分学者转向这些主题，尝试使用宏观经济学模型推导出历史 GDP；部分学者则继续通过梳理前人成果与二手资料，用巫宝三等人的生产法和支出法推算历史 GDP；只有少数学者坚持从第一手史料出发，在充分挖掘原始数据的基础上独立估算历史 GDP。正因为如此，在基础数据整理水平远远滞后于历史 GDP 研究的情况下，出现了很多被各种"计量模型"包装的低水平重复成果，严重影响了本研究领域的推陈出新。因此，在目前阶段，中国历史 GDP 研究的学者应该将工作重心放在大规模重建历史数据上。对于那些过去学界涉及较多，仍存争议的领域，有必要认真比较前人的各种统计与估算，并继续扩大统计的范围与样本，以达到减少争议的目的。对于历史数据收集的薄弱领域，有必要从方志、地方档案、文书契约、家谱碑刻、文集游记以及近代某地区某行业的专门调查等地方文献入手，尽可能多地收集各类样本，以便在历史 GDP 核算中可借由大量的地方样本反推全国层面的统计情况。

当然，在重建历史基础数据的过程中，不仅需要花大力气对原始数据进行搜集、整理和鉴别，还需要进行合理"推断"和"估计"。这些基础数

---

① 有关介绍详见 J. W. Drukker, *The Revolution that Bit its Own Tail: How Economic History Changed Our Ideas on Economic Growth*, Amsterdam: Aksant Academic Publisher, 2006, pp. 178。

据一般分为两大类。一类是由中央政府发布的反映全国层面的统计数据，如历代人口、耕地、财政收支、某一特定行业的产量与产值。这类数据一般只是中央政府征收赋税的指标，并不能反映经济活动的实际情况，必须结合其他资料，努力将"税额"还原成"实额"。另一类是地方志、文集笔记和地方调查等资料中记录的反映某一区域经济变化的各种经济指标。时人对这类数据的记录详略不一，往往掺杂着大量非确数词语，如"成千上万"、"费几累万"、"数十万金"、"比户习织"、"不啻万家"、"日出万绸"等，因此也必须与其他资料相互佐证，给这些"虚数"记录赋予"实数"估值。在上述两类数据的重建中，由于研究者对历史时期发展水平的认识以及使用的原始资料各不相同，往往会出现重建结果不尽相同，有时甚至还会有很大差距的情况。因此，我们再次提倡尽可能使用上述各种交叉验证方法，提高历史数据的重建质量。我们有理由相信，扎实认真地从原始资料入手，重建历史数据，并经过多种方法交叉验证后得到的历史 GDP 结果将会更接近历史的真相。

3. 历史 GDP 研究与国际比较

国际学术界对中国历史时期 GDP 研究的关注长盛不衰，一个重要原因便是为了进行国际比较。吴承明先生曾言："在经济史研究中，凡能计量的都应尽可能作计量的分析。定性分析只能给人以概念，要结合计量分析才能具体化，有时并可改正定性分析的错误。"① 已有的经济史研究成果，大多重视生产关系，但各国的生产关系具有独特性，无法统一比较。尽管学者对 GDP 估值持有不同意见，但作为一项重要的综合指标，它不仅包含经济总量，也体现经济结构。通过 GDP 指标，一个国家特定历史时期的经济发展水平，以及经济兴衰和结构变迁，基本上可以一览无余，在此基础上，更可以较为方便地进行纵向与横向比较研究。正是因为有了历史 GDP 研究的基础和共识，国内外长期以来争论不休的明清、近代中国社会是发展还是停滞的讨论，才有可能形成统一的标准和为大家所接受的结论；国际大分流的学术讨论，也才有了更为流畅的沟通平台。

历史 GDP 研究的最终目标还是国际比较。威廉·配第对英国、荷兰、法国国民财富进行比较，贝洛赫、麦迪森等人的研究最后都是为了进行国际比

---

① 吴承明：《经济史：历史观与方法论》，上海财经大学出版社，2006，第 242 页。

较。由于多方面原因，来自西方的 GDP 研究系统，在很大程度上仍是以 "欧洲经验" 和近代欧洲的经济发展水平，作为最重要乃至唯一的衡量标准。我们对此必须保持清醒的认识，既不能完全排斥这套体系，也不能被它束缚。历史发展从来就不是线性的，也不可能是简单的函数关系。计量是分析工具，虽然有利于学术发展，但是唯计量、为计量而计量则会将学术研究引向歧途。作为中国学者，我们应把更多精力放在研究传统中国经济运行的结构、特点和规律上，并将其置于全球经济体系中，考察其发展及其与西方经济的相互关系，只有如此，"中国历史 GDP 估算及经济总量的国际比较研究，才能真正具有本土学者的特色，并以这种特色贡献于'整体主义'的世界经济史研究，而不使研究成果成为新版本的'欧洲中心观'的数量化诠释"。[①]

总之，如何把握上述三个问题，是中国历史 GDP 研究能否健康发展的关键，尤其是资料问题，重建系统、庞大、可靠的历史数据库，必将成为今后相当长一段时期内中国历史 GDP 研究的重中之重。中国历史时期 GDP 研究从起步，就有着中西交流、互相启发、共同推进的特点。在这一研究潮流中，中国学者理应发挥更大的作用。我们相信，通过踏实努力的工作，中国学者一定能够探索出一条符合经济发展规律的历史 GDP 研究道路，这也是中国学术走向国际的重要途径。

(倪玉平，清华大学人文学院历史系教授；徐毅，广西师范大学历史文化与旅游学院教授；范鲁文·巴斯，荷兰乌特勒支大学经济与社会史系、国际社会史研究所研究员)

[①] 史志宏、徐毅：《关于中国历史 GDP 研究的点滴思考》，《中国经济史研究》2011 年第 3 期。

从脚注中发现经济史：
统泰升档案旧事（1790～1850）*

马德斌　袁为鹏

最近学术界对于所谓"大分流"的争论为一个极富争议的看法所刺激。这一看法是：在18世纪中国，至少在先进的长江下游地区其生活水平可以与同时期欧洲西北部媲美。这场争论已经激起了一股通过比较的视角来重新研究中国的物价和工资的学术潮流。① 然而，这场讨论也让现存于世的中国历史统计数据严重不足的问题进一步凸显出来。通过回顾已有的证据，艾伦等人于2011年指出："所谓18世纪的中国具有较高的生活水平的看法，建立在少量有关产出、消费、人口的零散数据为基础的，间接的比较的脆弱基础之上。"而与之相反，我们对于欧洲的实际收入的认知是广泛而深入的，因为19世纪中叶以来的学者们已经编制出了从中世纪后期直到有了官方统计的19世纪关于欧洲城市的工资和物价的数据库。②

---

*　本文是根据2016年9月发表于美国著名汉学杂志 Modern China 上的英文原著翻译而成。感谢华中师范大学刘莎、王卫霞、李淑媛同学帮助翻译，译稿已经原作者审核。限于篇幅和体例，本文的注释部分较之原著略有删节，有兴趣的读者请参阅英文原文。Debin Ma and Weipeng Yuan, "Discovering Economic History in Footnotes: The Story of the Tong Taisheng Merchant Archive (1790 – 1850)," Modern China, September 2016, 4242 (5), pp. 483 – 504.

①　关于彭慕兰2000年提出的长江下游河谷地区高生活水平的争论，参见马德斌2004年关于大分流讨论的调查；另见《亚洲研究》杂志上关于大分流的一个特殊的问题，尤其是有关黄宗智先生所发表的文章（《发展还是内卷？18世纪英国与中国：评彭慕兰〈大分岔：中国、欧洲与近代世界经济的形成〉》，《亚洲研究》2002年第2期）的讨论。

②　实际上，我们缺乏处于地区或者国家层面上于18、19世纪时期构建的中国经济统计高品质数据，如物价指数和工资数据。唯一可靠的基础是20世纪30年代初的中国GDP数据。

中国历史统计数据的本质引发了一个与该争论的核心有密切联系的关键问题：中国存世历史数据记录的贫乏究竟是因为当时中国统计记录的严重不足——这本身可能是它的经济制度和社会本质的反映——还是因为动荡不宁的近代中国的学术研究与史料搜集工作太糟糕？是否能够得出这样的结论：西部丰富的长期的历史统计数据的留存，本身就是它具有较高经济发展水平甚至更富理性精神的一个证明？①

尽管历史统计数据在"大分流"讨论中如此重要，但令人惊讶的是，对于数据问题本身的史学探究迄今却很少受到关注。笔者将通过过去七年以来同统泰升商号商业账簿的奇特相遇及对原始经营者与捐赠者再发现的经历来说明这个问题。保存至今的统泰升档案超过400册，其中不仅包含1800年至1850年间（即中国被迫向西方开放前的一个时期）未知的中国北方村镇——今山东省宁津县的粮食价格，还包含当地其他数十种商品的实际市场交易的详细记录，也包括银钱兑换比价记录。统泰升商号的账簿曾被以严中平先生为首的中国杰出的经济史学家团队于20世纪50年代使用过，但从那以后一直甚少为人所留意。

本文只是我们通过统计数据和历史叙述，系统地重建统泰升档案、统泰升商号、宁津县和更为广阔的鸦片战争前夕中国北方经济情形新的一系列研究之第一篇。我们目前的工作重点是揭示账簿本身基本内容及叙述与之有关系的人，从最初捐赠者到保存者及重新发现者对它的发现过程。正如你将看到的，统泰升档案的历史和与之有关的人物的历史，本身就是现代中国历史中的一个缩影，是一部受到传统束缚的精英人士和新一代现代知识分子在一个半世纪里面，深陷意识形态与政治斗争旋涡之中苦苦挣扎与斗争的历史。它也提出了一些中国经济史上关于历史证据和统计记录的质量与性质等重要认识论问题。

统泰升档案

由著名学者严中平及其他十位著名经济史学家于1955年主编出版的《中

---

① 该争论在某种程度上回答了欧洲殖民地（甚至20世纪初期由日本殖民的韩国和台湾地区）的统计记录比他们未殖民的地区更丰富。

国近代经济史统计资料选辑》是一本广为学界使用的名著。其中包含了两个表和一个图,① 分别提供了1798年至1850年间相对连续的年度系列的农产品及手工业产品两个价格指数和银钱（铜钱）兑换比价数据。这三份图表高度凝结了统泰升商号账簿的统计数据，是中国历史统计学史上的一个巨大贡献。尽管严中平等人的注释比较简短，但该研究并没有逃脱研究者的注意：宁津系列的数据相继在一些中国前近代金融业最具影响力的作品中出现，并且往往成为其评估白银外流所导致的中国收支平衡上的支付危机的重要系统数据，正是这一危机最终导致1840~1842年成为中国近代史分水岭的鸦片战争。

严著在注释中简要说明了构成比价和价格指数的统计方法，并且指出，原始的数据是从位于直隶（大致相当于现今的河北省）宁津县大柳镇（今属山东省德州市）的"统泰升"杂货店提取出来的。注释中提到统泰升商号的账簿主要存于中国社会科学院经济研究所和北京图书馆（今国家图书馆）。2005年，我们惊异地发现统泰升档案的在线目录出现在电脑屏幕上。最终，我们在国家图书馆和中国社会科学院经济研究所发现了1798年至1850年间多达437册的统泰升商业账簿（见表1）。

表1 统泰升号账簿保存数量及其分布

年份	保存册数	年均册数	备 注
1798~1810	67	5.2	其中1798年仅存2册
1811~1820	54	5.4	
1821~1830	85	8.5	
1831~1840	104	10.4	
1841~1850	100	10	其中1844年最多，共20册
年数不清	27		
总 计	437		

注：以上账簿中有5册现存中国社会科学院经济研究所，余存国家图书馆。

和所有传统的商业账簿一样，该账簿的纸张（通常是带有红色识别带的柔和的蓝色封面）重量比较轻，长约20cm，厚3~4cm。账簿中包含多种字符，并用传统毛笔抄录而成。页面没有编号或者索引（尽管我们看到了一些后人整理的页面）。账簿的页数和记录也有所不同。在附录（编者按，

---

① 严中平等编《中国近代经济史统计资料选辑》，科学出版社，1955，第37~39页。

指英文版附录）中，我们介绍了账簿的两张照片。第一张是一个账簿封面的图像，第二张是带有实际记录账簿页面的图像。表1提供了所有账簿按年代划分的收藏情况。

账簿显示统泰升商号是一个地方性的零售杂货店，大量出售各种日用品，包括大米、铁制工具、纸、布、绳、染料，以及油、酱、醋、酒、糖、茶叶、药材等。出于介绍的方便，我们可以将统泰升账簿依其内容与性质的不同分为四类。一是柜台原始账簿，主要是营业员记录的每一笔使用铜钱和银的交易货物的日记或流水账，它占据了统泰升商业账簿的大部分。二是转录分类账簿，系根据商号或者客户的名字分别记录的交易总账。三是总清账簿，如分项记录并总结各项收支的日用钱串账簿及报告其股本和红利的分配情况的红账（一本万利账）等。最后一类为各种杂项账，主要包括暂记账、欠钱账、地价账、利息月银总账等。①

这些数据的细节和质量对中国经济史的微观数据集来讲是惊人的。例如，仅仅使用了17本出入银账簿，我们就收集了11000多个数据点，包括逐日记录的带有交易日期和数量的银铜比价数据、五至六种不同银两类型、借贷期限及客户名等详细信息（见马德斌和袁为鹏的研究进展），还有四五十种类似的极为细致的商品交易表（包括客户名称、日期、数量、价格及其付款情形的详细记录）。我们有信心在对这样一个翔实可靠的数据集进行系统开发的基础上做进一步研究，为中国经济史和世界史的重要辩论提供新的见解。例如，统泰升号商业账簿的相对完备和系统性允许人们对近代中国会计系统做更深入的、基于原始史料的研究。通过利用统泰升账簿重建一个连贯的、时间序列完整的银钱比价数据，我们可以进一步理解这个时期中国传统货币制度、鸦片贸易和白银外流对中国经济的影响。此外，鉴于威廉·施坚雅已经对中国传统市场结构做了里程碑式的量化研究，这些账本中系统的信息量和年度、月度甚至每日的交易率还是可以为此提供坚实的基础或进一步深入探讨的空间。显然，严中平等人过去的研究只利用了账簿数据中的一小部分，尽管它是非常重要的学术成果。

值得注意的是，尽管从家族企业档案中获取的经济数据有着情有可原

---

① 袁为鹏、马德斌：《商业账簿与经济史研究——以统泰升号商业账簿为中心（1798~1850）》，《中国经济史研究》2010年第2期。——译者注

的局限（特别是关于数据的代表性方面），但与更常用的政府或公开的统计数据相比，质量却更高。因为官方统计数据往往受到刻意操纵（出于税收或其他目的）或官僚机构的忽视而失真。而私家档案记录的统计数据可能会更准确更真实地反映市场的实际情况，因为这对于商家计算毛利润和收入是必不可少的。① 但统泰升账簿的意义超越了单纯的经济统计。整个统泰升号案卷是以中国传统格式写成的，即单行竖排用毛笔手写而成。（鉴于账簿用的是传统数字符号和记账体系，转录和解释需要一些研究者专门学习并且有专业知识。）② 另一方面，由于这一整套账簿记录于19世纪中叶——中国被迫向西方开放以前，解读这些文件也能使人从新的角度洞察近代以前中国内部自身市场、企业组织、货币体系、核算方法甚至社会习俗的内在逻辑和机制。就这一点而言，它提供了一个难得的机会来以自己的方式研究中国经济史，或者如柯文所宣称的，这个研究工作将清除可能的欧洲中心主义或者源于西方区域研究的"殖民"偏见，可以"在中国发现历史"。③

这个档案是从哪里来的？这个档案的主人是谁？为什么只留下这么少的信息？为什么记录保存得如此完好有序？只是在脚注中出现的这样一批企业档案是如何在毛泽东时代的政治运动中幸存下来的呢？

档案重现

2008年4月，我们访问了宁津县大柳镇、长湾镇和柴胡镇等地。统泰升商号位于今山东省德州市宁津县大柳镇，它大约在北京以南240公里，靠近河北省的边境，大运河以东。随着近二十年农村公路基础设施的大量建设，这些城镇的商业活动中心已经在很大程度上离开了被称为"老街"的传统城市中心。在大柳镇，根据对当地老人的采访，当地最古老的老街如今已是一条有着现代化气息的乡村公路，路边零星分布着几家商店，尘土

---

① 关于中国古代官方数据问题的探析，参见勃兰特、马德斌、罗斯基《从分歧到融合：重新评估中国经济繁荣背后的历史》（2014）。
② 关于账簿细节的考证，参见袁为鹏、理查德·麦克菲、马德斌《1850年以前中国会计和簿记的发展：解析统泰升账簿（1798～1850年）》（2015）。
③ 柯文：《在中国发现历史》，林同奇译，中华书局，1989，"译者代序"，第10页。"殖民"偏见起源于用西方语言写成的原材料或现代（西方）的概念框架。

飞扬，与其他地方并无大异，唯路边偶尔尚存的一些被废弃多年的颇具规模的农家院落及道路旁边废弃的宽阔水道提示这里往日的繁华。当地居民口中的"老街"是一片尚保留着些许街道痕迹的居民区，点缀着一些式样老旧的商店、邮局和政府办公设施，它们大部分是毛泽东时代建立或者重建的。我们与一些当地人交谈发现，对于他们而言，"老街"更容易使人回想起20世纪50年代而不是19世纪50年代的故事。我们走访和参观了宁津县地方志办公室和档案局，也没有找到任何有关统泰升商号的资料。

我们考察了可追溯到康熙朝（1661~1722）和光绪朝（1875~1908）的宁津县志。据县志记载，大柳镇每逢二、七日均有集场，每年九月举行庙会。① 严中平等人（1955年）曾指出统泰升记有十几个分号，遍布附近的几个集市，如长湾店、柴胡店，大约都在大柳店方圆十公里处。根据我们对账簿的估计，统泰升商号年均交易额应该属于一个中型企业的类别（据许檀对18、19世纪山东商号平均规模的分类）。② 任何熟悉威廉·施坚雅对中国农村市场所做的里程碑式的研究③的人都知道，大柳镇和统泰升商号几乎是清代华北地区标准集镇的典型样式。它们出现在19世纪中国成千上万的商店和集镇之中，看起来是那样简朴、低调而平凡。

正当我们以为考察过程结束的时候，一本名为《上海近代百货商业史》的书④引起了我们的注意，并带我们走了一个完全意想不到的、恰到好处的迂回。在这本书的第10页，一个脚注（是的，另一个脚注）提到了统泰升杂货商店位于宁津县大柳镇，并引用了魏泽瀛所写的一篇报道，⑤ 上面讨论了基于统泰升号商业账簿的中国传统会计系统。魏文中引用了另一篇文章，系由万斯年发表在《大公报》副刊上。万斯年提供了以下来自这个档案的重要一段：

---

① 吴涛源：《宁津县志》（一、二、三），台北：成文出版社，1976。——译者注
② 在许檀对大中小企业的分类中，中型企业是数量最多的，从嘉庆年间（1796~1820）占企业总数的35%到道光年间（1821~1850）占57%。参见许檀《明清时期山东商品经济的发展》，中国社会科学出版社，1998。
③ G. William Skinner, ed., *The City in Late Imperical China*, Standford: Standford University Press, 1977.
④ 上海百货公司编《上海近代百货商业史》，上海社会科学院出版社，1988。
⑤ 魏泽瀛：《中国旧式簿记的一个探讨》，《中央日报》1936年8月13日。

北平（即北京）图书馆（今天的中国国家图书馆）里，本来有搜集这种资料的愿望，但因工作繁忙，未曾实际着手。去冬突接宁津县大柳镇荣孟源先生的来信，打算把他保存的旧账，赠送图书馆。自然，图书馆是热诚接受的。荣先生已经见到他的账簿于农村经济、物价有关，但是他并没有要什么代价，只把由宁津到北平的运费收回而已。这种热心的捐赠是应当感谢的……①

据说账簿运到时有两箱之多，极为杂乱，经赵静和先生草草整理之后，得嘉庆朝账簿一百四五十册，道光朝323册。最早的在嘉庆三年（1798），最晚的在道光三十年（1850），实际上占有50余年的长时期，为时在今130年之前，是很不易得到的。

尽管魏泽瀛和万斯年的文章的大部分描述与我们在统泰升商业账簿中所发现的相匹配，但万斯年记录的账本累计有468册，多于我们目前为止发现的437册。②

上面提到的关键人物荣孟源（1913～1985）是个不同凡响的捐赠人。在当代中国，荣孟源是一位杰出的近代中国历史学家，也是关于清朝和民国时期历史档案整理及研究的权威学者。他写过70多篇有关重大政治事件（如太平天国、义和团运动以及辛亥革命）的档案史料方面的期刊论文和著作，创办并主编了自1954年起开始出版发行的《近代史资料》。荣孟源捐献的历史资料为统泰升商业档案研究开辟了一个新天地。基于随后我们对他在北京的儿子荣维木的采访，以及1903年发表的（也是最后发表的）荣氏族谱（天津南开大学存档），我们可以拼凑出宁津县荣氏家族的概况和档案背后的人物与历史。③

---

① 万斯年：《鸦片战争时代华北经济史资料的新发现》，《大公报》1935年8月8日，第3张第11版。——译者注
② 魏泽瀛曾对统泰升商业账簿的捐赠补充评论说："自同治年间（1862～1874）荣氏家族企业没落以后，这些封存了几十年的账册在外行看来可能像一堆废纸或是糊墙用的好材料。"而且魏泽瀛还说："多亏了国人保守的和'怀旧'的本性，万幸这套账簿被保存在荣家。"参见魏泽瀛《中国旧式簿记的一个探讨》，《中央日报》1936年8月13日。
③ 荣孟源有四个子女。2012年5月3日，我们采访了他的长子荣维木，时任中国社会科学院近代史研究所研究员，也是其父所创杂志《近代史资料》的编辑之一。

档案背后的人物

荣氏族谱最后一次印刷是在1903年，取以前最好的六个版本汇编而成。随着版本更新——1894年（第十六代）、1880年（第十四代）、1813年（缺代）、1771年（第十代）、1756年（第九代）、1745年（第八代）、1717年和1719年（第八代）——荣氏家系可以追溯到十六代以前，时间跨度达491年以上。1404年明朝初期，荣氏家族首次从诸城（也在山东省）搬到宁津县大柳镇。他们以农业起家，靠勤劳节俭积累了一定财富，到第三代（可能在17世纪），就开始从事借贷业以及一些慈善活动。到第六代（约18世纪初），荣氏称已积累了48英亩①土地。后来荣氏家族财富锐减，部分原因是与另一家族（殷氏）发生了激烈的金融纠纷。第七和第八代通过经商东山再起。②

像世世代代其他成功的中国传统商人家族一样（也许还吸取了他们严重的法律纠纷的教训），荣氏转向投资后代的教育，这使他们在科举制度中具有竞争力，这是进身中国上层政治社会阶级的关键一步。这件事似乎很成功，族谱中记载了荣氏的稳步前进：从第九代起，荣氏成员考取了生员，陆续进入科举考试的行列。同时，在科考成就的保障下，荣氏社会和政治地位上升，家族财富和事业明显稳定。统泰升账簿记载，到了19世纪，随着第十二代和第十三代新购了土地（分别为800亩和300亩），荣氏家族的财富已经达到了顶峰。荣氏俨然成为镇上的精英，因为到了第十三代，荣氏一员作为镇里最值得信赖的人，会被叫去调解村民纠纷。荣氏家族的繁荣一直延续到19世纪中叶以后，也就是现存统泰升号商业档案完结的时期。③ 荣氏后人，荣孟源先生的儿子，中国社会科学院近代史研究所的研究员荣维木告诉我们，在20世纪初，荣氏在大柳镇拥有几乎一半的房子。除

---

① 1英亩约等于6.07亩。
② 荣氏族谱特别注释了其第八代的一位成员辛苦贩运，"泥常没胫"，通过经商重新致富。
③ 光绪年间（1875～1908），第十四代和第十六代荣氏族人获得举人、进士等更高的功名。经证实，荣氏与张之洞（1837～1909）——一个在当时中国最有权势的官员——宗族成员联姻。这可能表明荣氏开始在清末政治高层中有了立足点（根据荣氏族谱和对荣维木的访谈）。

了零售业，他们还经营一些小作坊，包括面粉加工、醋加工和手工纺织；还管理了一些农场，主要是使用雇佣劳动，无论是长期还是短期。

与中国其他传统精英一样，荣氏通往财富和权力的道路是以商业节俭和土地为保障的，并凭借科举考试的成功使其合法化。但从19世纪下半叶开始，随着西方帝国主义的入侵，兴盛了十几代的荣氏家族开始慢慢崩溃。荣氏族谱最终版编成的两年后，即1905年，科举考试被清末宪政改革彻底废除。1911年，就是在荣孟源出生前两年，清朝灭亡了。

荣孟源的教育生涯始于传统私塾，后又被在1905年科举考试废除后兴起的新式中学录取。1931年，荣孟源去北京学习由吕振羽牵头的中国史研究生课程，吕振羽是一位卓越的马克思主义历史学家，当时在中国大学教书。[1] 有着相对优越的商人家庭背景的荣孟源就是在北京第一次接触到了马克思主义史学和共产主义的意识形态。但由于健康状况不佳，荣很快就退出研究生学习，回到宁津养病。1931年日本全面入侵东三省后，荣加入抗日运动并往返于宁津和北京之间。1935年，他把统泰升商业档案捐赠给了北平图书馆。

1936年，荣孟源加入中国共产党并于两年后来到当时共产党的根据地延安。在那里他成为一名高校教师（该高校为日后延安大学的前身）。但没过多久，荣孟源就卷入了政治纷争，且在1941年因与高层领导发生争执被开除党籍。[2] 然而在1949年中华人民共和国成立之后，荣孟源经政府批准获得了一个科学工作者的职位——成为协助范文澜的一名档案研究员，在此之后他因编纂了一本马克思主义史观的中国史书而成为官方指定的马克思主义历史学家。[3] 从他的政治失误中得到教训，荣孟源的研究聚焦于历史档案，因为档案要比意识形态来得更真实或者更"客观"，这似乎不失为一个切实可行的职业策略。

然而为什么作为中国最杰出的档案学家之一的荣孟源竟希望与他在20世

---

[1] 在一篇纪念吕振羽先生的文章中，荣孟源深情地回忆起他与马克思主义史学的导师相遇的情景。参见荣孟源《悼念吕振羽先生》，《史学集刊》1983年第4期。

[2] 根据荣维木的说法，荣孟源当时卷入了一场关于窑洞使用权归属的激烈辩论中，反对他的人叫高岗，当年是一个非常有权力的共产党领导人，毛泽东在亲笔批示中对荣孟源等人进行了严厉批评，荣孟源也因此被开除党籍。尽管高岗后来在20世纪50年代失势，但荣并未被撤销处分。

[3] 这在范文澜和毛泽东的私人通信中被提及，参见李怀印《重构近代中国》，中华书局，2013。

纪 30 年代热心捐献出的成套的家族账簿完全切断关系呢？荣孟源于 1985 年去世，在他繁多的史学成就中并未留下任何关于统泰升档案的一言半语。甚至是他的家人，根据荣维木的说法，都不知道统泰升档案（甚至荣氏族谱）的存在。因为严氏统计卷册的 11 位编者没有一人存活至今，我们不能肯定严中平和他的同事对荣孟源和统泰升档案的渊源保持缄默是否属于简单的疏忽还是另有原因。① 然而我们相信，如果从 20 世纪 30 年代至 60 年代政治氛围的转变及其对学术的影响角度观察，一些微小的迹象将会引导我们揭开谜团。

档案沉浮之谜

虽然最初在 20 世纪早期马克思主义生产模式体系和社会发展阶段理论的引入中国是相对开放和自由的学界努力的成果，但是随着 1949 年中华人民共和国的成立，这种理论体系成为必须遵守的政治原则。② 在马克思主义和历史唯物主义的框架下，社会发展各阶段普遍的生产关系转变为被压迫者与压迫者、被剥削者和剥削者之间的阶级斗争的意识形态——前者以工人和农民组成的无产阶级为代表，后者则以商人和地主组成的资产阶级为代表。正如我们所熟知的那样，通过将人民根据其"出身"来分类（通常会追溯到他们的祖先），这种方针加剧了诸如 20 世纪 50 年代的反右倾运动和 1966 年至 1976 年的"文化大革命"之类大范围的政治风暴。

显然，荣孟源的商人和地主特权阶级"出身"在这样的政策下于他不利，他和他的族人被打上了"地主"的官方标签。③ 具有讽刺意味的是，似

---

① 我们有充足的证据证明严中平或者他的团队知道荣孟源与统泰升档案之间的渊源。1936 年，严中平开始在中央研究院社会科学研究所工作，同年魏泽瀛也加入了研究所。我们发现研究所 1936 年的一本研究总结报告，上面将统泰升账簿的研究列为他们前期的研究课题（参见《国立中央研究院二十四年度总报告》，国立中央研究院总办事处，1936，第 144 ~ 145 页）。而且，在 20 世纪 50 年代，中国科学院近代史研究所（荣孟源曾经在那里长期工作过）和中国科学院经济研究所（严中平研究小组在那里成立）同样都是部分承袭于 1949 年以前中国中央研究院的中国社会科学院的下属机构。

② 参见冯天瑜《封建考论》，武汉大学出版社，2006。在 20 世纪早期，马克思主义史学的引进和其所引发的讨论对不同阵营和信仰的学者产生重大影响，包括年轻的革命者毛泽东。

③ 据荣维木说，荣孟源的父亲荣星桓在 20 世纪早期曾同情共产党并帮助过八路军。在共产党胜利之后，荣星桓被打为"地主"。命运颠倒，曾为荣家工作过的一名长工因其 32 年党龄荣誉成了党的长官。但是在新中国，长工为了报答这位曾经的老爷对他的善意而照料年迈的荣星桓。

乎是为了摆脱自己并不光彩的"出身",荣孟源在1955年发表了一篇抨击胡适(中国最著名的自由主义知识分子,在共产党取得内战胜利后离开了中国大陆)出身的文章:

> 胡适家中有多少地,他自己没有说明,可是他说每年秋天,他跟着庶祖母到田里去监视佃户收割,由此可知,他家确是地主……
> 胡适家中有三个商店(据我所知而言)……从胡适后来的趋炎附势的行径来看,商人的思想对胡适的影响是不小的……胡适是继承了官僚地主商人家庭的遗风。①

仅仅两年以后,荣孟源自己就沦为1957年反右倾运动的牺牲品。1957年8月14日发表在《人民日报》上的一篇文章指责荣孟源是为时人不齿的"右派分子":

> 荣孟源的反党活动是有一贯性的。他出生于地主家庭,在1932年参加了革命。但在革命的紧要关头叛变了党……一二九运动时,隐瞒自己的反动历史,又混进党内。1949年在延安继续进行反党活动……被开除出党。1953年底,党对他的反党宗派活动进行批判……在近些天来的批判中,大家还指出:荣孟源这个野心家在社会上有一点点虚名,有人把他当作是一个马克思主义的"史学家",其实他是个史学界的骗子。②

我们惊讶地看到荣孟源在1932年至1935年回家乡宁津养病的短暂休息时期和在北京学习时期(亦即他捐献统泰升档案的时期)的重要活动如今被添油加醋地描绘成了在"紧要关头""叛变"的行为。显然在当时,荣孟源之前在档案材料的"相对中性"中寻求避风港的工作策略已经不足以使他置身于那场席卷全国的政治风暴之外了。

同样的,严中平和他的团队编写那本于1955年出版的《中国近代经济

---

① 原文出自荣孟源《胡适这个人》,《中国青年》1955年第2期。——译者注
② 原文出自《披着马克思主义的外衣反对马克思主义 右派分子荣孟源是史学界的骗子》,《人民日报》1957年8月14日。——译者注

史统计资料选辑》时，关于统计资料的占有者与生产者之阶级身份、政治立场与这些统计数据的性质之间紧张的政治关系是当时编者头脑中时刻萦绕的重要问题。在 1956 年，当他们回顾编纂卷册的经历时，严中平评论道：

> 我们少数同志之间产生过这样的看法，就是认为外文史料出自帝国主义分子之手，而帝国主义分子是站在侵略者的立场上说话的，因而他们的文献不可靠，要不得，即中文所无而外文记载确实者，也"宁缺毋滥"。这种看法是偏狭的。明确帝国主义分子的侵略者立场是完全必要的，但侵略者的立场并不能保证他们在任何场合都不会泄漏自己的罪行。①

严中平对于自己使用非中文史料的现在看起来似乎有点滑稽可笑的辩护在当时却是一件非常严肃的事。在中国坠入连统计数据都可以任意编造的"大跃进"运动深渊的前夕，这种言论闪烁着理想的光芒。更重要的是，无论真相为何，对于统泰升档案所牵扯出来的"出身"问题，荣孟源的隐瞒和严中平的缄默最终都成为他们保护自己的手段。当统泰升档案被接下来 30 年的历史尘埃所湮没之时，荣孟源本人——尽管被打上了彻头彻尾的"右派分子"的标签——还有他的家人，根据荣维木的说法，成功地保持了低调并只经受了程度较轻的迫害。

自 20 世纪 70 年代后半期起，邓小平时代的到来预示着中国的政策开始缓慢而坚定地偏离毛泽东时期的激进主义并发生了转变。作为转变的一部分，邓小平停止了阶级斗争并寻求重新与曾遭受诋毁和迫害的资产阶级、"剥削者"和"压迫者"们的和解。② 就像无数受到迫害的其他人一样，荣

---

① 参见严中平《编辑中国近代经济史参考资料工作的初步总结》，《经济研究》1956 年第 4 期。而且有趣的是严中平的确在 1947 年拿着奖学金在英国留学三年，在那里他有条理地收集了大量关于鸦片战争的英文材料。1950 年，严中平带着这些材料回到中国，但只能有限制地使用它们。
② 其中最具戏剧性的就是荣毅仁的案例，他是 1949 年早期上海赫赫有名的工业巨头，被誉为棉花和面粉"大王"，近代中国工业企业家精神象征的荣氏兄弟其中一人的儿子。在被扣上旧时代资本家的帽子低调蛰伏 20 年之后，荣毅仁在 20 世纪 80 年代作为爱国企业家重新崛起并成为国家副主席（1993~1998）。也许荣孟源家族与荣氏兄弟一脉曾是远亲，这可以追溯到古代从山东济宁迁到江苏无锡的荣氏支系。以上根据百度百科，http://baike.baidu.com/view/680816.htm （访问于 2013 年 9 月 13 日）。

孟源（还有严中平）再次从对知识分子的流放中崛起。通过创造20世纪80年代学术成果的高产纪录，荣孟源恢复了他在中国历史档案学中的权威地位。新时代见证了学术兴趣在传统中国本土商业习俗和探索私营商人交易档案领域的复苏，并经常出现有价值的档案被发现或从别人对档案价值的长期忽视所导致的紧急事故中被抢救回来的故事。①

当后辈数代学者们坐享重被发现的统泰升及其他档案的益处时，于1985年去世的荣孟源，也许并未对自己和那堆他50年前捐出的家族档案的联系心怀任何骄傲或兴趣。令人感到奇怪的是，荣孟源即便是到了20世纪80年代依然保持着对"左"的意识形态的某种忠诚，并且在他的作品里也残留着不少阶级斗争史学的痕迹。譬如，在荣孟源写于1983年的书中，他对近年来学术界试图恢复胡适作为一名学者的荣誉并修正从前人们对他的帝国主义走狗、封建卫道士和官僚资产阶级印象的现象感到痛心。不过，作为一位历史学家，对于档案史料的搜集、整理、出版和研究的重现始终是其治学的重点和突出特色。他早年慷慨捐献的统泰升商号档案史料和晚年关于中国近代史资料的整理、出版和研究工作同样成为值得珍视的学术遗产。

结　语

文中的小字注释展现了一批关于19世纪中国乡村的普通经商家族的私营商人档案的传奇故事。这批传统档案材料从最初被捐出到湮没再到被重

---

① 其中最突出的例子便是黄鉴晖先生所提到的，目前在山西平遥票号博物馆隆重展出的日升昌票号的账本，这些档案原来被糊在墙上当作墙纸，因而幸运地在激进的"文化大革命"中保存下来，终于在1995年被人们重新发现（参见黄鉴晖《山西票号史料》，山西经济出版社，2002）。近来有另一本利用大量山西商人账簿的书出版，据其作者李锦彰回忆，在毛泽东时代，这些"地主"和"富农"私营商业账簿是被当作剥削和压迫的有价值的证据而受到保存和利用的，许多文件因此要么只留下了脱落的封面，要么上面商人的名字已经被划掉了。但是最近，随着这些材料的价值被学术界重新发掘和重视，自由市场上出现了一些小商小贩收集兜售这些档案。为了获取最大利益，这些商贩有时会将一套完整的档案分成好几部分来卖。在此过程中，一些文件会不经意地被弄混或者被贴错了标签（参见李锦彰《晋商老账》，中华书局，2012，第308~309页）。有关其他在商业档案基础上的新经济史研究总结，参见袁为鹏、马德斌《商业账簿与经济史研究：以统泰升号商业账簿为中心（1798~1850）》，《中国经济史研究》2010年第2期。

新发现的经历向我们透露了一个从矛盾、讽刺甚至是背叛中个体存活下来的隐秘故事。这是关于一个国家命中注定要面对 19 世纪到 20 世纪西方挑战的故事，在此过程中，因为几股不可抗拒的意识形态和政治力量的交替变幻，中国的历史传统亦随之不断地遭遇破坏、重构及回归。

统泰升档案的故事给我们提供了关于在历史学的研究和讨论中（无论是量化还是其他研究，比如大分流的研究），必须慎重对待所使用的历史证据之本身的性质及质量的重要案例。需要特别注意的是，荣孟源在 20 世纪 30 年代暂居的北京，见证了近代意识形态和建立在统计和社会调查工具之上的近代社会科学研究的第一次高潮。① 从这一点看，统泰升档案的发现、保护和利用并不是因为某些人——比如荣孟源、魏泽瀛和严中平——仅出于个人和家族怀旧情结发现的一批旧私营商人档案进入新知识领域时代的偶然现象。具有讽刺意味的是，正是这种社会科学观点通过 20 世纪 50 年代的共产主义身份认同政治将这些档案的来源推向默默无闻的极端。中国在 20 世纪 30 年代至 50 年代发生的事情塑造并重塑了我们的历史观和在 19 世纪 50 年代之前的历史记录。或者说，我们的历史证据同样受到了历史观和史学理论的影响。因此，我们所面对的历史证据的来源和我们对于这些历史证据的发掘与认识过程如同后世研究现在一样，也被历史本身（假使有一个"客观"和"抽象"的过去存在的话）塑造着。对历史证据的保护、汇编、利用和最终的发现或重新发现深深依赖着我们的研究目标、意识形态和范例的变迁。

意识形态的不连贯及颠倒，给当前的大分流讨论中的比较研究造成严重

---

① 参见李章鹏《社会调查与社会学中国化——以 1922～1937 年燕京大学社会学系为例的研究》，黄兴涛、夏明方主编《清末民国社会调查与现代社会科学兴起》，福建教育出版社，2008。需要特别提出的是，西德尼·甘博——一位曾就职于北京燕京大学的美籍社会学家——和他的中国同事开创了利用私营商人账簿档案来获得旧中国经济信息的方法。甘博在 1943 年使用了大量收藏的，1790 年至 1850 年期间的（这一时期几乎与统泰升档案完全相同）北京附近一家燃料店的账簿。不幸的是，这些原始账簿是否尚存，若是尚存的话现在何处，成为至今未解的谜团。关于日本学者利用商业账簿的研究，参见三井文库编『近世後期における主要物価の動態』(*Trends of Major Prices in Early Modern Japan*)，東京：東京大学出版会，1980；宫本又次编『近世大阪の物価と利子』(*Prices and Interest Rates in Osaka during the Pre-Meiji Period*)，東京：創文社，1963。有关利用古代朝鲜账簿进行研究的近期作品，参见 Seong Ho Jun and James B. Lewis, "Wages, Rents, and Interest Rates in Southern Korea, 1700 to 1900," *Research in Economic History*, vol. 24, University of California Press, pp. 221–281。

的后果。更有甚者,在从湮没中抢救出来的统泰升档案的个案中,大量统泰升账簿史料整整30年未经使用,造成莫大的损失,这导致中国经济史中产生了一个巨大的统计断层,尤其是在当前大分流讨论的情况下。而且,从20世纪早期新文化运动时开始引进并在共和国时期大范围强制施行的新式中文书写体和现代数字与记账体系,使得大部分同时代的研究员无法解读像传统商业账簿这样的材料(除了少数经过专业训练的人和专家)。所有这些现实状况,影响着我们对过去乃至我们更为熟悉的近代或者——在更早以前的殖民背景下——"欧化"和殖民体系时期原始材料记录的重建。这些问题并非仅仅困扰着近代中国,也是那些经历过突发变革——最明显的例子就是18世纪法国大革命和20世纪的俄国十月革命——或者在现代化体系中大规模实施并创建了新意识形态和新式书写体(比如近代土耳其和朝鲜半岛)的国家共同经历着的。[1] 随着中国在过去30年中创造经济快速增长"奇迹"和其稳步重获过去的全球性优势,中国历史证据(量化或者其他)的质量和性质背后的历史观和认识论问题正逐渐成为世人关注的热点。

(马德斌,英国伦敦政治经济学院教授;袁为鹏,中国社会科学院经济研究所研究员。华中师范大学人文社会科学高等研究院大数据历史专业研究生刘莎、王卫霞、李淑媛翻译,李淑媛统稿)

---

[1] 关于我们的知识是如何被档案所塑造的,斯特凡·施华蔻列举了一个生动的例子。以组织完善、资金充足的沃尔特·汤普森(JWT)广告公司档案为例,这家公司曾是世界上最大的广告公司。这家公司的档案几乎都能在电脑上检索到,许多都已数字化,他们还会给予利用这次档案的国际学者以丰厚的奖金资助。而且这些档案位于加利福尼亚州北部一座美丽的大学校园内,在那里,人们一年中有近十个月都可以打高尔夫。由于JWT公司的档案收藏十分完善,利用极为便利,以至于许多历史学者都乐于利用这些档案进行写作。而在这些作品中,学者们几乎均认为当时美国的市场营销方法和广告技术遥遥领先于世界其他地方。简单地说,如果某人只是依据由美国机构提供、管理、赞助和促销的档案资料来进行研究的话,那么在其研究成果里面,看起来似乎真是由美国机构主导着全球市场化的历史进程。参见 Stefan Schwarzkof, "Why Business Historians Need a Constructive Theory of the Archive," *Business Archives*, no. 105, 2012, pp. 1–9。

周学熙实业生涯中的
社会网络关系考察

段钊 谭艳平

一 引言

作为晚清至民初北方最著名的实业家,周学熙是中国近代工业化过程中一个极具影响力的人物。他创办的启新洋灰公司、滦州矿务局、京师自来水公司、耀华玻璃公司、华新纺织总公司、中国实业银行等多家企业,涉及煤炭、水泥、纺织、机械、金融等多个行业,形成了一个当时北方最大的民族资本实业集团,奠定了其"北国工业巨子"的地位,与南方的张謇集团并驾齐驱,而有"南张北周"之说。周学熙一生行走于官商之间,是近代"官商一体"①的代表人物,他的实业生涯不仅具有鲜明时代烙印与个人特征,还体现出民族资本发展的中国特色。就其实业生涯进行个案考察,对于树立一个深刻认识"中国情境"整体性特征与形成根源的历史坐标有着重要的意义。

20 世纪八九十年代以来,学术界对周学熙的关注逐渐增多,郝庆元先生《周学熙传》与虞和平、夏良才先生《周学熙集》的出版,以及《自叙年谱》、《东游日记》等第一手史料的收集整理为相关研究的开展提供了支

---

① 虞和平、夏良才编《周学熙集》,华中师范大学出版社,2011,第 5 页。

撑。近年来，对周学熙实业生涯的考察主要从生平、企业与思想三条线索展开：生平研究多以客观、公允的历史评价为目的，如虞和平认为周学熙对华北经济的发展具有倡导和开拓作用，评价其为"华北工业之父",① 徐锋华等人也认为周学熙为民族企业的创办提供了参考范式，推动了华北地区的近代化发展;② 以企业为线索的研究多采用个案方式，结合近代中国社会环境背景就周氏企业的经营手段、管理模式、企业制度、绩效与成功因素进行深入探讨;③ 对于周学熙思想研究，学者们多采用历史文献的方法，对其企业治理、经营战略、组织与职能管理的思想进行凝练,④ 总结其"惟实业足以救国，亦惟实业足以利民"、⑤ "兴工振商"与"官为商助"、"高积累、合理使用企业的积累资金"、⑥ "工学并举"等企业经营管理思想特征。

总体来看，周学熙在其实业生涯中，充分地利用了因社会关系形成的互惠性规范和由此产生的信任，大大降低了经济行动中的交易成本，高效地将社会位置优势转化为了社会资本，不仅提高了个人资产的专有性程度，还将分散的资本、土地、劳动和技术等社会资源有效地联系起来，快速发展壮大了企业系统，成功地探索了一条中国情境下的实业之路。在中国近代社会变迁的背景下，基于社会网络分析法系统考察周学熙实业生涯的社会网络关系结构，长时段动态观察其社会关系网络的演化，辨析周学熙企业经营管理实践与社会关系网络的相互作用，有助于进一步揭示人与环境的高效互动中社会网络与个体行为的相互嵌入关系，服务于理解现代化过程中"中国情境"整体性特征与形成根源的目标。

---

① 虞和平:《华北工业之父——周学熙》,《学习时报》2002年10月21日。
② 徐锋华:《周学熙与近代华北经济的发展》,《历史研究》2007年第6期。
③ 欧阳岳峰:《启新洋灰公司成功的奥秘——周学熙实业集团经营之道管窥》,《安徽教育学院学报》1995年第3期；冯云琴:《启新洋灰公司经营管理体制论略——以周学熙经办期间为例》,《石家庄经济学院学报》2004年第5期；李楠夫:《略论周学熙创办近代企业的特点》,《现代财经》2001年第6期。
④ 胡卫清:《周学熙实业思想论述》,《学术月刊》1992年第10期；董立英:《周学熙经营管理思想形成渊源浅探》,《山西师大学报》(社会科学版)2012年第3期；胡志国:《周学熙的职业人才思想及其实践》,《职业技术教育》2007年第13期。
⑤ 胡卫清:《周学熙实业思想论述》,《学术月刊》1992年第10期。
⑥ 虞和平、夏良才编《周学熙集》,第12页。

二 研究方法

(一) 社会网络分析

社会网络分析方法（SNA）主要是对社会关系结构及其属性加以分析的一套规范与方法，主要分析的是不同社会单位（个人、群体或社会）所构成的关系的结构及其属性。[①] 社会网络分析思想最早在20世纪30年代的心理学与人类学的研究中就已经出现，20世纪70年代后获得了很大发展，逐渐成为一种较成熟的研究方法。格兰诺维特（Granovetter）提出在获取社会资源的过程中，存在着"强关系"和"弱关系"的两种方式，强关系获取的社会资源具有稳定性和可靠性，弱关系在资源获取的过程中则体现出广泛性和延续性，他把弱关系视为人们进行资源共享的"桥梁"，并认为可以用关系持续时间、亲密程度、互动频率以及相互服务内容等四个指标来衡量关系的强弱。[②] 20世纪90年代以后，社会网络分析迅速发展。罗纳德·伯特认为在社会结构中通过一个人与另一个人取得联系，这就存在社会结构中的洞，或简称结构洞，结构中的中介者具有信息优势和控制优势，它是个人获得信息、人员、时间、资源的机会。[③] 社会网络分析方法在20世纪90年代以后发展更为成熟，并且运用的范围逐渐扩大。

近年来，计算机与历史的跨学科发展已成为一种新的趋势，如"中国历代人物传记数据库"（简称CBDB），它由北京大学中国古代史中心、哈佛大学费正清研究中心与中研院历史语言研究所联合主持，将计算机技术与人文社会科学相结合，运用社会科学方法研究中国历史。CBDB基于前近代中国传记中的信息建立了一个关系数据库，通过对个人社会网络关系的发现，把个体间关系、社会角色层次的结构（微观结构）与大规模的社会系统的"巨集观"结构结合起来，从人与人关系的视角发现中国古代社会变迁中的特征。

[①] 林聚任：《社会网络分析：理论、方法与应用》，北京师范大学出版社，2009，第41页。
[②] Granovetter, "The Strength of Weak Ties," *American Journal of Sociology*, Vol. 78, No. 6, 1973, pp. 1360–1380.
[③] 罗纳德·伯特：《结构洞：竞争的社会结构》，格致出版社，1992。

社会网络分析认为社会结构为一张人际社会网结构，其中节点代表一个人或一群人组成的小团体，线段代表人与人之间的关系，它关注的是行动者之间的关系。社会网络分析法中相对运用较多的是中心性分析与子群分析，这也是本文主要运用的几个方法。在社会网络结构中，存在一些重要的行动者，他们具有资源、信息的控制或者获取优势，通过中心性分析，可以反映行动者在社会结构中的位置或优势差异，主要是点的中心度与图的中心势研究。点的中心度主要有度数中心度、间距中心度、接近中心度。度数中心度是指与一个点直接相连的点数，是行动者的自身联系能力；间距中心度是指一个点处于许多交往网络的路径上，是行动者控制能力的体现；接近中心度是指一个点与其他点的"距离"，研究的是行动者不受其他行动者控制或者是依赖的能力。图的中心势主要是指图的一致性。在社会网络中，整个群体中一般有多个小群体，它是群体内部的子结构，主要通过行动者的四个方面进行分析处理：关系的互惠性，子群成员之间的接近性或者是可达性，子群内部成员之间关系的频次，子群内部成员之间的关系密度相对于内、外部成员之间的关系的密度。[①]通过子群分析可以揭示群体内部的子结构，有助于我们对社会网络结构的分析与理解。

（二）研究设计

对周学熙社会网络的考察包括界定网络边界，进行关系评价，数据收集、处理与分析三个主要环节。

首先，界定网络边界。依据周学熙的《自叙年谱》、《周学熙集》、《周学熙传》、《周学熙传记汇编》及《近代史资料》、《类纂》、《北京自来水公司档案史料》、《直隶工艺志初编》等第一、二手史料，明确了与周学熙有重要直接或间接关系的人物76人，并将周学熙的实业生涯过程划分为四个阶段：1897~1903年为A时期，这一时期周学熙东游日本，创办实业的思想与实践在这段时间开始；1903~1912年为B时期，这一时期是周学熙进行实业实践的重要发展阶段；1912~1916年为C时期，这一时期周学熙担

---

① Wasserman and Faust, *Social Network Analysis: Methods and Applications*, Cambridge: Cambridge University Press, 1994.

任北洋政府财政总长,重心在政治领域;1916~1924 年为 D 时期,这一时期是周学熙企业发展的集中与成熟时期。这四个时期与周学熙相关的人物主要有官、商、工人、外国人、其他五大类的不同历史身份的人。

其次,进行关系评价。根据社会网络理论,从网络成员两两间关系持续时间、亲密程度、互动频率以及相互服务内容四个维度来衡量关系的强弱,将网络成员两两间的关系分强关系、弱关系和强弱混合型关系等三种类型,并用 0~4 分法来进行描述。0 分代表两两间没有直接联系;1 分代表弱关系,体现关系持续时间较短,掌握的信息差异性大,互动不频繁,联系不紧密,感情维系较少;4 分代表强关系,体现关系持续时间长,掌握的信息趋同,互动频繁,联系紧密,有很强的情感因素维系;2~3 分别代表混合关系的不同程度。

最后,数据收集、处理与分析。在近代历史文献研究的基础上,依据史实,根据文本共现、事件共现与行为共现的情况,对包括周学熙在内的这 76 人间的两两关系强度进行赋值,生成关系矩阵,通过 UCINET 软件对周学熙社会网络进行网络密度、中心性、块模型与结构洞分析。其中,"网络密度"表示网络中成员的联系紧密度,网络密度越大,成员之间的联系越紧密,联系紧密的网络能为其中的成员提供各类社会资源,同时也限制了成员的发展;"中心性"反映个体在社会网络中占据的结构位置,体现其在网络中的正式的权力或社会影响的大小,以及获取资源的能力;"块模型"体现总体的网络结构,发现总体网络中存在的子群体;"结构洞"用来表示行动者之间非冗余的联系,通过有效规模、效率、限制度指标呈现。

三 周学熙社会网络关系分析

(一) 周学熙全时期的社会网络关系分析

根据"周学熙社会网络关系矩阵",采用可视化分析工具 Net-Draw,得到的周学熙的全时期社会网络关系图 (见图 1) 如下:

1. 密度分析

网络密度为网络中实际存在与理论上可存在的关系总数之比,用 UCI-

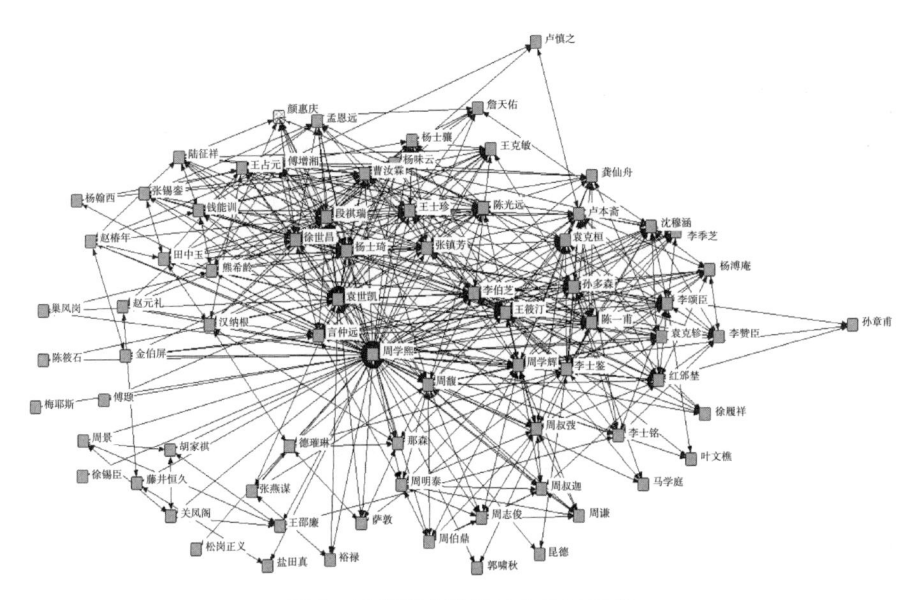

图 1　周学熙全时期社会关系网络

NET 计算之后该网络的密度是 0.2116，标准差是 0.5491。可以看出，总体上该网络密度较高，主要是以周学熙、袁世凯等人为中心的网络，网络的分散性也较高，人物间的网络密度相差较大。因为这个网络关系图是基于周学熙的人物关系相连接的，因此，网络的密度较高。但正因为较为全面反映人物的社会关系，人物的分散性强，所以其关系网络的分散性也较高，大部分成员与其他人的连接关系不多，密度分布呈现不均匀的情况。这与整个社会关系网络中人物的身份等是相关的，反映出不同时期或子群体互动与资源交换的差异性，存在中心人物与边缘人物，每个成员对于资源、信息、权力的掌控能力存在较大的不同。

2. 中心性分析

中心性主要通过"度数中心"、"间距中心"和"接近中心"来体现，输入关系矩阵由 UCINET 计算之后的结果（见图 2）显示如下：

节点的度数中心度（相对值）的平均值为 15.860，标准差为 14.039，依次排在前 10 位的人物为：周学熙（97.333）、袁世凯（46.667）、王筱汀（38.667）、李伯芝（34.667）、徐世昌（34.667）、杨士琦（34.667）、周学辉（33.333）、段祺瑞（33.333）、李士鉴（29.333）、孙多森（29.333）。不同人物的度数中心度相差较大，周学熙作为社会网络关系的中心，其度数中

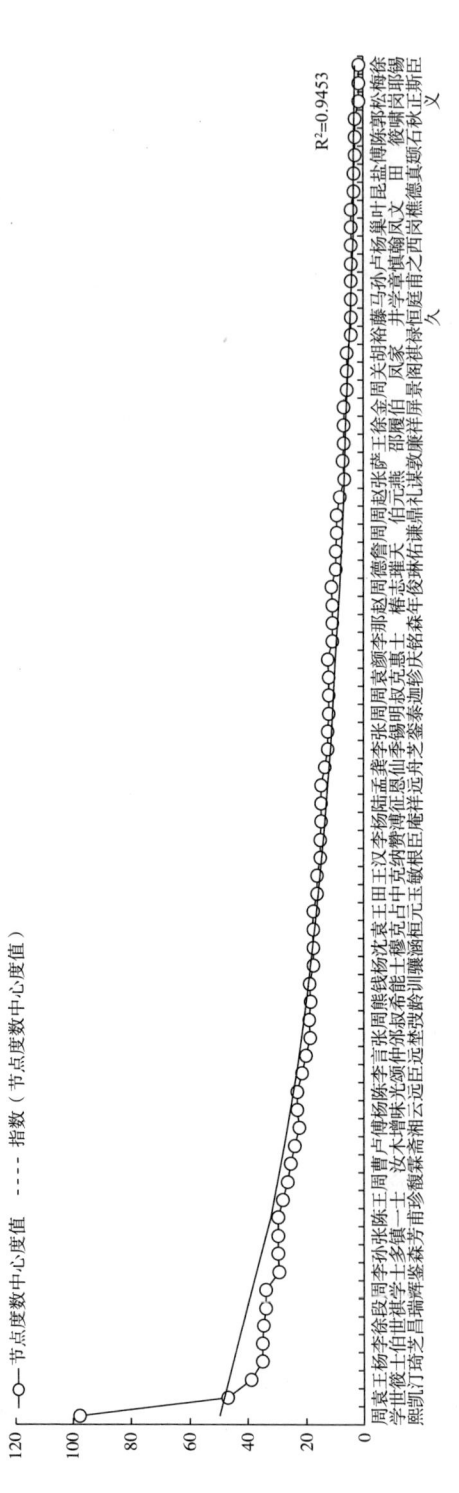

图 2 全时期点数度数中心度趋势

心度远远高于其他人物的度数中心度。其他度数中心度较大的人物如袁世凯等人是与周氏集团或者说是与周学熙联系较为紧密的人物，袁世凯、徐世昌、杨士琦、段祺瑞等是当时重要的政界人物，王筱汀、孙森、李士鉴、李伯芝、周学辉等人是周氏企业的大股东或者是核心权力人员，而且这些人构成主要以袁世凯为中心、以周学熙为中心的权力集团，他们在周氏企业占据着重要地位。这些主要是启新等周氏企业的大股东核心人员以及政商界的重要利益相关者，他们与其他节点联系较多，尤其是与其他人物的直接联系较多，相对居于"中心"地位，拥有较大的权力，占据着较为重要的地位。度数中心度变化趋势如图2所示，与指数曲线拟合性较好，R^2 值为0.9491，偏差较小，可靠性高。在周学熙社会网络关系中成员的度数中心度以周学熙等为中心呈递减趋势，除周学熙、袁世凯几人外，人物间的中心度变化趋势变缓，呈现由中心人物向四周扩散的趋势。

节点的间距中心度（相对值）的平均值为1.172，标准差为6.332，如图3所示，依次排在前10位的人物为：周学熙（55.471）、袁世凯（4.870）、周学辉（2.889）、王筱汀（2.442）、孙多森（2.075）、李伯芝（1.924）、李士鉴（1.516）、傅增湘（1.462）、卢木斋（1.391）、杨味云（1.387），这表明这些人在社会网络中对资源的控制度较强，与其他人物的联系较强，许多人物间的联系需要通过他们来进行连接，他们居于重要位置。其中袁世凯是政界重要人物，连接着较多的政界人物，而周学辉、李伯芝等人是周氏集团重要的股东人物，连接着不同身份的人物，在社会网络关系中对于信息等资源的控制具有较高的能力。间距中心度变化趋势，与指数拟合性较好（$R^2=0.954$），偏差小，递减趋势平缓，可以看出周学熙的社会网络在控制其他行动者能力方面也就是沟通桥梁的中介作用呈现较为缓和的变化。

节点接近中心度的平均值为54.128，标准差为6.388，如图4所示，依次排在前几位的人物为：周学熙（97.403）、袁世凯（65.217）、王筱汀（61.983）、李伯芝（60.484）、徐世昌（60.484）、杨士琦（60.484），随后为周学辉、段祺瑞、张镇芳、陈一甫、李士鉴、孙多森，这些人与其他人的联系较多，可以与较多的人物相联系，表明这些人在周学熙的社会网络中获取信息资源、权力、声望、影响的能力较强，或者说是这些人在社会关系网络中有较多的"捷径"联系其他人物，这与他们本身的身份是密切

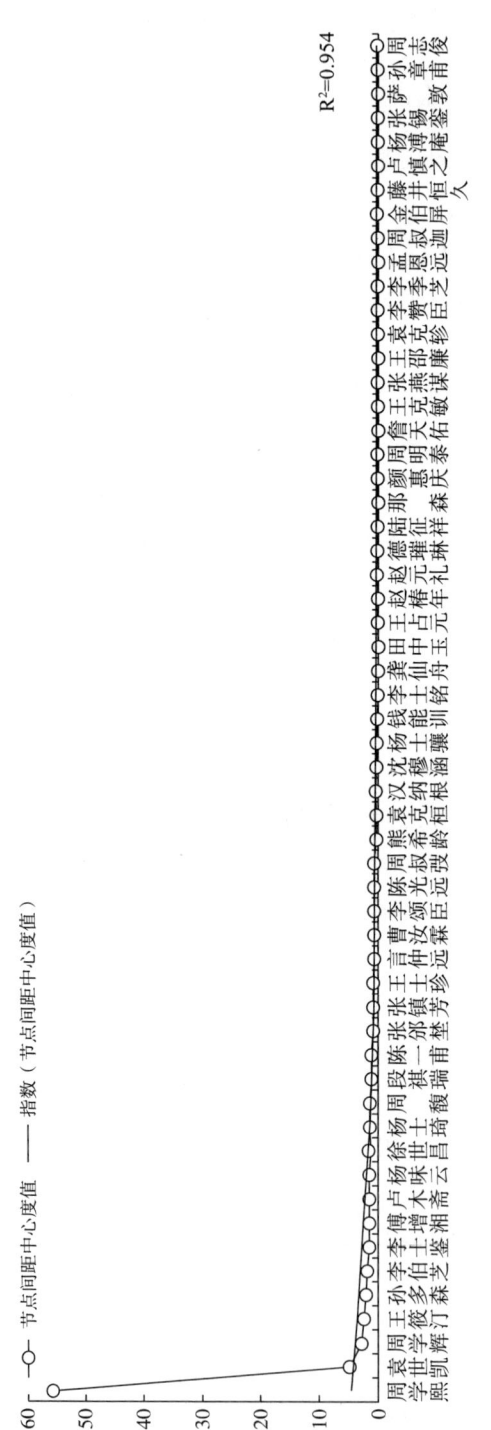

图 3 全时期节点间距中心度趋势

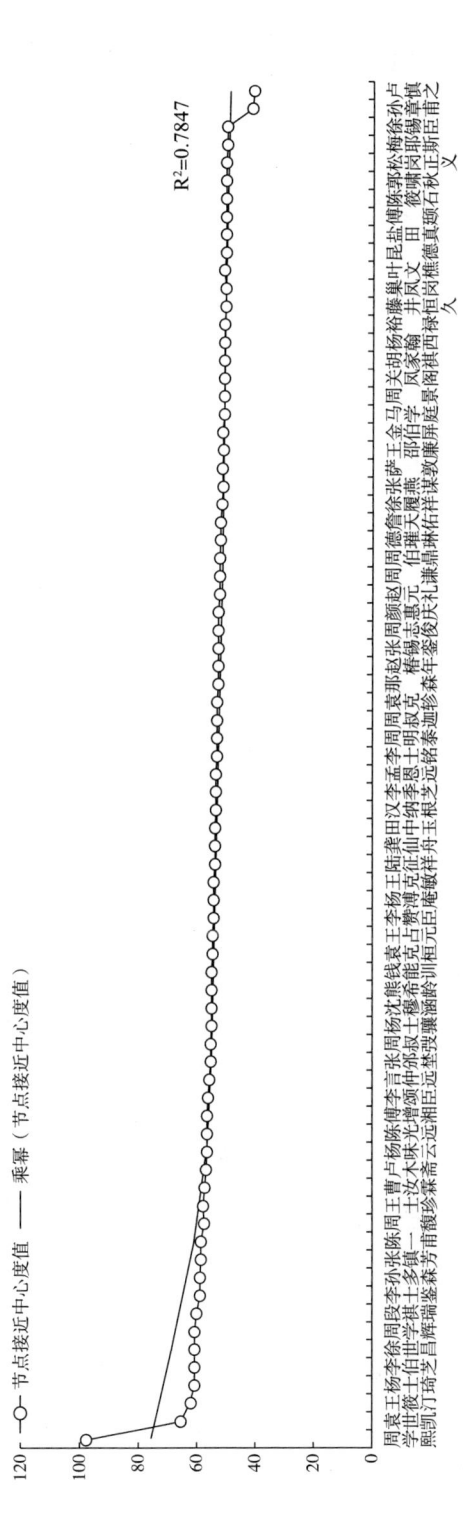

图 4 全时期节点接近中心度趋势

相关的。接近中心度变化趋势与幂的拟合性较好，R^2 值为 0.7847，存在一定的偏差，在周学熙的社会网络关系中人物不受他人控制能力呈平缓下降的趋势。

3. 结构洞分析

采用整体网模型进行结构洞指标分析，用 UCINET 分析之后结果如表 1 所示：

表 1 前 20 位人物的有效规模、有效效率和受限制程度

姓名	有效规模	姓名	有效效率	姓名	受限制程度
周学熙	65.707	周学熙	0.900	周学熙	0.066
袁世凯	29.074	孙章甫	0.889	袁世凯	0.123
王筱汀	22.281	卢慎之	0.867	王筱汀	0.155
李伯芝	19.841	袁世凯	0.831	徐世昌	0.169
徐世昌	19.345	杨味云	0.786	李伯芝	0.170
周学辉	18.436	王筱汀	0.768	周学辉	0.176
杨士琦	18.287	李伯芝	0.763	段祺瑞	0.177
段祺瑞	18.030	徐世昌	0.744	孙多森	0.187
孙多森	15.892	周学辉	0.737	杨士琦	0.193
李士鉴	15.891	德璀琳	0.728	张镇芳	0.196
张镇芳	15.735	傅增湘	0.722	卢木斋	0.206
王士珍	14.939	孙多森	0.722	李士鉴	0.210
陈一甫	14.706	李士鉴	0.722	陈一甫	0.213
周馥	14.023	段祺瑞	0.721	杨味云	0.214
曹汝霖	13.659	曹汝霖	0.719	周馥	0.218
杨味云	13.355	张镇芳	0.715	王士珍	0.219
卢木斋	12.352	汉纳根	0.713	曹汝霖	0.228
傅增湘	12.281	王士珍	0.711	傅增湘	0.238
陈光远	12.013	杨士琦	0.703	陈光远	0.239
李颂臣	10.313	周馥	0.701	李颂臣	0.256

从表 1 中可以看出周学熙、袁世凯、王筱汀、李伯芝、徐世昌的有效规模较大，周学熙、孙章甫、卢慎之、袁世凯等人的有效效率高，周学熙、王筱汀、李伯芝、徐世昌、袁世凯的受限制程度低，因此在整个社会网络中周学熙、袁世凯他们占据着结构洞的位置，有效规模大，拥有信息优势和控制优势，对资源运用的自由度也较高，在该网络中获取社会资本的可能性更大。

4. 块模型分析

本文采用 CONCOR 法进行块模型分析。CONCOR 是一种迭代相关收敛法，它基于以下事实：如果对一个矩阵中的各个行（或者列）之间的相关系数进行重复计算，最终产生的将是一个仅仅由 1 和 -1 组成的相关系数矩阵。可以据此把将要计算的一些项目分为两类，相关系数分别为 1 和 -1 的两类，从而对所对应的各个行动者进行分区。

用 UCINET 对关系矩阵进行块模型分析，得到 8 个子群，如图 5 所示。

这 8 个子群中第一子群包括周学熙、李伯芝、王筱汀等人，涉及官商一体的人物与其他人员。第二个子群包括裕禄、陈筱石等人，主要是相对在社会关系网络中影响较少的政界人物。第三个子群主要是袁世凯、段祺瑞、徐世昌等人，这些人是重要的政界人物和军阀，拥有较大的权力。第四个子群包括傅增湘、赵椿年等人，主要是知识分子的政界人士。第五个子群主要是周明泰、周叔迦等周学熙家族的人员。第六个子群包括藤井恒久、胡家祺等人，主要是外国人才和绅商人士。第七个子群包括马学庭、言仲远等人，主要是周氏集团企业的相关者。第八个子群包括孙多森、李士鉴、卢木斋等人，主要是周氏集团的股东。从上述结果可以直观看出，子群2、子群3、子群4多为政界人士，多数为官场人员；子群5的成员主要是周氏家族的人；子群7、子群8大多为周氏企业的股东或者是企业利益相关者。

根据 8 个子群的矩阵，以总体网络的密度 0.2116 为标准，进行二值化处理，高于 0.2116 取 1，低于 0.2116 取 0，得到的像矩阵如表 2 所示：

表 2 像矩阵表块模型密度

	群 1	群 2	群 3	群 4	群 5	群 6	群 7	群 8
群 1	1	1	1	1	1	0	1	1
群 2	1	0	0	0	0	0	0	0
群 3	1	0	1	1	0	0	0	0
群 4	1	0	1	1	1	0	0	0
群 5	1	0	0	1	1	0	0	0
群 6	0	0	0	0	0	0	0	0
群 7	1	0	0	0	0	0	0	0
群 8	1	0	0	0	0	0	0	1

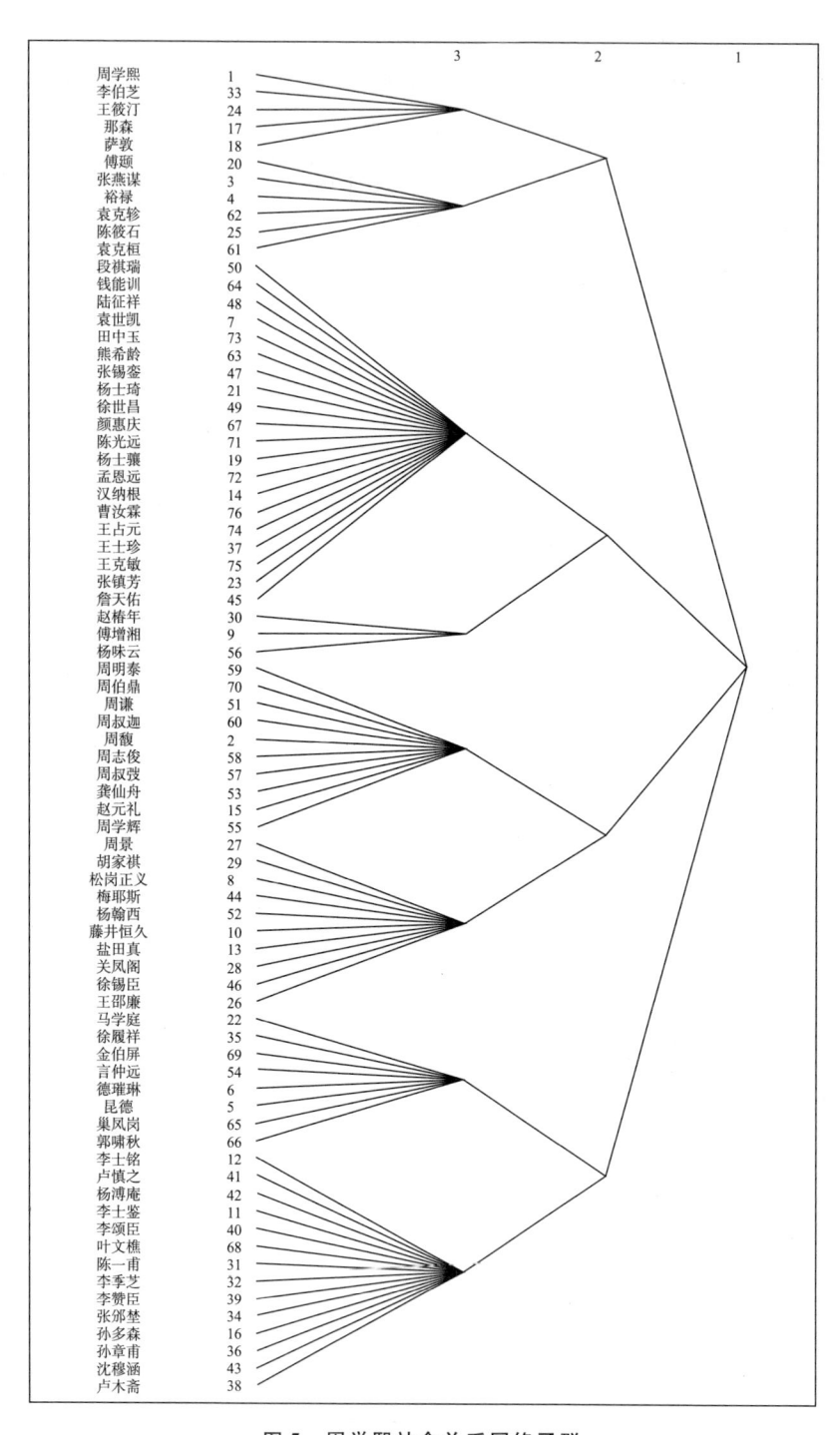

图 5　周学熙社会关系网络子群

由此可以看出该网络的 8 个子群，其中子群 1、3、4、5、8 具有自反性，而 2、6、7 不具有自反性，子群 1 与除子群 6 外的子群 2、3、4、5、7、8 都能有联系，因为子群 6 中的成员多为单一联系，未与较多的人物产生关系。子群 2 只与子群 1 有联系。子群 3 与子群 1、4 有联系，这些主要是官场人员。子群 4 与子群 5 有联系，这主要是基于文化界的联系。子群 6 与其他子群没有联系，因为多为外国人或者是一些绅商，与其他人的联系较少。子群 7、8 都只与子群 1 有联系，这些人主要是周学熙企业的股东等重要相关者。所以在各个子群间大部分有一定的联系，但除了周氏企业的股东与政界官员这两个大的子群外，一般而言子群间联系不强。在周学熙的社会关系网中，我们可以看到子群之间宗派性较强，子群的内部联系强。

（二）周学熙分时期社会网络关系分析

1. A 时期分析结果

A 时期周学熙的社会关系网络如图 6 所示：

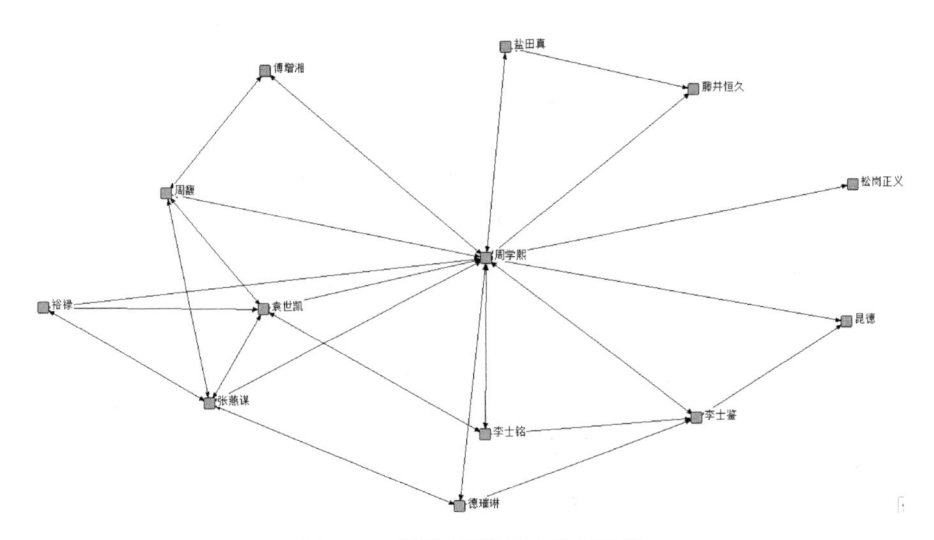

图 6　A 时期周学熙社会关系网络

A 时期社会网络密度为 0.4872，标准差为 0.8659。A 时期的节点度数中心度的平均值为 30.769，排在前三位的是周学熙、袁世凯、张燕谋（41.667）；间距中心度平均值为 6.294，周学熙最高，袁世凯与张燕谋（2.778）并列；接近中心度平均值为 60.623。这一时期的人物较少，主要是周学熙早期开始创办实业尤其是开平煤矿的相关人物，包括对他进行实业的影响人物，是他企业管理的形成渊源时期。通过分析，可以看出，A时期周学熙的社交网络规模较小，其中的各成员相对松散，在网络中周学熙处于重要的"中心"位置，对其社交网络有较强的资源控制力，具有中介作用。从成员构成来看，A时期网络成员大多数来自官场或为外国人。

2. B时期分析结果

B时期周学熙的社会关系网络如图7所示：

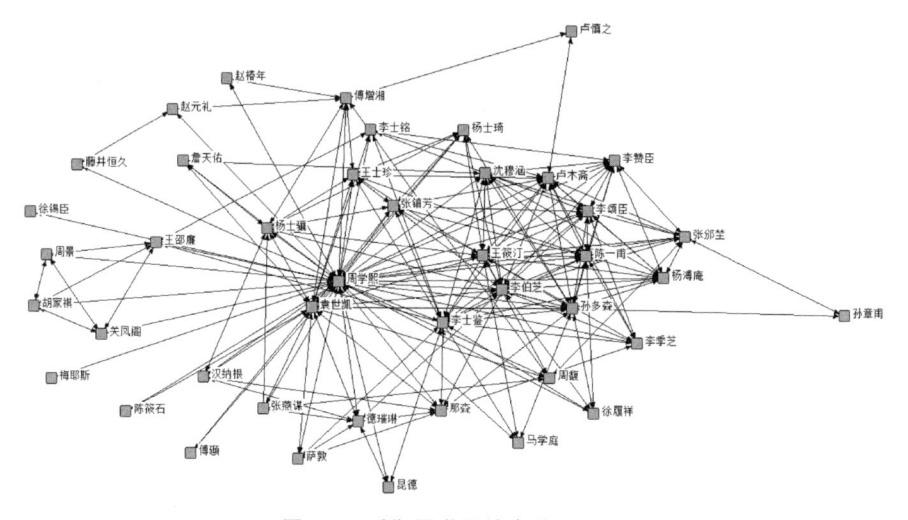

图7 B时期周学熙社会关系网络

B时期网络密度为0.2979，标准差为0.6794。网络的度数中心度平均值为20.819，周学熙居首位，袁世凯、李士鉴、王筱汀、李伯芝（45.238）居后；间距中心度平均值为2.045，周学熙最高，袁世凯（5.662）第二，孙多森（4.508）第三；接近中心度平均值为55.381，周学熙为95.455，袁世凯、李士鉴（64.615）等并列其后。这一时期是周学熙企业经营管理思想的重要发展时期，该时期网络相对紧密，资源分布不均匀，周学熙居于"核心"位置，且对该网络资源的控制力最高，且该网络关系表现出向周学熙、袁世凯等几个人集中的趋势，尤其是周学熙与袁世凯分别作为商与官的代表人物，社会网络关系呈现不同小群体的分布。同时，B时期成员身份以官、商为主。

3. C时期分析结果

C时期周学熙的社会关系网络如图8所示：

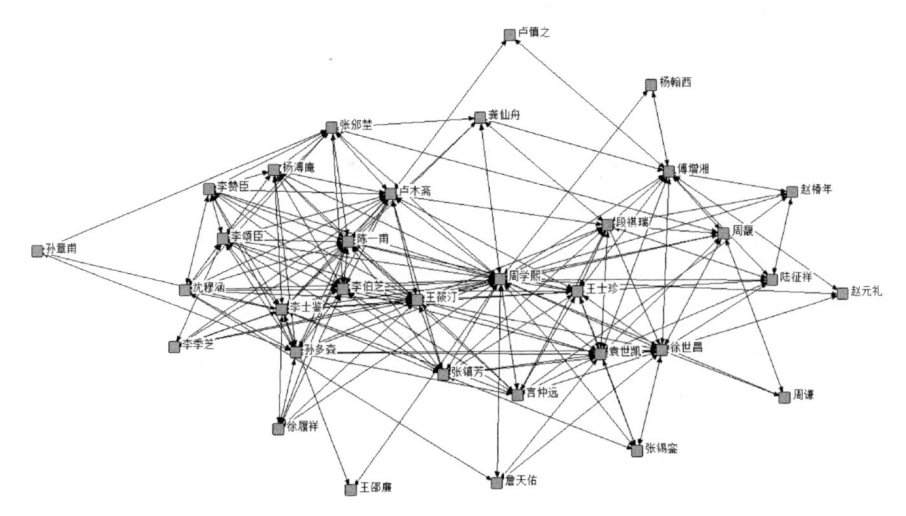

图 8　C 时期周学熙社会网络关系

C 时期网络密度为 0.4574，标准差为 0.7798。C 时期的社会网络的度数中心度周学熙第一，王筱汀（59.375）第二，李士鉴（56.250）第三；间距中心度平均值为 2.273，周学熙、李士鉴（5.699）、卢木斋（4.723）为前三位；接近中心度平均值为 59.851，前三位分别为周学熙（94.118）、王筱汀（71.111）、李士鉴（69.565）。这一时期是周学熙在官场的主要时期，是其经营管理思想稳定发展的时期。该时期网络紧密性较高，资源控制力较强的是周学熙、王筱汀、李士鉴等人，资源集中性较高，信息大多由中心位置成员传到各处。同时，C 时期周学熙社会关系网成员大多是官员。

4. D 时期分析结果

D 时期周学熙的社会关系网络如图 9 所示。

D 时期网络密度为 0.3242，标准差为 0.6268。在这段时期，居周学熙社会网络中度数中心度前三位的是周学熙、王筱汀（50.000）、李伯芝（47.727）；间距中心度的平均值为 1.806，周学熙居首，王筱汀（4.219）第二，周学辉（4.803）第三；接近中心度平均值为 57.116，最高的几位为周学熙、王筱汀、周学辉。这一时期周学熙退出政界，创办自己的实业集团直到 1924 年退休，是周学熙经营管理实践成熟与实践的集中时期。在这一时期军阀人士、周氏家族等不同团体加入了周学熙的企业，为企业的发展与接任提供了支持。在 D 时期的网络中部分成员集中度高，控制着网络中的信息、资源等。同时，D 时期社会网络的成员身份以官、商为主。

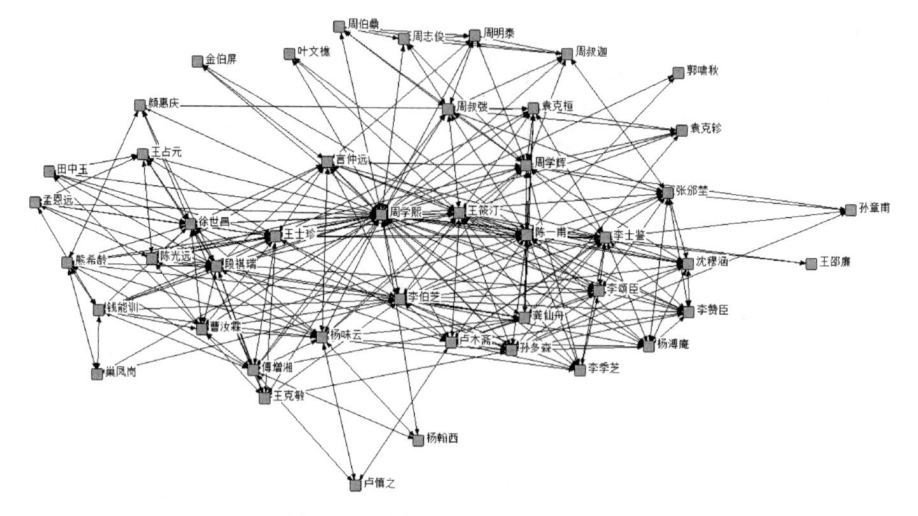

图 9　D 时期周学熙社会网络关系

四　周学熙社会网络关系与实业生涯

在人物的实业生涯中，社会网络与企业管理实践是相互映照的，社会网络为企业家的管理提供了必要的资源，企业家在社会网络中获取信息、资金、人才等资源，并在社会网络中反映了企业家的企业管理实践，对企业的发展有着重要的影响作用。因而，将个体的社会网络和实业实践交互考察，才能更准确地揭示企业管理中相互作用的机制。在周学熙的社会网络关系中，我们可以看出网络的规模、网络的位置、人员的构成与其实业思想和实践有着重要的关系。

在周学熙的社会网络关系中，我们主要考察了 76 人的两两关系，这些人涵盖了上层政界人士、北方的地方大商人、地方士绅人士等，涉及的人物范围较广，网络中成员掌握的信息与资源数量较多。在周学熙开办实业以来，一直与袁世凯有着紧密的联系，1912 年又担任财政总长，与徐世昌等有着较为密切的关系，在 1916 年退出政界后，周学熙将陈光远、王占元等军阀实力派的政界人士纳入企业，成为企业的股东。在周学熙的实业生涯中，他一直与政府人员保持着密切的关系，接触的官员也多是当时具有权力的有重要影响人员，这些人为企业提供了较多的资源与官方的支持保护，在当时的环境中为企业的迅速发展提供了动力。这也是造成周学熙"官督商办"的企业经营模式的原因之一，周学熙作为"官商一体"的代表，重视利用自身及其网络中的资源，有助于获取更多更有效的信息，是其网络关系影响下企业管理等实业实践的表现。

周学熙在网络中的中心性高，与其他成员联系较多，对于资源的控制度较高，获取信息资源、资金、权力等的能力较强，对于其他人物的依赖程度低，在网络中具有较强的中介作用。这使得周学熙在社会网络中可以得到较多的信息、资金等资源，有利于与其他成员的沟通接触、信任，具有更高的效率。这种网络中的位置反映在周学熙的企业管理实践中，他在企业内部建立高度统一的权力核心，以袁世凯为中心、以周学熙为中心等几个团体成为企业的重要股东，利于企业的高效运作与企业的命令下达，促进企业的快速发展。周学熙在社会网络关系中的位置与周学熙在实业中的地位是相呼应的。

周学熙的社会网络关系中子群之间宗派性较强，比如周氏家族、盐商李善人家族、孙多森孙氏家族、以袁世凯为代表的集团等，这些成员来自政、商各界，为周学熙的企业经营提供资源和知识的同时，也促进不同知识、信息、资源的交流和互动，可以从不同信息中筛选出有力的、正确的信息，从而有利于周学熙实业活动的开展。不同派系的构成为周学熙的实业活动提供了不同的信息，为其发展提供多元化的资源，有助于企业的资源优化配置，提供高效的信息互动，节省了企业中的时间成本，为企业的发展与经营管理奠定了良好的基础。周学熙的社会网络关系促进了周学熙经营管理思想的发展，为企业的管理提供了重要的思想基础与管理支撑。

周学熙的实业生涯自1898年开始到1924年基本结束，他前期主要从事官方实业，实行"官督商办"的企业经营模式，后期1916年后，主要创办私人企业，实行企业商办，存在逐步官商"脱媒"的情况，这一方面与后期中国社会政局变动有关，另一方面也是周学熙的社会网络自我强化的结果，体现出民族资产阶级与官僚阶级既联系又斗争的特点。

五　结语

本文运用社会网络分析的方法，基于历史实证，对周学熙的社会网络关系进行了呈现与分析，探讨了社会资本及关系嵌入性对周学熙实业生涯的影响，本文拓展了现有对周学熙实业思想与实践的研究，对于发现和深刻认识现代化过程中"中国情境"整体性特征与形成根源有着重要的理论价值；同时跨学科的研究框架与大数据分析的方法，对现有历史人物研究提供了有价值的参考。

本文的研究还有待进一步的完善，首先，在建立周学熙社会关系矩阵的过程中，虽然以历史文献为依据，但难免出现人物的错误与遗漏；其次，对周学熙社会网络成员间关系的判定，也缺乏定量支撑，主观性较强；再次，虽然分期呈现了周学熙的社会网络关系，但仍然没有真正实现动态与演化分析；最后，本文周学熙的社会网络关系主要围绕着其在实业活动中的经历实现，可能忽略了很多所嵌入的其他类型的社会网络，以及对其思想与行为的隐性影响。在后续的研究中，我们会针对这些问题进行完善。

（段钊，华中师范大学信息管理学院教授；谭艳平，华中师范大学人文社会科学高等研究院大数据历史专业硕士研究生）

北洋时期基层诉讼的规模、效率及结案方式

唐仕春

北洋时期基层诉讼的规模与效率是理解当时司法建设状况及司法改革动因的关键所在。如果诉讼的规模大，而县知事职责日益增多，处理诉讼的效率低下，无力审结大规模的诉讼，便需要筹设法院，从而近代法制改革具备了内在动力；如果县知事处理诉讼的效率与诉讼的规模相适应，则筹设法院不是刚性需求，遇有经费、人才等困难，就有可能停止普设法院，甚至裁并法院，近代法制改革的推动力很可能不足。

中外学者过去多认为"无讼"是中国社会的传统，随着学者不断发掘、利用诸如四川巴县等地基层诉讼档案进行学术研究，中国传统社会诉讼不多的陈说似乎被"颠覆"，夫马进、黄宗智等学者重新审视了中国诉讼状况，甚至转而把中国社会与"健讼"联系在一起了。中国传统社会的诉讼状况是否已经清晰？近代中国开始法制改革之后的诉讼状况到底如何？北洋时期基层诉讼规模显示的是"无讼"、"健讼"，抑或其他特征？面对如许规模的案件，司法机关的结案率又如何？

学界基于中国社会诉讼的特征提出了众多的论题，大部分论题把"无讼"或是"健讼"作为其论证的前提和起点，不过多不检视该前提是否已经足够准确而无须论证。断定中国社会为"无讼"抑或"健讼"最基本的证据是诉讼案件数量的多寡。由于资料残缺等因素，弄清楚中国古代社会诉讼案件数量绝非易事，根据只言片语断定诉讼案件数量多寡并推论中国

社会为"无讼"抑或"健讼",很可能得出轻率的结论。更有甚者以此为基础进一步探究中国"无讼"抑或"健讼"的根源,阐述其影响等,这往往在无的放矢。只有少数学者从检讨诉讼规模出发分析相关论题。

20世纪90年代,夫马进利用官箴书等资料说明中国社会存在"健讼"之风,讼师就是在这样的社会中成长起来的。① 在2011年出版的《中国诉讼社会史研究》中,他通过"巴县档案"分析了诉讼案件数量,并以此作为诉讼社会存在的有力证据。近二十年来,夫马进不断发掘新资料,对中国社会的诉讼规模做出了有益的探索。黄宗智除了参考夫马进提到的某些资料外,还利用宝坻县1833—1881年的《词讼案件簿》和1927年顺义县的《民事案件月报表》,推进了对县衙门诉讼规模的估计。他也认为清代一定程度上具有健讼性,并进而指出,官方法律在绝大多数人的一生中扮演着十分重要的角色,本分的农民并不害怕依靠衙门解决纠纷,保护自身权利。② 俞江对清末奉天等地受理案件进行了简单估计,也增进了对州县诉讼规模的理解。③

夫马进等学者重点研究了清代基层诉讼的规模,学界对民国,尤其是对北洋时期基层诉讼规模的研究还相当薄弱,仅有付海晏等学者对1929~1949年鄂东民事诉讼概况进行了分析,④ 该领域至今仍有巨大的研究空间。

学界对清代及陕甘宁边区时期基层诉讼中的审断问题已经展开了研究,取得不少成果。滋贺秀三与黄宗智围绕中国传统司法的性质展开了针锋相对的争论,他们争论的焦点之一为中国基层司法是否依律判案,里赞等也对晚清州县诉讼中的审断进行了研究。⑤ 胡永恒则对陕甘宁边区司法是否依律办案进行了研究。⑥ 对北洋时期基层司法的个案研究尚未见有分量的成

---

① 参见夫马进《明清时代的讼师与诉讼制度》,滋贺秀三等著,王亚新、梁治平编《明清时期的民事审判与民间契约》,法律出版社,1998,第391~395页。
② 参见黄宗智《清代的法律、社会与文化:民法的表达与实践》,法律出版社,1998,第162~172页。
③ 参见俞江《近代中国的法律与学术》,北京大学出版社,2009,第263~264页。
④ 付海晏:《变动社会中的法律秩序——1929~1949年鄂东民事诉讼案例研究》,华中师范大学出版社,2010。
⑤ 对上述交锋的介绍甚多,最近对州县审断问题研究状况较为详细的评述参见里赞的《晚清州县诉讼中的审断问题:侧重四川南部县的实践》(法律出版社,2010)。
⑥ 胡永恒:《陕甘宁边区民事审判中对六法全书的援用——基于边区高等法院档案的考察》,《近代史研究》2012年第1期。

果。已有评论文章从不同角度对黄宗智与滋贺秀三等人所用材料、所持立场与观点进行了解说，但对其立论基础仍缺乏应有的深入反思。

要准确研究诉讼的规模与效率，必须知道一个时段里完整的受理案件数、已结案件数等。北洋时期顺义县的相关档案、山西和浙江等省的司法统计和全国性的"民、刑统计年报"为比较准确地研究基层诉讼的规模与效率提供了资料基础。本文即利用上述资料分析北洋时期基层诉讼的规模与效率，并以此为基础探讨中国近代基层诉讼的状况及法制转型的动因。

一 清代基层诉讼规模的推算与评估

北洋时期基层诉讼规模本身就能反映当时的诉讼状况，不过将其放入长时段进行考察，以清代的诉讼规模作为参照，更能凸显其特征。清代诉讼规模到底达到了什么程度呢？

夫马进和黄宗智等学者根据清代的张我观、蓝鼎元、汪辉祖、梁章钜、阮本焱、钱祥保、樊增祥等当事人对清代州县收受词状等情况进行的记述，以及对巴县等处档案中诉讼案件的记录，推算了清代州县诉讼的规模。[①]

夫马进对中国社会诉讼规模的研究就资料而言可以分为两个阶段。20世纪90年代的文章中，他主要根据官箴书和地方官的私人记载推算了一些地方的诉讼规模。他根据康熙末年曾任浙江省会稽县知县的张我观所提供材料推算：每天收受一百多份呈词（夫马进把一百数十余纸理解为150份），假定三八放告，八月一日到次年三月末的 8 个月为告期，每次收受150 份，一个月收 900 份，8 个月共收 7200 份。[②] 夫马进又根据乾隆五十二年（1787）任湖南省宁远县知县的汪辉祖所提供的资料进行了估算：每天

---

① 夫马进的估计参见滋贺秀三等著，王亚新、梁治平编《明清时期的民事审判与民间契约》，第 391~395 页。黄宗智的估计参见《清代的法律、社会与文化：民法的表达与实践》，第 162~172 页。为了便于核实他们的估计，以下讨论注明其所引材料。
② "本县于每日收受词状一百数十余纸，即焚膏批阅，其间或有片纸率书，字迹潦草，或叙述情节语句支离，或有田地婚姻一无凭据，或有原被证佐并不列名，或架重大之情而诳听，或攦琐屑之事而渎呈，或一事而进数十之续词，或一词而赘无干之节略，或翻旧案而捏造新题，或代旁人而称亲切己，大都影响不少虚词，究之实迹，真情十无一二。"参见张我观《覆瓮集》刑名卷一《颁设状式等事》（康熙五十九年三月），第3页。另，一纸通常指一份状纸。

收受 200 份词状,三八收受,则一年间收 9600 多份;① 每天应准新案总不过 10 件,则 48 天告期,至少涉及原告和被告各 480 人,共 960 人;② 宁远县约 23366 户,每年约有千人参与诉讼。他认为这只是实际数目的一部分,实际上远比这一数字多得多。

在 2011 年出版的《中国诉讼社会史研究》中,夫马进对同治时期"巴县档案"进行了卓有成效的考证。他指出,巴县平均每年新提起的诉讼案件数为 1000~1400 件;每年大约每 40 户或 60 户中有一户提起新的诉讼。

黄宗智认为蓝鼎元的记载与实情相去甚远:一天收 1500 件词状,每三日一放告,一个月放告当有 9 次,则每月收词状 13500 件,一年 108000 件;③ 即使新官司与所收词状的之比为一比二十多,每年也有 5400 个案子,这仍显夸张。

相较之下,黄宗智认为汪辉祖所提供的一些资料较为可信。他还利用清代后期的梁章钜、④ 阮本焱、⑤ 钱祥保等人提供的资料推算了诉讼规模。光绪年间在河南当县令的钱祥保在夏天到任,半年一共讯结 130 起自理词讼,其中一半是前任积案。全年 8 个月告期,后半年有 5 个月,黄宗智把

---

① "三八收辞,日不下二百余纸。"参见汪辉祖《病榻梦痕录》卷下,《续修四库全书》史部第 554~555 册,上海古籍出版社,2002,第 9 页。汪辉祖(1730~1807 年),字焕曾,号龙庄、归庐,浙江绍兴萧山县人。乾隆三十三年举于乡,四十年成进士。早岁游幕,后任湖南宁远县知县。著有《病榻梦痕录》、《学治说赘》等。
② "邑虽健讼,初到时词多,然应准新词每日总不过十纸,余皆诉词催词而已。"参见汪辉祖《学治说赘》,《续修四库全书》史部第 755 册,上海古籍出版社,2002,第 3 页。
③ "每三日一放告,收词状一二千楮,即当极少之日,亦一千二三百楮以上。"参见蓝鼎元《五营兵食》,《鹿洲公案》卷上,雍正己酉年,第 10 页。蓝鼎元(1680~1733 年),字玉霖,别字任庵,号鹿洲,福建漳浦人。清康熙末年,蓝鼎元随堂兄南澳总兵蓝廷珍入台平定朱一贵之乱。雍正间特授广东普宁知县,再兼署潮阳知县,后特授为广州府知府。
④ "讼牒虽多,每日所进,能过百纸乎?百纸中其待理者能过十事乎?每日记十事,未为难也。次日再受百纸,大半覆词,其应记者又减十而五矣。"梁章钜:《退庵随笔》卷五《官常二》,沈云龙主编《近代中国史料丛刊》,台北:文海出版社,1966,第 5 页。梁章钜(1775~1849 年),字闳中、茝林,号茝邻,晚年自号退庵,祖籍长乐。任礼部主事、荆州知府兼荆宜施道、淮海河务兵备道、江苏按察使、两江总督兼两淮盐政。著有《枢垣纪略》、《退庵随笔》等。
⑤ "词讼甚繁,除拦舆报词不计外,三八期呈,每期约六七十纸,京控上控之多,甲于淮属。"阮本焱:《覆两江曾宫保爵帅查询地方事宜禀》,《求牧刍言》卷三,沈云龙主编《近代中国史料丛刊》,台北:文海出版社,1968,第 9 页。阮本焱(1848~1906 年),字晋朋,浙江余姚人。光绪年间曾任阜宁县知县,著有《求牧刍言》等。

130 件当作全年总数的 5/8，从而推算出一年大约有 200 个案子。① 由此，每年新受理的民事案件在 200～500 件的范围，而词状总数可能十倍于此。黄宗智统计了《樊山政书》中陕西各县衙门每月审结细事案件数目，平均每月为 5 件。他又根据樊增祥所称"讼案按月册报者不过十之三四"，而推算大多数县实际处理案件应为每月 15 件或每年 180 件。

黄宗智所引用的宝坻《词讼案件簿》显示，平均每年处理的民事诉讼不足 9 件，所有案件之和也不足 39 件。他再次引用樊增祥的看法，"讼案按月册报者不过十之三四"，估计宝坻县处理的民事案件实际数，应是上报数的三至四倍，即一年 50 件左右。

黄宗智的结论是，清代后半期，县衙门每年处理 50～500 个民事案子，好些县可能每年在 100～200 件，平均每年有 150 件左右。

关于清代诉讼规模，黄宗智等人的推算也存在不少值得商榷之处。

首先，民事案件数与案件总数混淆不清。清末司法改革之前的诉讼是不分民刑的，除非知道具体案情，否则很难把清代诉讼与民事或刑事案件对应。黄宗智所引张我观、蓝鼎元、汪辉祖、梁章钜、阮本焱、钱祥保等人记述的诉讼资料就难以区分出民刑，《樊山政书》中陕西各县衙门每月审结细事案件也不能全部归入今天意义上的民事案件。因此，他一再强调他所估算的是清代后半期县衙门每年处理的"民事"案件数目。我以为黄宗智引用的那些数据全部归入民事案件是不准确的，不少案件包括了今天意义上的民事和刑事，把它们当作县衙门处理案件的总数更合理。

其次，黄宗智的一些具体计算方式也值得商榷。比如，他分析汪辉祖、钱祥保等人提供的资料后指出，每年新受理的民事案件在 200～500 件的范围。这个 200 件很可能从是钱祥保的记述而来，500 件则可能从汪辉祖的记述而来。钱祥保处理的案件一半是前任积案，另一半为下半年自己新收。

---

① "卑县民情刁诈，词讼繁多，平时告期呈称每次不下一百三十张，而上控之案亦复络绎不绝……卑职于去夏到任后每遇三八放告，当堂收呈，亲核准驳，立予批示。控涉虚诬者，严究主唆，扣留撤讯；讼棍则照例拟办；书差则尽法惩创……半载以来，业将前任积案次第清结过半，近届程期，新旧呈状，每次不过四五十张，较之往昔竟已大减。所有讯结上控自理各案除上控情节较重者已专案另禀请销，自理已按月归入八项月报过者不计外，其余未禀未报之案截止年底计共讯结一百三十起，其中半属前任旧案。"钱祥保：《讯结上控自理各案除专案禀报不计外，现又拟结一百三十起，摘叙节略汇请核示禀》，《谤书》卷四，沈云龙主编《近代中国史料丛刊续编》，台北：文海出版社，1976，第 14 页。

如果讯结新收约 65 件占全年总数的 5/8，则全年讯结新受理的案子就少了一半，变成了 100 件左右，而不是 200 件。黄宗智在此没有区分清楚，到底是估算新收案件数还是县衙门处理的总案件数，抑或讯结案件数。由钱祥保的记述简单地理解为年新收案件 200 件则是不准确的。

再如黄宗智根据樊增祥所称"讼案按月册报者不过十之三四"推测了陕西和宝坻县处理的民事案件实际数。估算陕西情况时"十之三四"理解为 35%，所报数的 3 倍即应达到实际数；估算宝坻县案件时对"十之三四"理解略有不同，他认为宝坻实际数应是上报数的 3～4 倍。即便按照 4 倍算，平均每年 8.7 件的 4 倍也是 35 件左右，而不是 50 件左右。按照 3 倍算，才 26 件左右。黄宗智所称县衙门每年处理 50～500 个民事案子，这 50 个民事案件大约是根据他对宝坻县实际处理民事案件的估计。问题还不仅仅在于计算标准不统一，一个按 3 倍算，一个按 4 倍算；还在于对"讼案按月册报者不过十之三四"的理解可能有误。黄宗智理解为一些州县从所有讼案中选取了其中的"十之三四"上报；樊增祥的原意可能是指按时上报的州县不过"十之三四"。樊增祥批示原文为："通计各属，讼案按月册报者不过十之三四，其余非害羞即脱滑。昔人谓丈夫见客大踏步就出去，女子便有许多做作。凡不造月报册者是自谓不成丈夫也。"① 很明显，这里主要讨论各州县是否"造"月报册，是否"按月"上报，而不是讲月报册中案件数目多报少报方面的事。

那么，该如何看待清代的诉讼规模呢？

有一些关于诉讼案件数的记载可能夸大其词。如蓝鼎元所记每日收词状一两千份是天文数字，难以从中估计一个可信的新收案件数目；关于乾隆年间湖南各州县每次收呈词超过千份，也同样难以令人置信。

也有一些记载比较模糊。状纸数通常并不等同于案件数，一个案件对应 10 份状纸，还是 20 份状纸，抑或其他数目的状纸，各个时期各个地方可能都不太一样。根据状纸数推算案件数是不得已的办法，只能了解其大概情形。在告期，张我观每天收受 100 多份呈词；阮本焱每期收六七十份状

---

① 樊增祥：《樊山政书》卷十三之《批城固县易令词讼册》，《官箴书集成》第 10 册，黄山出版社，1997，第 277 页。樊增祥（1846～1931 年），原名樊嘉，又名樊增，字嘉父，别字樊山，号云门，晚号天琴老人，湖北省恩施人，进士。历任渭南知县、陕西布政使、护理两江总督。袁世凯执政时，为参政院参政。著有《樊山政书》等。

纸；钱祥保每次所收从上任初期一百三四十张降到后来的四五十张；梁章钜甚至怀疑一天能收呈词 100 份。汪辉祖每天收 200 份词状，高于张我观、阮本焱、钱祥保和梁章钜等人提供的数据。汪辉祖每日所准新词不过 10 件，数目仍然不少，但一年准理新案四五百件毕竟也是可能的。

《樊山政书》中月报册所反映的是陕西各县每月案件数，黄宗智估计每月为 5 件。樊增祥指出，"各属月报册大抵三两案居多，本司是过来人，岂不知某州某县每月当有若干案，其少报者盖亦有故……其向不造月报册及隔数月始报两三案者，本司必有以报之"。① 樊增祥作为过来人对少报情形是心知肚明的。不过到底少报了多少，我们却不得而知。

关于一个县年收新案件数，目前为止仅有夫马进根据"巴县档案"和黄宗智根据宝坻县档案中《词讼案件簿》研究得出的数据比较准确。

总之，对清代各州县诉讼规模的研究基本处于推测、估算状况。如果将上述数据进行排列，则可以看到：宝坻县平均每年受理各类案件总数约 39 件，平均每月 3 件左右，这其实与《樊山政书》所记载的情况非常接近，宝坻《词讼案件簿》与《樊山政书》所反映的案件数都相当低；在河南做县令时钱祥保在 5 个月的告期共讯结自己新收的案件 65 件，则一年 8 个月告期内讯结新案 100 件左右，讯结案件通常少于所收新案，故该县年新收案件数可能还多于 100 件；汪辉祖任宁远县令时一年所准新案约 480 件；巴县平均每年新提起的诉讼案件数为 1000～1400 件。

各县每年所收新案从几十件至一千多件不等，把几个跨越时空的州县诉讼规模排列在一起很难确定多数州县一年新收案件是不足百件，还是有 100 多件；是 500 多件，还是 1000 多件。若从巴县诉讼案件数看，中国社会似乎比较"健讼"；若从宝坻《词讼案件簿》与《樊山政书》所反映的案件数看，当时根本不存在什么"健讼"；若从湖南诉讼情形看，中国既不是"无讼"的社会，离"健讼"也有一定差距。到底哪种诉讼规模最能反映中国多数县的主体特征，我们仍不得而知。

巴县和宝坻县等在 19 世纪后期的诉讼规模已经能较为准确地知晓，但全国多数州县诉讼规模至今仍难以清晰再现。要比较清晰准确地勾勒出历

---

① 樊增祥：《樊山政书》卷十二之《批石泉县词讼册》，《官箴书集成》第 10 册，第 259～260 页。

史上基层诉讼的规模，恐怕还是需要从重建史实入手。

二 北洋时期基层诉讼的规模

北洋时期留存的诉讼统计资料较之清代大为丰富。司法部的民事、刑事统计年报记载了1914~1923年全国地方厅新收第一审案件数据，而北洋时期顺义县、山西和浙江等省的诉讼统计资料还记载了未设法院各县所收案件的情况，这为我们清晰再现当时诉讼规模提供了条件。司法机关处理案件包括旧受与新收两部分，在此通过新收案件探讨该地新发生案件的规模。

（1）顺义县的诉讼规模

通常以年或月来统计所收案件的数目。1923年3月至1928年顺义县新收案件有3年在136件至157件之间，有两年分别为212件、244件，另有一年为318件（见图1）。在这70个月里，顺义县司法机关新收的诉讼案件有1222件，其中刑事有443件，民事779件；平均每年约209件，平均每月新收诉讼案件约17件，其中包括刑事约6件，民事约11件。

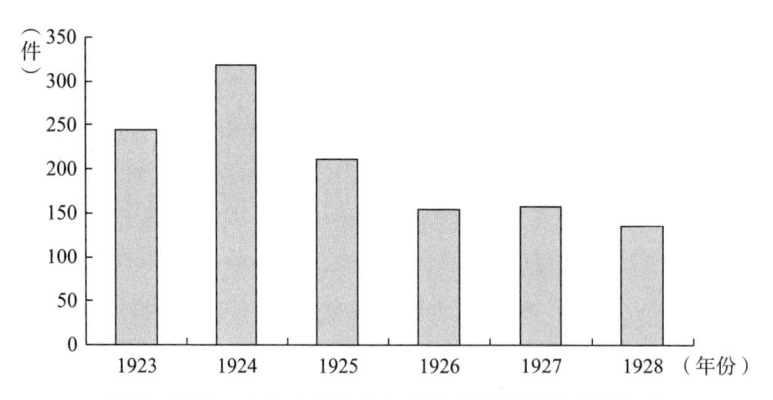

图1 1923~1928年顺义县年新收民刑事诉讼案件数目

数据来源：根据表1"新收"栏相关数据制作。

顺义县档案中有1925~1927年比较详细的"诉讼月报表"，它显示，36个月里月收新案10件以下的有14个月，月10~20件的有16个月（见图2、图3）。即有30个月新收案件都在20件以下（含20件），30个月在36个月中占83%，故可以说绝大多数月份新收案件在20件以下。

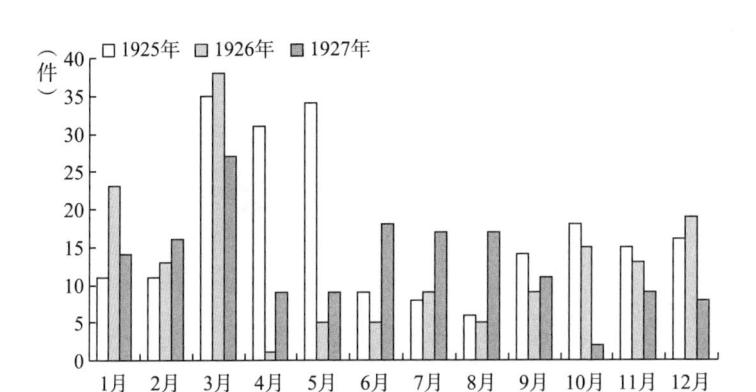

图 2　1925～1927 年顺义县月新收民刑事诉讼案件数目

数据来源：根据表 2 "新收"栏相关数据制作。

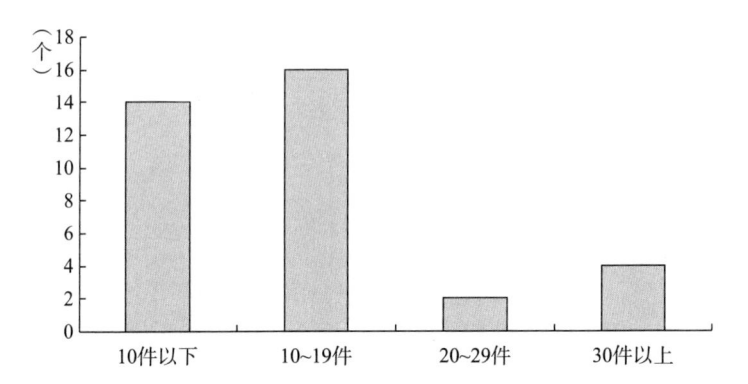

图 3　1925～1927 年顺义县新收民刑事诉讼案件之月数分布

数据来源：根据表 3 "月新收"栏相关数据制作。

每年或者每月新收案件数目本身就反映了该县的诉讼规模，如果将新收案件数目与该县户口、人口相比较则能更准确地描述出其诉讼规模。

1916 年，京兆筹备自治，顺义县添城治为一区，合旧有 10 路，共为 11 区。1928 年，重划新区，有 1 城 4 镇 8 区 276 村。据 1931 年调查，顺义县共 31170 户 165521 人。① 顺义每月平均新收案件 17 件，则约 16 村 1834 户 9737 人中每月会有 1 个案件。平均每年约 209 件，则每万户每年发生的案件约 67 件，平均每 149 户每年发生 1 件案件。（顺义县诉讼规模的数据详见

---

① 民国《顺义县志》，北京图书馆出版社，1998 年重印，第 107 页。这段时间顺义县人口没有发生剧烈变化，故此数据可以作为估计前几年诉讼规模的参考。

表1、表2、表3）

(2) 山西省各地的诉讼规模

《山西省政治统计·司法之部》中1918年统计表缺乏各县第一审资料，比较完整的各县第一审诉讼统计始于1919年。山西有104县未设法院，由于涉及的县较多，不便对各县情况一一加以说明，在此从两个方面分析其诉讼规模。一是计算各年厅县新收案件的平均值，二是分析不同诉讼规模的县数及其占全省总县数的比例。

1919～1926年，太原地方厅及山西省第一和第二高等分厅附设地方庭的每厅年均所收民刑案件在1014～1851件。① 山西全省未设审判厅的104县各年所收民刑案件总数在27266～46139件，每县年均262～443件，8年总平均数约386件。山西的地方厅平均诉讼规模为各县的三四倍（见图4）。

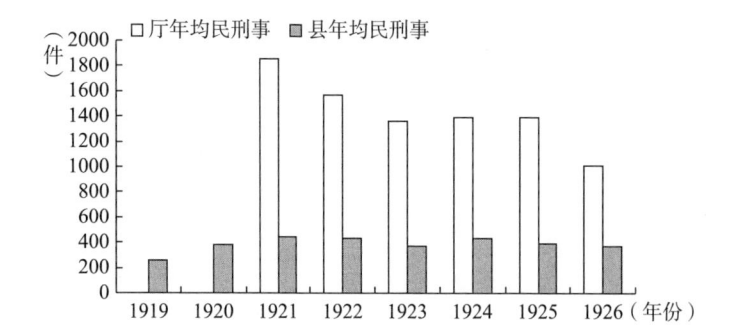

图4　1919～1926年山西省各厅县新收民刑第一审案件数目

数据来源：根据表4"厅年均民刑事"和表5"县年均民刑事"栏相关数据制作。

1920～1926年，民刑事案件总数与该年户口数相比可知，每万户发生案件数166～204件，7年总平均数约176件（见图5）。

顺义县每万户每年发生的案件约67件，其诉讼规模远在山西省各县的平均水平之下。②

1919～1926年山西省各诉讼规模的县分布如图6所示：

---

① 1919年、1920年数据暂未计入。以下缺数据年份亦不计入统计范围，不再一一说明。
② 夫马进估计同治年间巴县约126600户，年均新案1000～1400件，假定每一案件有原告与被告各一户，则每年大约40户或60户中发生一起讼案。本论文以为难以分清讼案究竟发生在各户之间，还是户内，故笼统以户数除以案件数，为每90～127户发生一起讼案；以案件数除以户数，再乘以10000，为每万户发生案件79～111起。夫马进：《中国诉讼社会史概论》，《中国古代法律文献研究》第6辑，社会科学出版社，2012，第50～53页。

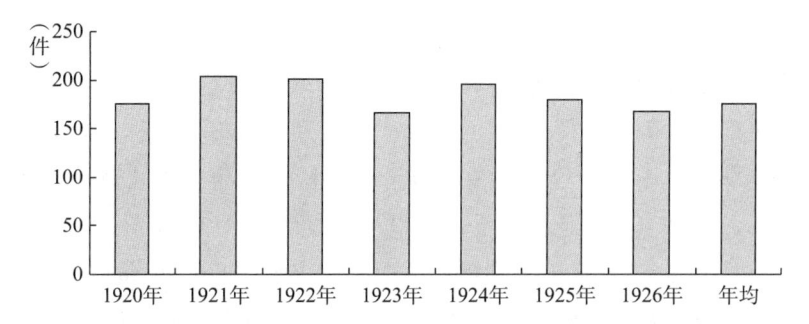

图5　1920~1926年山西省各县每万户年均新收民刑第一审案件数目

数据来源：根据表5"每万户年均案件数"栏相关数据制作。

新收案件 100~200 件、200~300 件和 500~1000 件的县较多。新收 200~300 件的县，各年分别为 18~32 个不等，分别占全省 104 县的 17%~31%；年均约占 23%。新收 100~200 件的县，各年为 9~39 个，占 9%~38%；年均约占 21%。新收 500~1000 件的县，各年为 12~34 个，占 12%~33%；年均约占 23%。新收 300~400 件的县次之。各年为 12~27 个，占 12%~26%；年均约占 18%。新收 400~500 件的县又次之，各年为 4~14 个，占 4%~13%；年均约占 10%。各年新收 100 件以下和 1000 件以上的县最少。新收 100 件以下的县，各年为 1~5 个，占 1%~5%；年均约占 2%。新收 1000 件以上的县，各年最多有 6 个，所占比例在 6% 以下，年均约占 2%。

山西省大部分县新收案件为 100~400 件。这样的县各年为 53~83 个，占 51%~80%；年均约占 62%。（详见表4、表5、表6）

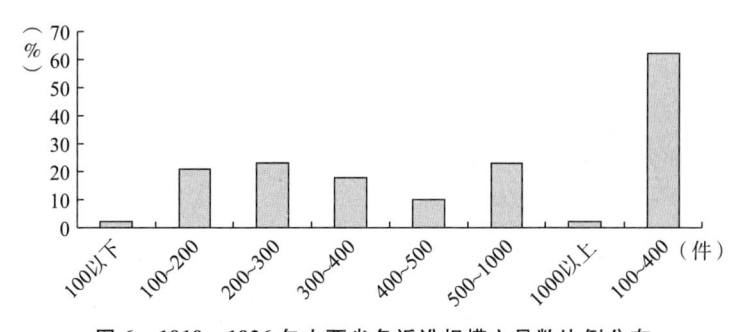

图6　1919~1926年山西省各诉讼规模之县数比例分布

说明：图中所有节点数字均算入后一项，如 100~200、200~300 两项中，节点数字 200 算入 200~300 项中，后文图、表中亦如此，不再一一说明。

数据来源：根据表6"综计"栏相关数据制作。

除了《山西省政治统计·司法之部》，山西省兴县地方志记载了该县1919年前的诉讼数据。兴县1917年新收民刑案件112件，月均9件；1918年新收民刑案件为131件，月均11件。兴县县知事石荣暲称，兴县地方偏僻，民情朴素，不喜争讼，之前几有讼庭草绿，囹圄空虚之慨；近则生活程度渐高，交易事务繁赜，讼事日增。① 由此可知，1917年前兴县月新收案件数可能尚不足11件。（详见表7）兴县当时有20470户，89672人，② 每万户每年发生的案件60件左右。顺义县与兴县的诉讼规模比较接近。

（3）浙江省各地的诉讼规模

1922~1924年，浙江全省共有杭州等11处设有地方厅或地方分庭。各地方厅每年所收案件多在500件以上。三年中，分别有91%、82%、73%的地方厅收案在500件以上。每地方厅年均新收案件为1040件、908件、753件，年均约900件。三年中浙江省未设法院64县所收民刑案件总数分别为32716件、30686件和29798件，每县年均约511件、480件和466件，年均约486件。地方厅的平均诉讼规模为未设法院各县的两倍左右（见图7）。

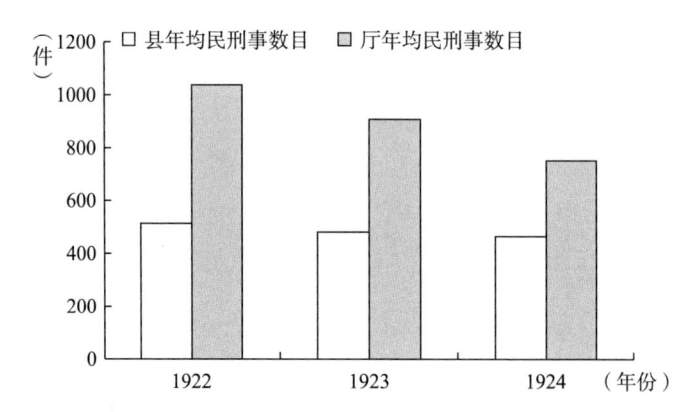

图7　1922~1924年浙江省地方厅与各县新收民刑第一审案件

数据来源：根据表8"厅均"和表10"县均民刑事"栏相关数据制作。

由图8可知，未设审判厅各县每年新收案件数多为200~400件。这样诉讼规模的县，占全省总县数的45%~48%。年收500~1000件的县也为

---

① 参见民国（1927年）《合河政纪》卷二《司法篇》。
② 参见民国（1927年）《合河政纪》卷一《内务篇·户口》。

数不少，有 16~19 个，占 25%~30%。再次为年收 100~200 件和 400~500 件的县。年收 100 到 200 件的有 5~6 个，占 8%~9%；年收 400~500 件的有 4~7 个，占 6%~11%。年收 100 件以下和 1000 件以上的县最少。三年都只有 1 个县年收 100 件以下，所占比例约 2%；年收 1000 件以上的县一年通常有四五个，占 6%~8%。（详见表 8、表 9、表 10、表 11）

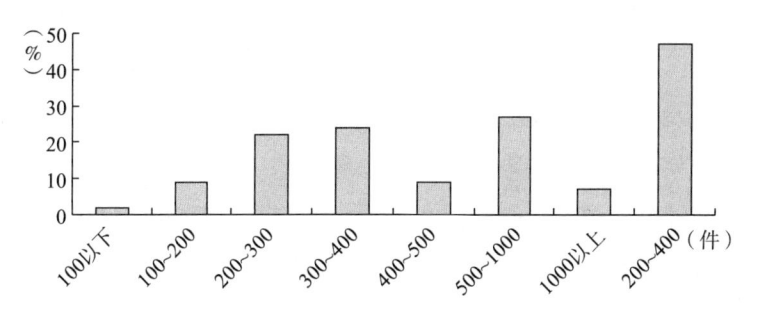

图 8　1922~1924 年浙江省各诉讼规模之县数比例分布

数据来源：根据表 11 "综计" 栏相关数据制作。

（4）全国地方厅的诉讼规模

1914~1923 年司法部的 "民、刑统计年报" 记载了全国绝大多数地方厅第一审案件受理情况。

北洋时期各年都在新建与裁撤一些地方厅，而且南北政治分立等因素也导致各年往往有不同的地方厅在向司法部上报诉讼统计数据，因此用统计表中年收新案的总数目来分析诉讼规模的变化时存在不准确之处，而用厅年收新案的平均数目则较为准确。新收第一审案件总数除以相应的地方厅数即得到该年地方厅新收案件的平均数。各年各地方厅新收民事案件平均为 536~629 件；新收刑事案件平均 493~789 件；新收民刑案件总数平均为 1000~1400 件，其中有 5 年都是 1100 多件（见图 9），这 10 年总年平数约 1153 件。

为了较为准确地掌握各地方厅新收第一审民刑案件数目，需要进一步考察各诉讼规模的地方厅分布情况。绥远等特别区的案件数极少是显而易见的，不需论证，故在此仅考察各省地方厅的情况。统计的范围不包括绥远、热河、察哈尔和东省[①]等特别区域。当时民刑统计是分别统计的，少数

---

① 东省铁路界内为诉讼上便利起见定为东省特别区域，严格意义上并不是一个独立行政单位，当时的司法统计经常把它与其他省区并列。

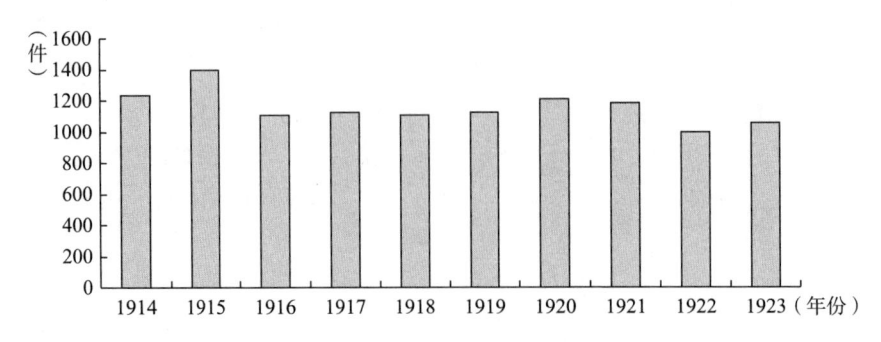

图 9　1914~1923 年全国地方厅新收民刑第一审案件数目

数据来源：根据表 12 "厅年均民刑" 栏相关数据制作。

年份有几个司法机关的民刑数据并不完全匹配，有的仅有民事统计，有的仅有刑事统计，为了便于分析而将这几个地方厅的数据也剔除掉。它们是 1914 年的蒙自地方厅和上海地方分庭，1916 年的广州地方厅，1917 年和 1918 年的长沙地方厅，1922 年的陕西和甘肃第一、第三高等分厅附设地方庭，1923 年的湖北第一高等分厅。除了绥远、热河、察哈尔和东省等特别区域和 1914 年的蒙自等少数地方厅外，统计涉及 1914~1923 年的地方厅 494 年次。

根据图 10，年收 200~1000 件的地方厅较多。共有地方厅 248 次，约占 48%。其中 200~300 件、300~400 件、400~500 件、500~600 件、600~700 件、700~800 件、800~900 件、900~1000 件的地方厅各有 21~40 次不等，各占 5%~8%。年收 1000~1500 件的地方厅次之，有 101 次，占 20%。年收 1500~2000 件和 2000 件以上的地方厅又次之。1500~2000 件的地方厅有 61 次，约占 12%。2000 件以上的地方厅有 71 次，占 14%。年收 200 件以下的地方厅最少，10 年内共涉及地方厅 13 次，平均一年约有一个这样的地方厅。（详见表 12、表 13）

综合比较上述顺义县、山西、浙江和全国地方厅的诉讼规模可知，各地各类司法机关诉讼规模存在多样性。

首先，每年各省审判厅通常比未设法院各县新收第一审案件数要多。前已论及山西与浙江全省的地方厅平均诉讼规模都大于该省各县，以全国地方厅平均诉讼规模与山西、浙江各县平均诉讼规模相比较也是如此。1922 年和 1923 年，山西、浙江省的各县与全国地方厅都有诉讼统计数据。1922

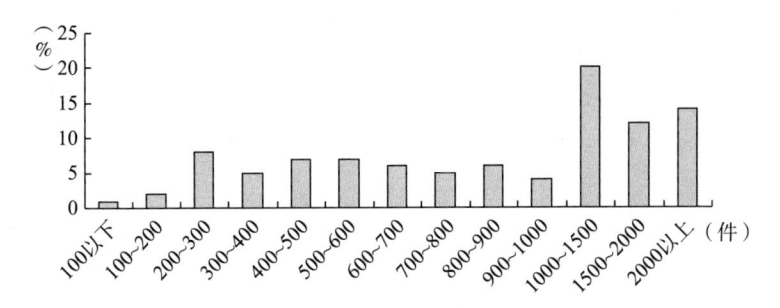

图 10　1914~1923 年全国各诉讼规模之地方厅次比例分布

数据来源：根据表 13 "比例" 栏相关数据制作。

年，山西省各县平均新收民刑案件约 437 件，浙江省各县约 511 件，全国各地方厅年均约 1000 件；1923 年，山西省各县平均新收民刑案件约 373 件，浙江省各县约 480 件，全国各地方厅年均约 1058 件。全国地方厅的诉讼规模为山西和浙江省各县的两三倍。

其次，全国地方厅与未设法院各县两套司法系统内部诉讼规模不同。全国不同地方厅的诉讼规模存在不同的层次；山西、浙江等未设法院的各县，其诉讼规模也各不相同。无论是山西和浙江省的各县，还是全国地方厅，每年所收案件数目从几十件到上千件不等的司法机关都存在。

最后，就各县诉讼规模而言，山西与浙江也有地域差别。1922~1924 年，浙江和山西都有诉讼统计数据，比较两组数据可以发现浙江与山西两省各县新收案件数目的差别。1922 年和 1923 年各县年均收案数是浙江高于山西。1924 年亦然，山西省各县平均新收民刑案件约 430 件，浙江省各县约 466 件。

不同诉讼规模之县的分布也可发现浙江与山西的差别。由于山西各县 1922 年的收案数分布与其他各年有较大的差别，① 在此仅比较 1923 年和 1924 年浙江与山西的情况。浙江与山西都有 60% 以上的县年收新案 100~500 件。年收案 100~200 件和 200~300 件的县数占全省比例都是山西高于浙江；而 300~400 件和 400~500 件的县数占全省的比例则是浙江高于山西。浙江省各县新案件数总体上是高于山西各县。

---

① 与其他各年相比较，该年新收案件 100~200 件和 200~300 件的县较少，而 300~400 件和 400~500 件的县较多。

在看到诉讼规模多样性的同时，还需注意诉讼规模的主要特征。

山西、浙江等省多数县每年新收第一审民刑案件在100～400件。山西省104县中年新收第一审民刑案件100～300件的县居多，各县年均新收案件数三四百件。浙江64县中年新收第一审民刑案件200～400件的县较多，各县年均新收案件数四五百件。与山西、浙江省各县相比，顺义县的收案数属于中等偏下。全国各地方厅平均每年新收第一审民刑案件1100多件。

顺义县这样的一个县，年均收案200件左右，平均约两天才收到1件新案，它"好讼"、"健讼"吗？即便是案件较多的浙江各县，多数县年收新案也在400件以下，每天新收一件左右，也称不上"健讼"。北洋时期建有地方厅的地方多为省会、繁盛商埠以及旧府治所在地，这些繁盛之地人多事繁，容易发生纠纷。按理这些地方案件是比较多的，然而10年中每年新收第一审民刑案件1000件以下的地方厅有261次，约占53%；1000件以上的地方厅有233次，约占46%。仍有一半多的地方厅年新收第一审民刑案件在1000件以下，每天不足3件，这些地方似乎也不属于"健讼"。

诸如顺义这样的县，每年收案200来件，称不上"无讼"的社会。何况山西和浙江还有不少县所收案件都比顺义多，更不用说设有审判厅的地方了。

从山西和浙江两省来看，年收案在几十件和几千件的县所占比例通常不到10%，"好讼"与"无讼"不过是人们描述中国社会诉讼状况的两个极端罢了。学者有意无意都在以那些仅仅居于少数地位的极端"好讼"与"无讼"之县代表中国社会，而忘却、忽略了主体部分。中国社会既不是"好讼"的，也不是"无讼"的。多数地方处于"好讼"与"无讼"这两个极端中间。

讼案的多少固然会受到司法制度的影响，但主要受各地的社会经济状况、诉讼习惯的影响。社会经济、诉讼习惯的变化相对缓慢，在此所描述的诉讼状况距清朝最近不过数年，多数地方尤其是各县的社会经济、诉讼习惯的变化不至过大，在某种程度上可以作为清代基层诉讼规模的参考。

从巴县的诉讼规模看，清末与北洋时期的确变化不大。巴县地方厅1914年新收民刑案件数为1454件，1916年为1579件，1917年为1584件，

1915年为2960件。夫马进指出，同治年间巴县平均每年新提起的诉讼案件数为1000~1400件。巴县在1914年、1916年和1917年这三年的新收案件数与同治年间十分接近，唯有1915年比同治年间多1倍。①

20世纪30年代，湖北各县月收案件从几件至一百多件不等，多数县在50件以下。② 这与北洋时期浙江等省的诉讼规模差不多，看来北洋时期与国民政府时期的诉讼规模也没有发生较大变化。

三　北洋时期基层诉讼中的结案率

新收案件数目反映了一定时间段内诉讼的规模，面对如许案件，县司法机关处理情况如何呢？他们的办事能力和效率如何，每年、每月到底能结案多少，是否有积案，结案率是多少？

（1）顺义县的结案数与结案率

年受理案件数反映了县司法机关一年里要处理案件的总规模。1923~1928年，顺义县最多的一年受理了359件；有两年受理数为232件和257件；另有3年在154~187件。1925~1927年的诉讼月报表显示，36个月中有26个月受理新旧案件为三十几件或四十几件。受理案件数为三四十件的月份达72%，这是多数月份中县司法机关一个月里要处理案件的规模。

1923~1928年，共结案1217件，包括刑事438件，民事779件。有3年，结案在132~168件，有两年为206件和219件，还有1年结案342件，年均约203件。年结案率有4年在83%~89%，另两年分别为90%、95%。

---

① 夫马进根据田边章秀提供的资料，选择1915年巴县地方厅新收民刑案件数与同治年间进行比较，认为巴县从同治到民国初年的40年间，诉讼案件数增加了2.5倍，并以此为基础讨论了案件激增的原因。参见夫马进《中国诉讼社会史概论》，《中国古代法律文献研究》第6辑，第72~73页。夫马进仅采信1915年的数据，而不采信1914年、1916年和1917年的数据，如果采信这三年的数据，得出的结论可能是同治到民国初年的40年间巴县的诉讼案件数没有激增。1914~1923年"民、刑统计年报"的数据显示1915年全国地方审判厅年均新收民刑案件比较异常，在各年中都是最多的，每厅平均高出其他各年数百件（见表12）。至于为何如此异常，也许与1914年至1915年裁并审检厅、重新划分各司法机关管辖范围有关。因此本论文以为采信1915年数据似不妥。

② 湖北省政府民政厅编《湖北县政概况》（1934年），台北：文海出版社，1990，第14~1620页。付海晏列举了鄂东部分县的诉讼规模。参见氏著《变动社会中的法律秩序——1929~1949年鄂东民事诉讼案例研究》，第64~65页。

刑事案件结案率高于民事，刑事年结案率为95%~100%的有3年，另有3年为85%~87%；民事方面没有一年高于刑事，而且除了1年为95%外，其余5年都是82%~87%（见图11）。

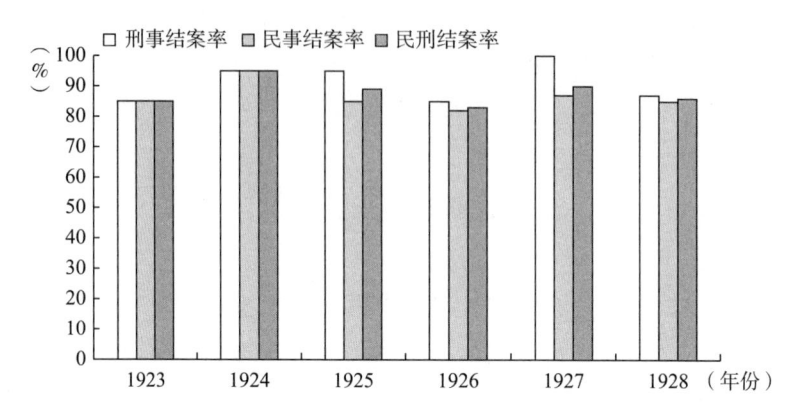

图11 1923~1928年顺义县民刑案件年结案率

数据来源：根据表1"结案率"栏相关数据制作。

月均结案数方面，有4年在11~17件，有两年为22件和29件，各年月均结案约17件（见图12）。1925~1927年的"诉讼月报表"显示，月结案十几件的月份有21个，占36个月的58%，这与各年月均结案约17件十分吻合。月结案几件的月份有9个，占25%。月结案在20件以下的共占83%。

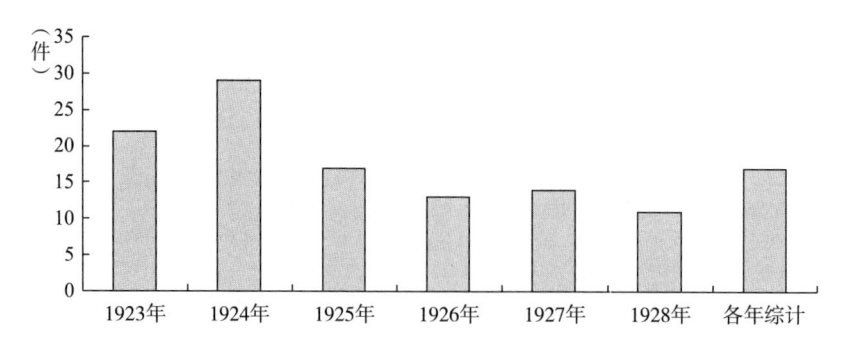

图12 1923~1928年顺义县民刑案件月均结案数

数据来源：根据表1"民刑月均"栏相关数据制作。

由1925~1927年的"诉讼月报表"可以观察到各月结案率。这36个月中结案率为30%~40%的月份最多，有14个月；20%~30%的次之，有10

个月；40%～50%的再次之，有6个月。其他如月结案率在20%以下和50%以上的都比较少。总之，结案率20%～40%的月份是主体，共24个，占全部月份的67%。（详见表1、表2、表3）

顺义县一年受理案件为100多件至300多件不等，年均结案200件左右，年结案率在83%以上。多数月份受理案件数为三四十件，一个月能结案十几件，未结案件二三十件，月结案率多为20%～40%。

（2）山西省厅县的结案数及结案率

1920～1926年，山西104县的年均结案数为369～442件，月均31～37件。1921～1926年，山西省太原地方厅和两所高等分厅附设地方庭的年均结案数为1040～1841件，月均87～153件（见图13、图14）。

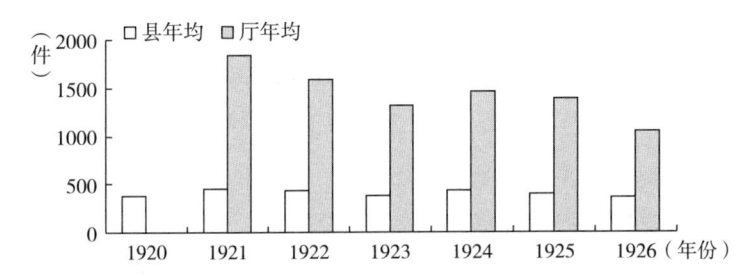

图13　1920～1926年山西省地方厅与各县年结案数

数据来源：根据表14"年均"栏相关数据制作。

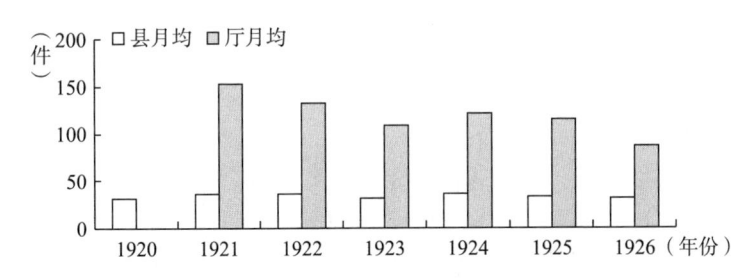

图14　1920～1926年山西省地方厅与各县月结案数

数据来源：根据表14"月均"栏相关数据制作。

山西民事与刑事案件的结案率比较接近。1920～1926年，山西省厅县的民事案件年总结案率分别在97%～98%，刑事案件年总结案率在97%～99%。1920～1926年，绝大多数的县年结案率都在95%以上。104县中至少有80个县的结案率在95%以上，而且多数时间达到90多县，这样的县占全部县数的86%左右。有100个左右的县结案率在90%以上。年结案率在90%以下的县非常少，最多的年份不过9个县而已，多数时间是在5个以下，其所占比例都在9%以下（见图15）。（详见表14、表15）

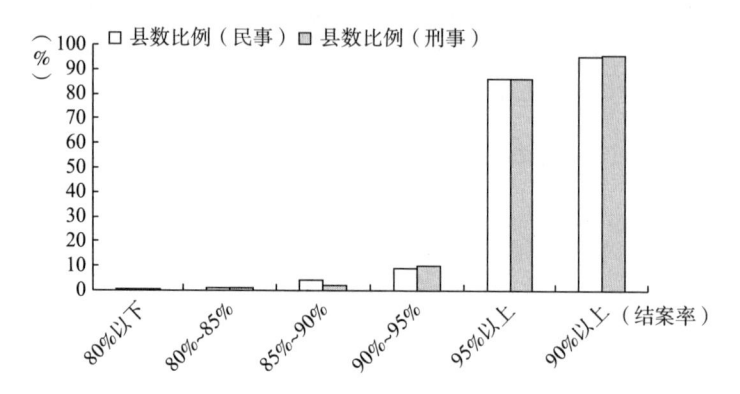

图 15　1920~1926 年山西省各年结案率之县分布

数据来源：根据表15"综计"栏相关数据制作。

（3）全国地方厅的结案数及结案率

全国各地方厅民刑案件平均结案数只有1922年是980件，其他年份为1046~1462件不等。全国各地方厅民刑案件月均结案数有3年为100件以上，分别为100件、105件和121件；有5年为91~99件；有两年在90件以下，分别为81件、87件（见图16、图17）。

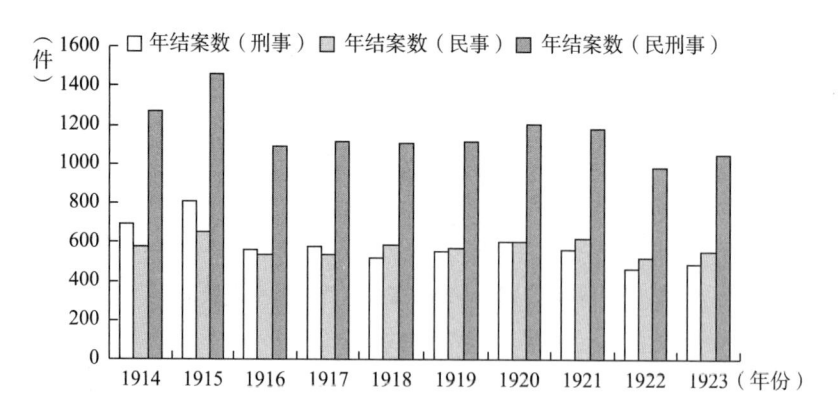

图 16　1914~1923 年全国地方厅民刑事案件第一审年结案数

数据来源：根据表16"年结案数"栏相关数据制作。

全国地方厅民事案件的总结案率在1914~1923年，除了1914年外，其

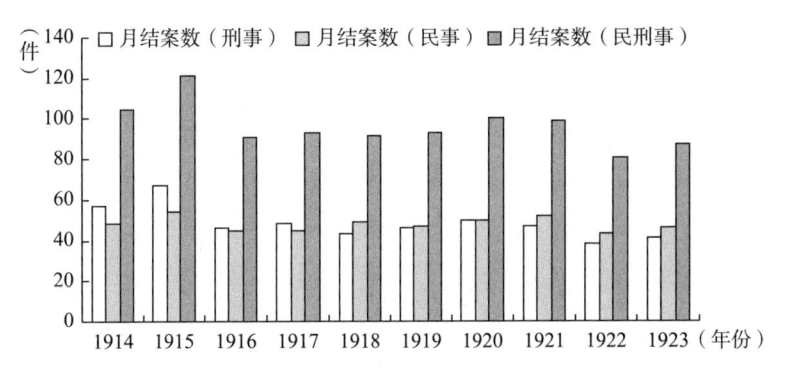

图 17 1914～1923 年全国地方厅民刑事第一审月结案数

数据来源：根据表 16 "月结案数"、"民刑月结案数" 栏相关数据制作。

他各年都在 90% 以上。80% 以上的地方厅结案率都在 90% 以上。10 年中全国地方厅共有 539 次向司法部上报了结案统计。结案率为 90%～95% 的涉及地方厅 138 次，占全部地方厅的 26%；结案率 95% 以上的有 294 次，约占 55%。二者合计为 432 次，占 81%。20% 的地方厅结案率在 90% 以下。结案率为 80%～85% 的有 19 次，将近 4%；结案率为 85%～90% 的有 53 次，将近 10%；结案率在 80% 以下的地方厅有 35 次，约占 6%。只有少数地方厅的结案率低于 80%。

全国地方厅刑事案件的结案率比民事案件更高，各年的总结案率都在 96% 以上。93% 的地方厅结案率在 90% 以上。1914～1923 年，全国地方厅共有 550 次向司法部上报了结案统计。结案率为 90%～95% 的有 56 次，约 10%；95% 以上的有 455 次，约占 83%。二者合计为 511 次，占 93%。全国仅有 7% 的地方厅结案率在 90% 以下。其中结案率在 80% 以下的地方厅有 15 次，约占 3%；80%～85% 的有 7 次，约 1%；85%～90% 的有 17 次，约 3%（见图 18）。（详见表 16、表 17）

无论是山西各县，还是全国地方厅，绝大多数司法机关的刑事案件结案率都比较高。相对而言，全国地方厅的民事案件结案率显得比较低，还有 20% 的地方厅民事案件结案率在 90% 以下。

山西省各县和全国地方厅刑事案件的年结案率非常接近。1920 年和 1921 年全国地方厅的结案率高于山西各县 2%，1922 年和 1923 年二者持平。不过，山西有较大比例的司法机关结案率较高，全国地方厅则略少。

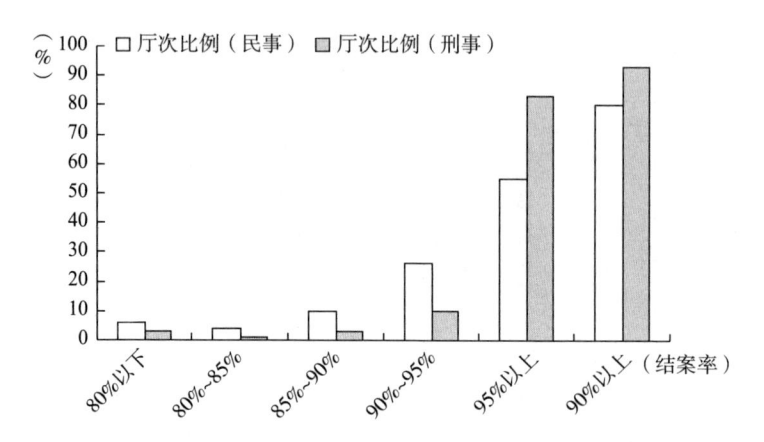

图 18　1914～1923 年全国民刑事第一审各结案率之地方厅分布

数据来源：根据表 17"厅次比例"栏相关数据制作。

山西省 86% 的县、全国 83% 的地方厅结案率达到 95% 以上；山西省 96% 的县、全国 93% 的地方厅结案率在 90% 以上。

山西省各县民事案件结案率高于全国地方厅。1920～1923 年全国地方厅的结案率低于山西各县 3～7 个百分点。而且，山西有较大比例的司法机关结案率较高，全国地方厅则较少。山西省 86% 的县、全国 55% 的地方厅结案率达到 95% 以上；山西省 95% 的县、全国 80% 的地方厅结案率在 90% 以上。二者的差别还是相当明显的。

为何兼理司法各县民事案件结案率高于地方厅？县知事审理简易案件以堂谕代判决为其原因之一。1914 年上半年，开始实行县知事兼理司法。各县积案未理，多托词于制作判词之烦累。迭经广东等省巡按使咨请司法部酌予通融，以堂谕代判决。1914 年 11 月，大总统批准了司法部的方案，将县知事受理案件中民事属于初级管辖，刑事毋庸覆判者划为简易案件，县知事以堂谕代判决。对于堂谕如当事人不声明上诉，准其得径送执行。① 毋庸覆判的案件，应以法定主刑四等有期徒刑以下或罚金不满 500 元者为限。其范围较为狭窄，司法部担心不足以达到清理积案之目的，又扩大了以堂谕代判决的范围，1914 年 12 月通饬县知事审理法定三等有期徒刑案件

---

① 《呈县知事审理简易案件拟请准以堂谕代判决文并批令》，《司法公报》第 3 年第 3 期，1914 年 12 月，"总务"，第 2～3 页。

也以堂谕代判决。① 兼理司法各县审理案件程序简单，使其结案率有可能高于地方厅。另外，地方厅多处繁盛之地，案件较为复杂，不易结案，也可能是其结案率略低于未设法院各县的原因。

四　北洋时期基层诉讼中的结案方式

北洋时期多数司法机关结案率都比较高，其结案方式是怎样的呢？清代的结案方式为滋贺秀三、黄宗智等研究者所关注，② 北洋时期结案方式虽少有研究者提及，不过当时的法律人对此已经十分关注了。北洋时期无论是司法部，还是各省县的司法统计多列有专门的表格对结案方式予以统计。刑事案件基本以判决为主。如山西第一审刑事案件已结未结表中没有列出和解一项，只有有罪、无罪、公诉驳回等项。有罪的案件数占已结案件的百分之八九十，可知其基本以判决为结案方式。全国地方厅也是有罪案件占据绝大多数。（详见表20和表25）故在此仅考察顺义县、山西各县与全国地方厅民事案件的结案方式。

（1）顺义县的结案方式

在顺义县，判决与和解是主要的结案方式，判决比例高于和解。

1923~1928年，顺义县已结民事第一审案件共690件。结案方式中判决为339件，和解为222件，撤回为98件，其他为18件，驳斥为13件，分别占结案总数的49%、32%、14%、3%和2%。判决与和解在所有结案方式中约占81%。6年内，都是判决不少于和解。有的年度判决与和解数相

---

① 《县知事审理法定三等有期徒刑案件亦得以堂谕代判决通饬》，《司法公报》第5年第51期，1916年1月，第13页。
② 县司法机关受理案件后是进行判决还是调处已经成为清代州县司法制度研究中争论的一个焦点。滋贺秀三、黄宗智、邓建鹏、张晓蓓、张伟仁等学者都对此发表过看法。多数参与论争的学者无法举出确切数据，黄宗智利用档案等资料使争论逐渐建立在数量分析的基础上。黄宗智以巴县、宝坻和淡新档案说明州县官极少从事调解。他的一个核心论据是在221件经过庭审的案子中，有170件（占77%）都是经由知县依据大清律例，对当事人中的一方或另一方做出了明确的胜负判决。他所统计这些案件并非上述地方某个时间段内案件的全部，用残缺的案件进行分析有可能是"盲人摸象"。除此之外，黄宗智在此仅仅证明了庭审中的依律判决比例较高，然而判决在知县处理的所有案件中所占比重有多少呢？170件判决案件在他所列举的628件诉讼中所占比例为27%。这个比例其实并不能很好证明州县官处理案件是追求判决而极少从事调解。

差不多,如 1923 年判决约 44%,和解约 42%;1924 年判决约 48%,和解约 48%。也有的年份判决高出和解甚多,如 1925～1927 年,判决比例比和解比例平均高出 35 个百分点(见图 19)。(详见表 18)

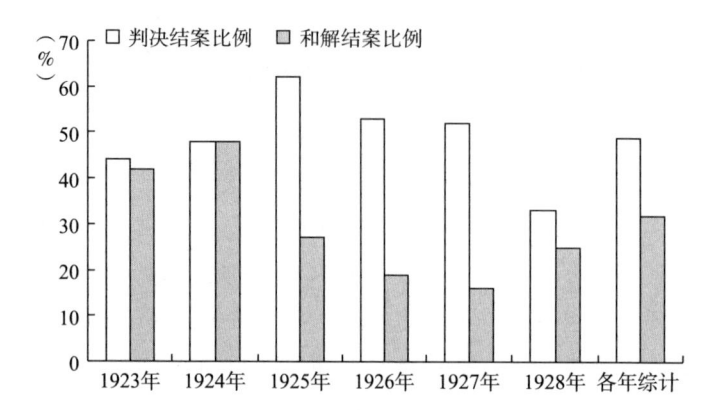

图 19　1923～1928 年顺义县民事案件第一审主要结案方式

数据来源:根据表 18 "结案方式比例"栏相关数据制作。

(2)山西省各县的结案方式

1919～1926 年,山西全省厅县总的结案方式以判决与和解为主,判决比例高于和解。民事案件有判决、撤回、和解等项,判决与和解是最主要的结案方式,它们占已结案件的 95% 左右。1919～1926 年,山西省各地方厅与县只有 1925 年判决的比例为 69%,其余 7 年,判决比例都为 71%～74%;和解的比例为 23%～26%。8 年间,判决与和解所占比例都起伏不大(见图 20)。

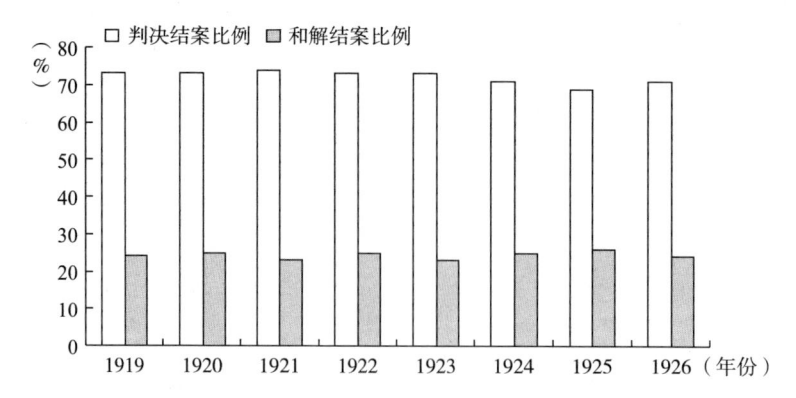

图 20　1919～1926 年山西省厅县民事案件第一审主要结案方式

数据来源:根据表 19 "判决比例"与"和解比例"栏相关数据制作。

虽然全省总的判决与和解比例各年都比较稳定，但同一时期各县之间判决比例与和解比例仍存在差别。

1919~1926年，各年通常有3~18个县的判决比例在50%以下（只有1920年为3个县，1919年为7个县，其他年份为11~18个），这类县占全省104县的3%~17%。判决比例在50%以下的县最多的一年为1924年，有18县，占全省104县的17%，即最少有83%的县判决结案比例在50%以上，大多数县诉讼中判决是最主要的结案方式。1919~1926年山西省民事案件第一审各判决率之县比例分布见图21。

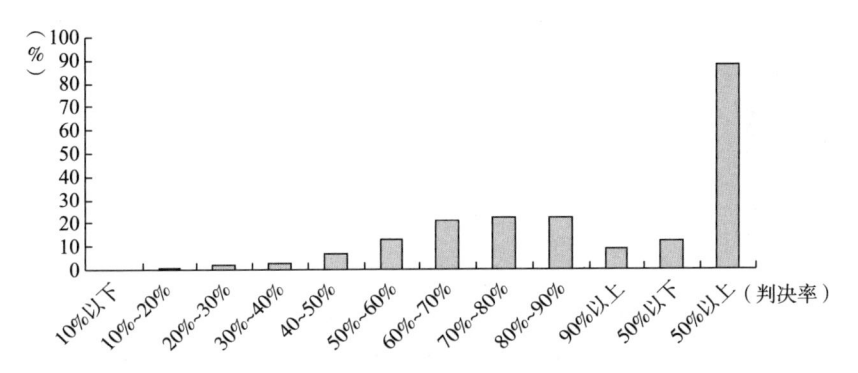

图21　1919~1926年山西省民事案件第一审各判决率之县数比例分布

数据来源：根据表21"综计"栏相关数据制作。

1919~1926年，各年和解比例超过50%的有2~10个县，占全省104县的2%~10%，因此，只有极少数的县以和解结案为主。88%的县判决比例超过50%，不足10%的县和解比例超过50%，多数县是以判决结案为主，以和解为辅。

虽然判决为多数县的主要结案方式，但仍存在以和解为主的县。各年和解比例高于判决比例的县有3~15个，占全省县数的3%~14%。（详见表23）上述和解比例超过50%的县也包括其中。各年有61~71个县和解比例高于20%，占全省104县的59%~68%，多数县和解比例虽没有判决比例高，但也占有不低的份额。

多数县判决比例集中在60%~90%。有10~19个县判决比例为50%~60%，它们占104县的10%~18%；有18~28个县判决比例为60%~70%，占104县的17%~27%；有17~26个县判决比例为70%~80%，占104县的16%~26%；有17~26个县判决比例为80%~90%，占104县的

16%~25%；有6~13个县判决比例为90%以上，占104县的6%~13%。判决比例为60%~90%的县各年有六七十个，占104县的百分之六七十。

多数县的和解比例集中为10%~40%。和解比例为10%以下的县有7~13个，占全省104县的7%~13%。有24~33个县的和解比例为10%~20%，占104县的23%~32%。有19~33个县的和解比例为20%~30%，占104县的18%~32%。有19~23个县的和解比例为30%~40%，占104县的18%~22%。有7~15个县的和解比例为40%~50%，占104县的7%~14%。各年都有70多个县和解比例为10%~40%，占104县的70%左右，故多数县的和解比例集中于10%~40%（见图22）。（详见表12~19、表20、表21、表22、表23）

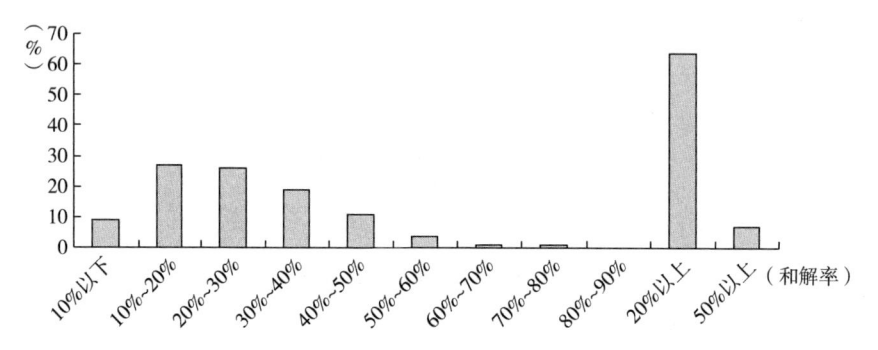

图22　1919~1926年山西省民事案件第一审各和解率之县数比例分布
数据来源：根据表22"综计"栏相关数据制作。

山西省兴县1917年和1918年民事第一审案件共结案86件，其中判决50件，约占58%；和解26件，约占30%；撤回6件，约占7%。兴县民事第一审结案方式中判决所占比例略高于顺义县；和解的比例两县基本相同；撤回是顺义县略高于兴县。（详见表12~24）

（3）全国地方厅的结案方式

1914~1923年，全国地方厅总的结案方式中以判决与和解为主，其所占比例为82%~89%。其中判决所占比例为59%~72%，和解所占比例为10%~27%。各年都是判决比例高于和解比例，而且二者相差甚多。

多数地方厅结案方式以判决为主。地方厅共有441次判决比例在50%以上，为全国地方厅的82%。各年分别有38~60所地方厅的判决比例在50%以上，为全国地方厅的73%~95%。1914~1923年全国地方厅民事案件第一审各判决率之厅次比例分布见图 23。

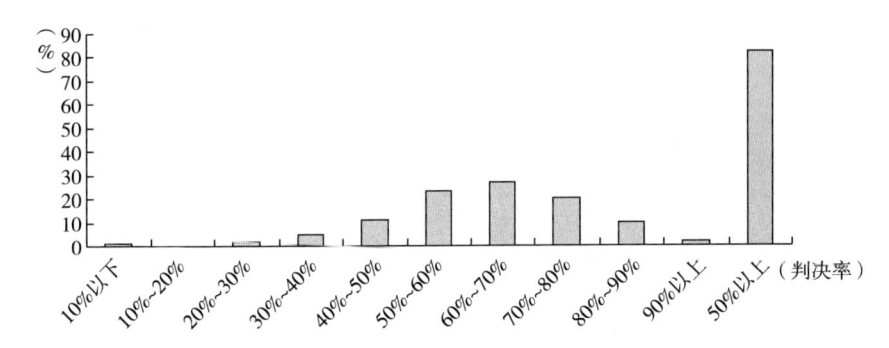

图 23 1914~1923 年全国地方厅民事案件第一审各判决率之厅次比例分布
数据来源：根据表 27 "综计" 栏相关数据制作。

虽然多数地方厅结案方式以判决为主，但并非所有时候、所有地方厅都是判决比例高于和解。10 年的民事统计年报中涉及全国地方厅等共 539 次，其中就有 34 次是和解案件多于判决。当然，和解案件多于判决的情况并不多，发生的概率约为 6%。和解超过 50% 以上的时候还要少些，共涉及地方厅 22 次，为总厅次数的 4%。和解案件多于判决案件的时候虽不多，然而其比例也不低。地方厅有 312 次是和解超过 20%，为全部地方厅的 58%。

多数地方厅中判决比例为 50%~80%。涉及地方厅最多的判决比例是 60%~70%，共有 145 次，占全部地方厅的 27%；各年分别涉及 19%~35% 的地方厅。其次为 50%~60%，共涉及地方厅 125 次，占全部地方厅的 23%；各年分别涉及 6%~31% 的地方厅。再次为 70%~80%，涉及地方厅 108 次，占全部地方厅的 20%；各年分别涉及 11%~33% 的地方厅。50%~80% 的判决比例共涉及地方厅 378 次，约占 70%，多数地方厅的判决比例集中在这个区段。另外判决比例在 80% 以上或 50% 以下的地方厅都有一定数量。

多数地方厅的和解比例为 10%~40%。各地方厅和解比例以 10%~20% 为最多，涉及地方厅 158 次，占全部地方厅的 29%；其次为 20%~30%，涉及地方厅 149 次，约占 28%；再次为 30%~40%，涉及地方厅 104 次，约占 19%。上述 10%~40% 的和解比例共涉及地方厅 411 次，约占 76%，这涉及了大多数的地方厅。10% 以下、40% 以上和解比例也都涉及一定数量的地方厅（见图 24）。（详见表 25、表 26、表 27、表 12~28）

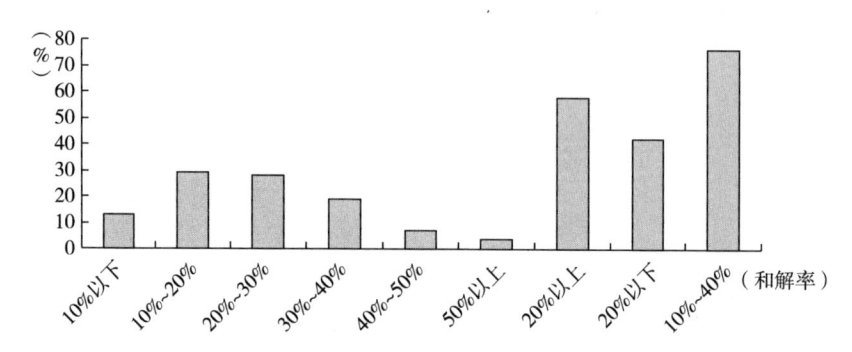

图 24　1914~1923 年全国地方厅民事案件第一审各和解率之厅次比例分布

数据来源：根据表 28 "厅次比例" 栏相关数据制作。

山西各县与全国地方厅在结案方式上存在一些细微的差异。就总的判决比例而言，山西各县要高于全国地方厅。1919~1923 年，山西省各厅县民事案件判决比例为 70% 左右，而全国地方厅为 60% 左右，则要少 10 个百分点。顺义县判决比例在 50% 左右，处于山西各县平均水平之下。

就判决比例涉及的司法机关数量而言，山西有较多的县判决比例较高，较高判决比例所涉及的全国地方厅略少。山西多数县判决比例集中在 60%~90%。全国多数地方厅的判决比例集中为 50%~80%。在此即以涉及司法机关最多的判决比例 50%~90% 来进行比较。

70% 以上判决比例涉及的司法机关方面，山西各县所占比例高于全国地方厅所占比例。判决比例在 70%~80%、80%~90% 和 90% 以上三个部分，基本上是山西各县高于全国地方厅（1923 年山西由于 80% 以上判决比例的县较多，70%~80% 的判决比例所涉及的县在比例上就少于全国地方厅）。80%~90% 的判决比例共涉及山西 22% 的县，涉及 10% 的全国地方厅，前者比后者高 12 个百分点；各年山西各县高于全国地方厅 10~20 个百分点。70%~80% 的判决比例共涉及山西 22% 的县，涉及 20% 的全国地方厅，前者比后者高 2 个百分点。

70% 以下判决比例涉及的司法机关方面，山西各县所占比例基本低于全国地方厅所占比例。60%~70% 的判决比例共涉及山西 21% 的县，涉及 27% 的全国地方厅，前者比后者低 6 个百分点；各年山西各县低于全国地方厅 5~11 个百分点。50%~60% 的判决比例共涉及山西 13% 的县，涉及 23% 的全国地方厅，前者比后者低 10 个百分点；各年山西各县低于全国地

方厅13~20个百分点(见图25)。(详见表12~29)

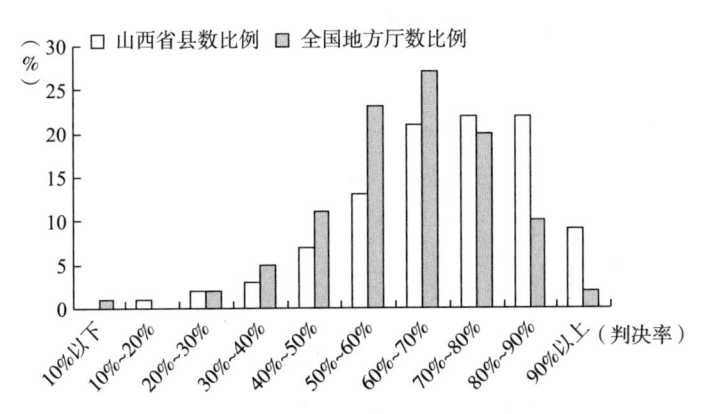

图25 1919~1923年山西各县与全国地方厅民事案件第一审判决率之比较

数据来源:根据表29"综计"栏相关数据制作。

结 论

北洋时期顺义县、山西省104县、浙江省64县和全国地方厅的诉讼规模存在多样性,但其主体特征还是比较明晰的。山西、浙江等省多数县年均新收第一审民刑案件在100~400件,月均30件,每天为1件左右;全国各地方厅平均每年新收第一审民刑案件1100多件,月均100件左右,每天3件左右。这意味着此时中国基层社会的诉讼规模并不大,而且没有剧烈增长。

月结案数,全国地方厅为81~121件;山西省各县月均31~37件,这与新收案件数比较接近。而且顺义县、山西省各县以及全国地方厅的年结案率都比较高,未结案件并不多。故司法机关基本能应对当时诉讼规模。清代钱祥保、许文濬等知县也能一月结案二三十件,与北洋时期山西各县平均结案数相差无几。

诉讼规模并不大,无法成为推动司法机关改革的强大动力。结案率尚能保持较高水平,即便司法制度不改革,传统旧制仍能围绕北洋时期的诉讼规模比较正常地运转。清末司法改革以来,很长时间不能在全国大部分地区建立完整的新式司法机关,上述因素的存在实为其原因之一。

当司法机关有限的结案能力与日益增长的诉讼规模之间发生尖锐冲突

时,势必会寻找提高司法机关结案能力的办法。北洋时期,一部分县的诉讼规模已经较大,如山西和浙江都有百分之二三十的县年新收第一审民刑案件数在 500 件以上。为了解决纠纷,国家将不得不加强司法机关建设。徐德润在寿光县任知事时请求上级再派帮审员就是例证。他称:"举凡振兴学校,提倡实业,整顿巡警,缉拿盗匪,以及地方自治之力谋进行,百端待理,方深丛脞之忧。乃益以词讼之繁,更觉不遑暇食。"徐德润虽然已经有"听断细心,颇能相助为理"的帮审员董汝骏协理,但仍觉得"事繁人少,即竭尽心力,终难免迟滞之虞",于是提出给他再派一个帮审员的请求。①多数县知事与徐德润面对的问题类似。因此,社会发展,诉讼规模增大,以及县知事处理事务范围的扩展,都将挑战县知事处理诉讼的能力,从而使司法改革具备内在的动力。

北洋时期大部分地区的诉讼规模、结案率并没有成为推动司法改革强劲而急切的动力,它是影响到多数地方仍由县知事兼理司法的重要因素。而少数地区司法旧制已经不能满足诉讼需求,故建立新式法院,推行新式司法制度的努力也从未间断。

传统旧制下往往以和息的形式结案,北洋时期结案在形式上已经多样化,民事与刑事案件各有不同的结案方式,刑事案件包括有罪、无罪、公诉驳回等项,民事案件则有判决、撤回、和解等项。

山西各县与全国地方厅在结案方式上的细微差异并没有改变主体结构的趋同。无论是顺义县,还是山西省各厅县,抑或全国地方厅的结案方式,都是以判决与和解为主,多数时候多数司法机关的判决比例要高于和解比例,判决结案是主流;和解虽非主流,但所占比例并不低。

相对于清代,北洋时期民事案件判决与和解的比例是否发生了变化?一些学者在缺乏清代大规模诉讼数据基础上而对结案方式做出了推断。如果我们用时间稍后的北洋时期的数据反观这种推断是否准确也许有欠妥当,但我们可以换一种提问的方法,即进入北洋时期后上述推断是否还适用,这样在一定程度上会避免用后来的分类系统去剪裁之前事实之嫌。

县官在案件中主要进行"教谕式调停"的观点,基本不适用于北洋时

---

① 徐德润:《上司法筹备处长呈文》,《拙庵公牍》卷1,中国社会科学院近代史研究所图书馆藏。

期顺义县、山西省各县和全国地方厅。北洋时期的结案已经明确区分了判决与和解等数种方式，如果县官处理诉讼都是"教谕式调停"，为何时人还特意对结案方式做出以上区分？难道区分这些结案方式的差异就毫无意义吗？和解结案也许与教谕式调停有关系，至少地方厅中的判决结案要与教谕式调停画等号似乎需要更充分的论证。① 如果承认结案方式存在差异，那么经调停而和解结案是否为主要的结案方式呢？山西省判决结案占70%左右，和解占25%左右；20世纪20年代的顺义县，判决约占51%，和解约占31%。它表明，县官在民事案件中主要不是以和解结案。山西只有10%左右的县是以和解占优势，全国和解比例高于判决比例的地方厅所占比例更是低至6%左右，因此，县官在案件中主要进行调解结案的观点在北洋时期仅仅针对很少部分司法机关是有效的，对绝大多数的司法机关是不适用的。

黄宗智所持的县官坚持判决之说到北洋时期是否仍然适用呢？北洋时期，山西省各厅县与全国地方厅不仅各年总的判决比例都占百分之六七十，而且判决比例超过50%的厅县为多数，顺义县已结民事案件中判决的比例也在50%以上。对北洋时期而言，诸如全国绝大多数地方厅，山西省绝大多数县和顺义县这样的地方，判决结案是主流。然而不容忽略的是，判决比例较高的县数很多，但仍有不少县判决比例并不高；和解比例较低的县很多，却仍有一些县和解占较高的比例；判决比例高于和解比例的县很多，仍有一些县是和解比例高于判决比例。因此基层司法机关结案以判决为主的看法在北洋时期仅仅针对很少部分司法机关是无效的，对绝大多数的司法机关是适用的。②

北洋时期的结案方式不仅为我们理解清代诉讼提供了参照，而且有助于定位近代以来的诉讼变革进程。黄宗智认为清代的法庭几乎从不调解，③民国时期的法庭调解所起作用很有限，④法庭调解几乎完全是现当代时期的发明。⑤ 民国时期法庭调解所起作用很有限的看法也值得推敲，它至少不适

---

① 迄今尚未见有说服力的论证。
② 至于这种判决的性质是否全部或多大程度上定性为依法判决或教谕式调停，这是一个涉及法律适用的问题。鉴于该问题的复杂性，留待以后进一步探讨。
③ 参见黄宗智、尤陈俊主编《从诉讼档案出发：中国的法律、社会与文化》，法律出版社，2009，第461页。
④ 参见黄宗智、尤陈俊主编《从诉讼档案出发：中国的法律、社会与文化》，第439页。
⑤ 参见黄宗智、尤陈俊主编《从诉讼档案出发：中国的法律、社会与文化》，第462页。

合北洋时期的顺义县、山西省多数县和全国多数地方厅。顺义县民事案件和解数占已结案件的32%；山西省各年和解的比例为23%～26%，59%～68%的县和解比例高于20%；全国地方厅和解所占比例除了1914年为10%，1915年为17%以外，1916～1923年都在21%～27%，58%的地方厅中和解比例达到20%以上。多数地方有五分之一以上的案件都是以和解结案，这些县司法机关和审判厅的调解作用并非黄宗智所说的那么有限，恰恰相反，其作用是值得重视的。一百年前处理案件和统计案件的那些法律人，无论是顺义县、山西省、浙江省的，还是司法部的，都把和解案件数列入已结案件项内，研究者不能凌驾于时人的意识之上，也没有必要强行把这部分和解案件解读为民间调解或第三领域，而不算在司法机关的已结案件项内。北洋时期司法机关结案虽以判决为主，但多数时候多数司法机关中和解案件仍占五分之一以上，怎么能断言"法庭调解几乎完全是现当代时期的发明"？①

附　表

表1　1923～1928年顺义县收结民刑案件数目

	年份	1923年	1924年	1925年	1926年	1927年	1928年	各年综计
新收	刑事年收	117	153	74	36	32	31	443
	刑事月均	12	13	6	3	3	3	6
	民事年收	127	165	138	119	125	105	779
	民事月均	13	14	12	10	10	9	11
	民刑年收	244	318	212	155	157	136	1222
	民刑月均	24	27	18	13	13	11	17
受理数	刑事年收	117	170	82	40	37	31	—
	民事年收	140	189	150	141	150	123	—
	民刑年收	257	359	232	181	187	154	—
	民刑月均	26	30	19	15	16	13	—

---

① 黄宗智将县衙门受理案件划出一部分名曰"第三领域"，可谓一举两得：既构建了颇为引人注目的第三领域，又提升了法庭的判决比例，降低了法庭的调解比例，从而有利于驳斥滋贺秀三等人的观点，并在此基础上提出县官在正式堂审中是判决的看法。我认为，"第三领域"那部分案件既然是县衙门受理的案件，其结果是和解，统计时就应算作县衙门以和解结案。如此一来，县衙门结案方式中和解比例必然大幅上升，这将从根基上动摇清代的法庭几乎从不调解的观点。

续表

	年份	1923年	1924年	1925年	1926年	1927年	1928年	各年综计
已结	刑事年结	100	162	78	34	37	27	438
	刑事月均	10	14	7	3	3	2	6
	民事年结	119	180	128	116	131	105	779
	民事月均	12	15	11	10	11	9	11
	民刑年结	219	342	206	150	168	132	1217
	民刑月均	22	29	17	13	14	11	17
结案率	刑事（年）	85%	95%	95%	85%	100%	87%	—
	民事（年）	85%	95%	85%	82%	87%	85%	—
	民刑（年）	85%	95%	89%	83%	90%	86%	—

注：从1923年3月到1928年底共70个月，年均值是总数除以70。计算时四舍五入到个位，有时会导致某些分项之和与总数不一致，对结果的准确性影响并不多。以下表同，不另注。

司法机关受理的案件总数为旧受加上新收数。本文表格中数据的单位如下：案件数均为"件"；县数和厅庭数均为"个"，数年总和则为"县次"或"厅次"；标的为"元"。为省文，以下各表不再单独注明。

资料来源：根据顺义县档案2-1-245、246、311、317、368、379、382、458、459、460、464、570、599的相关资料制作本表。

表2　1925~1927年顺义县月收结民刑事诉讼案件数目

	月份	1月	2月	3月	4月	5月	6月	7月	8月	9月	10月	11月	12月
旧受	1925年	19	19	17	33	41	42	33	30	30	33	38	30
	1926年	26	33	39	39	39	29	25	27	23	24	29	28
	1927年	30	28	27	36	22	18	22	24	22	21	18	21
新收	1925年	11	11	35	31	34	9	8	6	14	18	15	16
	1926年	23	13	38	1	5	5	5	9	15	13	19	
	1927年	14	16	27	9	18	17	17	11	2	9	8	
受理数	1925年	30	30	52	64	75	51	41	36	44	51	53	46
	1926年	49	46	77	40	44	34	34	32	32	39	42	47
	1927年	44	44	54	45	31	36	39	41	33	23	27	29
已结数	1925年	15	14	19	23	33	18	11	6	11	13	23	20
	1926年	16	7	38	1	15	9	7	9	8	10	14	16
	1927年	16	17	17	23	13	14	15	19	12	5	6	11

月份	1月	2月	3月	4月	5月	6月	7月	8月	9月	10月	11月	12月
结案率 1925年	50%	47%	37%	36%	44%	35%	27%	17%	25%	25%	43%	43%
结案率 1926年	33%	15%	49%	3%	34%	26%	21%	28%	25%	26%	33%	34%
结案率 1927年	36%	39%	31%	51%	42%	39%	38%	46%	36%	22%	22%	38%

注：1925年，顺义司法公署"民事诉讼月报表"强制执行类案件有几处数据不能前后对应。如执行中一栏的件数应该成为下月旧受件数，但1月执行中一栏强制执行为2件，2月旧受变成了5件，增加3件；2月执行中一栏为强制执行为4件，3月旧受变成了5件，增加1件，以上共增加4件。这4件应该先为新收而计入下一月旧受栏，实际上它们并没有列入新收栏内。由于从第二个月开始，所有旧受都应该是上月遗留的，已经算入上月，故计算案件总数时该月旧受件数就不应算入，以免重复计算，通常用第一个月旧受件数加上所有新收件数。它导致计算受理的强制执行案件总数时将减少4件。另外已结和未结之和为10件，说明这4件的确应该算入总数，故应将强制执行栏的新收案件数由4件更正为8件，新旧总数更正为10件。总的来看，"民事诉讼月报表"数据基本准确，大体可以作为分析的基础。

资料来源：根据顺义县档案2-1-311、379、458等资料统计制作本表。

表3　1925~1927年顺义县各诉讼规模之月数分布

时间		1925年	1926年	1927年	合计月数	月数比例
月新收	10件以下	3	6	5	14	39%
	10~20件	6	4	6	16	44%
	20~30件		1	1	2	6%
	30件以上	3	1		4	11%
月受理	20~30件			2	2	6%
	30~40件	3	5	5	13	36%
	40~50件	3	6	4	13	36%
	50~60件	4		1	5	14%
	60~70件	1			1	3%
	70~80件	1	1		2	6%
月结案数	10件以下	1	6	2	9	25%
	10~20件	7	5	9	21	58%
	20~30件	3		1	4	11%
	30件以上	1	1		2	6%

续表

时间		1925年	1926年	1927年	合计月数	月数比例
月结案率	20%以下	1	2		3	8%
	20%~30%	3	5	2	10	28%
	30%~40%	3	4	7	14	39%
	40%~50%	4		2	6	17%
	50%以上	1	1	1	3	8%

注：本表空白处数字均为0，下同，不再一一注明。
资料来源：根据表2统计制作。

表4 1919~1926年山西省地方厅年新收民刑第一审案件数目

项目	民事	刑事	民刑	厅年均民事	厅年均刑事	厅年均民刑事
1919年	571	2173	2744	—	—	—
1920年	1479	2788	4267	—	—	—
1921年	1287	4266	5553	429	1422	1851
1922年	1234	3457	4691	411	1152	1563
1923年	1513	2583	4096	504	861	1365
1924年	1774	2412	4186	591	804	1395
1925年	1805	2380	4185	602	793	1395
1926年	1562	1479	3041	521	493	1014

注：1919年和1920年第一高等分厅附设地方庭和第二高等分厅附设地方庭所报数据不全，故该两年平均项无法准确计算。

民事、刑事数据为太原地方厅、第一高等分厅附设地方庭和第二高等分厅附设地方庭这三个地方庭数据之和，民事总数除以3为厅年均民事数；刑事总数除以3为厅年均刑事数。由于四舍五入，有时年均民刑分项之和与民刑总数除以3所得到的数据略有出入。如1922年的数据中，年均民刑分项之和为1563，民刑之和除以3则为1564。考虑到同一表格中分项之和应与总数相等，故厅年均民刑数则是年均民事数加上年均刑事数。

资料来源：根据"山西省第二次至第九次政治统计"各年"司法之部"的"各法庭民（刑）事案件与户数比较表"、"发生民（刑）事案件最近三年比较表"、"全省初审衙署发生民（刑）事案件统计总表"等资料制作本表。

表5 1919~1926年山西省各县年新收民刑第一审案件数目

项目	户数	民事	刑事	民刑	县年均民事	县年均刑事	县年均民刑	每万户年均案件数
1919年	—	12883	14382	27265	124	138	262	—
1920年	2245328	16050	23555	39605	154	226	380	176

续表

项目	户数	民事	刑事	民刑	县年均民事	县年均刑事	县年均民刑	每万户年均案件数
1921 年	2257261	18957	27182	46139	182	261	443	204
1922 年	2256631	20260	25137	45397	195	242	437	201
1923 年	2339565	22992	15772	38764	221	152	373	166
1924 年	2288268	24076	20640	44716	232	198	430	195
1925 年	2295518	22592	18507	41099	217	178	395	179
1926 年	2290680	21426	17012	38438	206	164	370	168
年均	2281893	19905	20273	40178	191	195	386	176

注：山西省民事、刑事数据为未设法院104县数据总和，民事总数除以104为县年均民事数，刑事总数除以104为县年均刑事数，各县年均民刑则是年均民事数加上年均刑事数。

民刑总数除以户数，再乘以10000，即为每万户发生的年均案件数。

资料来源：根据"山西省第二次至第九次政治统计"各年"司法之部"的"各县民（刑）事案件与户数比较表"、"发生民（刑）事案件最近三年比较表"、"全省初审衙署发生民（刑）事案件统计总表"等资料制作本表。

表6　1919～1926年山西省各诉讼规模之县分布

	案件规模	100以下	100～200	200～300	300～400	400～500	500～1000	1000以上	100～400
县数	1919 年	5	39	32	12	4	12		83
	1920 年	1	17	21	27	14	24		65
	1921 年	1	9	21	23	14	34	2	53
	1922 年	1	12	21	24	12	31	3	57
	1923 年	3	26	26	16	8	22	3	68
	1924 年	1	19	25	17	8	28	6	61
	1925 年	3	21	29	12	13	24	2	62
	1926 年	5	32	18	17	10	18	4	67
	合计	20	175	193	148	83	193	20	516
县数比例	1919 年	5%	38%	31%	12%	4%	12%		81%
	1920 年	1%	16%	20%	26%	13%	23%		62%
	1921 年	1%	9%	20%	22%	13%	33%	2%	51%
	1922 年	1%	12%	20%	23%	12%	30%	3%	55%
	1923 年	3%	25%	25%	15%	8%	21%	3%	65%
	1924 年	1%	18%	24%	16%	8%	27%	6%	58%

续表

案件规模	100以下	100~200	200~300	300~400	400~500	500~1000	1000以上	100~400
1925年	3%	20%	28%	12%	13%	23%	2%	60%
1926年	5%	31%	17%	16%	10%	17%	4%	64%
综计	2%	21%	23%	18%	10%	23%	2%	62%

资料来源：根据"山西省第二次至第九次政治统计"各年"司法之部"的"各县民（刑）事案件与户数比较表"、"发生民（刑）事案件最近三年比较表"、"全省初审衙署发生民（刑）事案件统计总表"等资料制作本表。

表7 1917~1918年山西省兴县受理民刑事第一审案件数目

项目	旧受		新收				受理数				已结数				年结案率		
	刑事	民事	刑事		民事		刑事		民事		刑事		民事		刑事	民事	民刑
	年收	年收	年收	月均	年收	月均	年收	月均	年收	月均	年结	月均	年结	月均			
1917年	4	2	72	6	40	3	112	9	76	42	118	10	69	6	41	3	110	9	91%	98%	93%
1918年	7	1	83	7	48	4	131	11	90	49	139	12	79	7	49	4	128	11	88%	100%	92%

资料来源：根据"六（七）年度民（刑）事第一审表"相关数据制作本表，参见民国（1927年）《合河政纪》卷二《司法篇》。

表8 1922~1924年浙江省地方厅年新收民刑第一审案件

年份	1922年			1923年			1924年		
项目	民事	刑事	民刑	民事	刑事	民刑	民事	刑事	民刑
杭县地审厅	859	769	1628	1047	810	1857	941	738	1679
嘉兴分庭	166	762	928	224	345	569	158	219	377
吴县分庭	270	427	697	439	422	861	304	283	587
绍兴分庭	635	679	1314	890	284	1174	753	265	1018
鄞县地审厅	555	603	1158	654	629	1283	605	472	1077
临海分庭	459	878	1337	598	270	868	534	167	701
永嘉地审厅	1315	411	1726	804	390	1194	714	353	1067
丽水分庭	353	272	625	316	42	358	259	31	290
金华地审厅	494	311	805	510	315	825	435	291	726
衢县分庭	440	415	855	493	236	729	363	208	571
建德分庭	171	199	370	175	94	269	127	63	190

续表

年份项目	1922年			1923年			1924年		
	民事	刑事	民刑	民事	刑事	民刑	民事	刑事	民刑
合计	5717	5726	11443	6150	3837	9987	5193	3090	8283
厅均	520	521	1040	559	349	908	472	281	753

资料来源：根据1922年度至1924年度的《浙江司法年鉴》统计制作本表。

表9　1922～1924年浙江省各诉讼规模之地方厅分布

案件数		100~200	200~300	300~400	500~1000	1000以上	500以上
厅数	1922年			1	5	5	10
	1923年		1	1	5	4	9
	1924年	1	1	1	4	4	8
	合计	1	2	3	14	13	27
厅数比例	1922年			9%	45%	45%	91%
	1923年		9%	9%	45%	36%	82%
	1924年	9%	9%	9%	36%	36%	73%
	综计	3%	6%	9%	42%	39%	82%

资料来源：根据1922年度至1924年度的《浙江司法年鉴》统计制作本表。

表10　1922～1924年浙江省各县年新收民刑第一审案件数目

项目	民事	刑事	民刑	县均民事	县均刑事	县均民刑事
1922年	10034	22682	32716	157	354	511
1923年	9122	21564	30686	143	337	480
1924年	9381	20417	29798	147	319	466

注：浙江省民事、刑事数据为未设法院64县数据总和，民事总数除以64为县年均民事数，刑事总数除以64为县年均刑事数，各县年均民刑则是年均民事数加上年均刑事数。

资料来源：根据1922年度至1924年度的《浙江司法年鉴》统计制作本表。

表11　1922～1924年浙江省各诉讼规模之县分布

诉讼规模		100以下	100~200	200~300	300~400	400~500	500~1000	1000以上	200~400
县数	1922年	1	6	15	14	4	19	5	29
	1923年	1	5	13	18	6	17	4	31
	1924年	1	6	15	15	7	16	4	30
	合计	3	17	43	47	17	52	13	90

续表

诉讼规模		100以下	100~200	200~300	300~400	400~500	500~1000	1000以上	200~400
县数比例	1922年	2%	9%	23%	22%	6%	30%	8%	47%
	1923年	2%	8%	20%	28%	9%	27%	6%	48%
	1924年	2%	9%	23%	23%	11%	25%	6%	45%
	综计	2%	9%	22%	24%	9%	27%	7%	47%

资料来源：根据1922年度至1924年度的《浙江司法年鉴》统计制作本表。

表12 1914~1923年全国地方厅年新收民刑第一审案件数目

项目	民事总数	厅数	厅年均民事	刑事总数	厅数	厅年均刑事	厅年均民刑
1914年	23993	43	558	30551	45	679	1237
1915年	27512	45	611	36291	46	789	1400
1916年	27254	50	545	27314	49	557	1102
1917年	29331	54	543	31142	54	577	1120
1918年	29310	50	586	26907	52	517	1103
1919年	27452	48	572	27554	50	551	1123
1920年	32571	53	615	31868	54	590	1205
1921年	35858	57	629	32932	59	558	1187
1922年	35927	67	536	32028	69	564	1000
1923年	40628	72	564	36015	73	493	1057

注：各厅年均民刑数是年均民事数加上年均刑事数。
资料来源：根据1914年度至1923年度的《中华民国刑事统计年报》与《中华民国民事统计年报》统计制作本表。

表13 1914~1923年全国各诉讼规模之地方厅分布

诉讼规模	100以下	100~200	200~300	300~400	400~500	500~600	600~700	700~800	800~900	900~1000	1000~1500	1500~2000	2000以上
厅次	3	10	40	26	37	37	30	26	31	21	101	61	71
比例	1%	2%	8%	5%	7%	7%	6%	5%	6%	4%	20%	12%	14%

注：涉及的总厅次为494次，不同诉讼规模的厅次除以494，即为该类地方厅在总数中的比例。
资料来源：根据1914年度至1923年度的《中华民国刑事统计年报》与《中华民国民事统计年报》统计制作本表。

表 14　1920~1926 年山西省厅县民刑案件年结案数

	年份	1920 年	1921 年	1922 年	1923 年	1924 年	1925 年	1926 年
各县	总数	39568	45988	45878	38755	44891	41307	38406
	年均	380	442	441	373	432	397	369
	月均	32	37	37	31	36	33	31
各厅	总数	3739	5523	4742	3936	4403	4145	3119
	年均	—	1841	1581	1312	1468	1382	1040
	月均		153	132	109	122	115	87

注：1920 年第一高等分厅附设地方庭和第二高等分厅附设地方庭所报数据不全，故该年平均项无法准确计算。

资料来源：根据"山西省第五次至第九次政治统计"各年"司法之部"的"民（刑）事案件受理及结果表"、"民（刑）事第一审案件及终结未结"等资料制作本表。

表 15　1920~1926 年山西省民刑案件第一审各结案率之县分布

	结案率		80% 以下	80%~85%	85%~90%	90%~95%	95% 以上	90% 以上
县数	1920 年	民事		1	5	11	87	98
		刑事		1	4	19	80	99
	1921 年	民事	2	3	4	13	82	95
		刑事			4	10	90	100
	1922 年	民事			3	10	91	101
		刑事			1	6	97	103
	1923 年	民事		2	5	4	93	97
		刑事	1	4	3	11	85	96
	1924 年	民事		1	4	7	92	99
		刑事	1	1	2	10	90	100
	1925 年	民事			3	7	94	101
		刑事				10	94	104
	1926 年	民事		1	2	15	86	101
		刑事		1	3	7	93	100
	合计	民事	2	8	26	67	625	692
		刑事	2	7	17	73	629	702
县数所占比例	1920 年	民事		1%	5%	11%	84%	94%
		刑事		1%	4%	18%	77%	95%

续表

	结案率		80%以下	80%~85%	85%~90%	90%~95%	95%以上	90%以上
县数所占比例	1921年	民事	2%	3%	4%	13%	79%	91%
		刑事			4%	10%	87%	96%
	1922年	民事			3%	10%	88%	97%
		刑事			1%	6%	93%	99%
	1923年	民事		2%	5%	4%	89%	93%
		刑事	1%	4%	3%	11%	82%	92%
	1924年	民事		1%	4%	7%	88%	95%
		刑事	1%	1%	2%	10%	87%	96%
	1925年	民事			3%	7%	90%	97%
		刑事				10%	90%	100%
	1926年	民事		1%	2%	14%	83%	97%
		刑事		1%	3%	7%	89%	96%
	综计	民事	0%	1%	4%	9%	86%	95%
		刑事	0%	1%	2%	10%	86%	96%

资料来源：根据"山西省第五次至第九次政治统计"各年"司法之部"的"民（刑）事案件受理及结果表"、"民（刑）事第一审案件及终结未结"等资料制作本表。

表16　1914~1923年全国地方厅民刑事案件第一审结案数与结案率

项目		受理总数	已结总数	厅数	年结案数	月结案数	民刑事月结案数	年结案率
1914年	民事	28414	24952	43	580	48	105	88%
	刑事	32271	31033	45	690	57		96%
1915年	民事	30222	29340	45	652	54	121	97%
	刑事	37649	37257	46	810	67		99%
1916年	民事	28222	26751	50	535	45	91	95%
	刑事	27681	27286	49	557	46		99%
1917年	民事	30466	29126	54	539	45	93	96%
	刑事	31534	31215	54	578	48		99%
1918年	民事	30469	29288	50	586	49	92	96%
	刑事	27205	26894	52	517	43		99%
1919年	民事	28568	27205	48	567	47	93	95%
	刑事	27796	27429	50	549	46		99%

续表

项目		受理总数	已结总数	厅数	年结案数	月结案数	民刑事月结案数	年结案率
1920 年	民事	33995	32043	53	605	50	100	94%
	刑事	32252	31797	53	600	50		99%
1921 年	民事	37784	35373	57	621	52	99	94%
	刑事	33376	32971	59	559	47		99%
1922 年	民事	38327	34845	67	520	43	81	91%
	刑事	32424	31743	69	460	38		98%
1923 年	民事	43912	40024	72	556	46	87	91%
	刑事	36739	35751	73	490	41		97%

资料来源：根据1914年度至1923年度的《中华民国刑事统计年报》与《中华民国民事统计年报》统计制作本表。

表17　1914~1923年全国民刑事案件第一审各结案率之地方厅分布

结案率		80%以下	80%~85%	85%~90%	90%~95%	95%以上	90%以上
民事	厅次	35	19	53	138	294	432
	厅次比例	6%	4%	10%	26%	55%	80%
刑事	厅次	15	7	17	56	455	511
	厅次比例	3%	1%	3%	10%	83%	93%

资料来源：根据1914年度至1923年度的《中华民国刑事统计年报》与《中华民国民事统计年报》统计制作本表。

表18　1923~1928年顺义县民事案件第一审结案方式

项目		1923年	1924年	1925年	1926年	1927年	1928年	综计
结案方式数	判决	52	85	71	48	55	28	339
	和解	51	85	31	17	17	21	222
	驳斥	9	2	1		1		13
	撤回		2	8	21	31	36	98
	其他	7	2	4	4	1		18
	总计	119	176	115	90	105	85	690
结案方式比例	判决	44%	48%	62%	53%	52%	33%	49%
	和解	42%	48%	27%	19%	16%	25%	32%
	驳斥	8%	1%	1%		1%		2%

续表

项目		1923 年	1924 年	1925 年	1926 年	1927 年	1928 年	综计
	撤回		1%	7%	23%	30%	42%	14%
	其他	6%	1%	3%	4%	1%		3%

资料来源：根据顺义县档案 2-1-245、311、379、458、464、570 等相关资料制作本表。

表 19　1919～1926 年山西省厅县民事案件第一审结案方式

项目	受理总数	判决	撤回	和解	发还	其他	已结数	判决比例	和解比例	年结案率
1919 年	—	9786	25	3280	73	268	13432	73%	24%	—
1920 年	17424	12491	29	4198	28	288	17034	73%	25%	98%
1921 年	20735	14932	51	4656	7	452	20098	74%	23%	97%
1922 年	22216	15715	74	5352	17	509	21667	73%	25%	98%
1923 年	25054	17574	154	5515	102	895	24240	73%	23%	97%
1924 年	26670	18427	276	6523	124	774	26124	71%	25%	98%
1925 年	24946	16933	325	6262	131	754	24405	69%	26%	98%
1926 年	23529	16413	292	5520	199	600	23024	71%	24%	98%

资料来源：根据"山西省第二次至第九次政治统计"各年"司法之部"的"全省民事案件结果统计总表"、"民事案件受理及结果表"、"民事第一审案件及终结未结"等资料制作本表。

表 20　1920～1926 年山西省厅县刑事案件第一审结案方式

项目	受理总数	有罪	无罪	管辖错误	公诉驳回	消灭	其他	已结	有罪率	年结案率
1920 年	26983	23800	2111	15	100	81	160	26273	91%	97%
1921 年	32252	28484	1981	13	176	101	658	31413	91%	97%
1922 年	29521	25904	1913	34	459	65	578	28953	89%	98%
1923 年	18944	15493	2119	13	284	68	474	18451	84%	97%
1924 年	23568	19810	2224	15	273	414	434	23170	85%	98%
1925 年	21325	17426	2148	29	192	555	697	21047	83%	99%
1926 年	18781	15405	1921		186	385	604	18501	83%	99%

资料来源：根据"山西省第五次至第九次政治统计"各年"司法之部"的"刑事案件受理及结果表"、"刑事第一审案件及终结未结"等资料制作本表。

表21 1919~1926年山西省民事案件第一审各判决率之县分布

	判决比例	10%以下	10%~20%	20%~30%	30%~40%	40~50%	50%~60%	60%~70%	70%~80%	80%~90%	90%以上	50%以下	50%以上
县数	1919年			1	2	4	12	28	24	21	12	7	97
	1920年					3	15	22	25	26	13	3	101
	1921年		1		2	8	10	21	26	25	11	11	93
	1922年			4	4	4	15	18	27	24	8	12	92
	1923年		1	2	6	8	14	20	17	25	11	17	87
	1924年		1	1	3	13	15	25	18	22	6	18	86
	1925年	1		4	2	8	19	19	25	17	9	15	89
	1926年		2	5	3	7	12	24	20	25	6	17	87
	总计	1	5	17	22	55	112	177	182	185	76	100	732
县比例	1919年			1%	2%	4%	12%	27%	23%	20%	12%	7%	93%
	1920年					3%	14%	21%	24%	25%	13%	3%	97%
	1921年		1%		2%	8%	10%	20%	25%	24%	11%	11%	89%
	1922年			4%	4%	4%	14%	17%	26%	23%	8%	12%	88%
	1923年		1%	2%	6%	8%	13%	19%	16%	24%	11%	16%	84%
	1924年		1%	1%	3%	13%	14%	24%	17%	21%	6%	17%	83%
	1925年	1%		4%	2%	8%	18%	18%	24%	16%	9%	14%	86%
	1926年		2%	5%	3%	7%	12%	23%	19%	24%	6%	16%	84%
	综计	0%	1%	2%	3%	7%	13%	21%	22%	22%	9%	12%	88%

注：表中部分数据略有误差，系求商、求和之不同计算方法所致，特此说明，后续表格中不再一一注明。

资料来源：根据"山西省第二次至第九次政治统计"各年"司法之部"的"全省民事案件结果统计总表"、"民事案件受理及结果表"、"民事第一审案件及终结未结"等资料制作本表。

表22 1919~1926年山西省民事案件第一审各和解率之县分布

	和解比例	10%以下	10%~20%	20%~30%	30%~40%	40%~50%	50%~60%	60%~70%	70%~80%	80%以上	20%以上	50%以上
县数	1919年	13	24	33	19	9	4	2			67	6
	1920年	12	30	29	19	12	2				62	2
	1921年	10	29	31	19	7	7		1		65	8
	1922年	7	28	29	22	9	3	5	1		69	9
	1923年	10	33	19	20	15	4		3		61	7
	1924年	8	27	24	23	12	7	2	1		69	10

续表

	和解比例	10%以下	10%~20%	20%~30%	30%~40%	40%~50%	50%~60%	60%~70%	70%~80%	80%以上	20%以上	50%以上
县数	1925年	9	30	22	19	14	5	1	4		65	10
	1926年	9	24	28	21	13	4	1	3	1	71	9
	总计	78	225	215	162	91	36	11	12	2	529	61
县比例	1919年	13%	23%	32%	18%	9%	4%	2%			64%	6%
	1920年	12%	29%	28%	18%	12%	2%				60%	2%
	1921年	10%	28%	30%	18%	7%	7%		1%		63%	8%
	1922年	7%	27%	28%	21%	9%	3%	5%	1%		66%	9%
	1923年	10%	32%	18%	19%	14%	4%		3%		59%	7%
	1924年	8%	26%	23%	22%	12%	7%	2%	1%		66%	10%
	1925年	9%	29%	21%	18%	13%	5%	1%	4%		63%	10%
	1926年	9%	23%	27%	20%	13%	4%	1%	3%	1%	68%	9%
	综计	9%	27%	26%	19%	11%	4%	1%	1%	0%	64%	7%

资料来源：根据"山西省第二次至第九次政治统计"各年"司法之部"的"全省民事案件结果统计总表"、"民事案件受理及结果表"、"民事第一审案件及终结未结"等资料制作本表。

表23　1919~1926年山西省民事案件第一审判决率低于和解率之县比较

年份	1919年	1920年	1921年	1922年	1923年	1924年	1925年	1926年
县数	4	3	8	10	9	12	10	15
比例	4%	3%	8%	10%	9%	12%	10%	14%

资料来源：根据"山西省第二次至第九次政治统计"各年"司法之部"的"全省民事案件结果统计总表"、"民事案件受理及结果表"、"民事第一审案件及终结未结"等资料制作本表。

表24　1917~1918年山西省兴县民事案件第一审结案方式

结案方式		判决	和解	撤回	其他
件数	1917年	21	11	2	3
	1918年	29	15	4	1
	合计	50	26	6	4
比例	1917年	57%	30%	5%	8%
	1918年	59%	31%	8%	2%
	综计	58%	30%	7%	5%

资料来源：根据"六（七）年度民（刑）事第一审表"相关数据制作本表，民国（1927年）《合河政纪》卷二《司法篇》。

表 25　1914~1923 年全国地方厅刑事案件第一审结案方式

项目	已结	有罪	无罪	管辖错误	公诉驳回	消灭	其他
1914 年	31033	29996	792	27	69	2	147
1915 年	37257	36342	639	56	113	22	85
1916 年	27286	26706	433	12	79	11	45
1917 年	31215	30485	471	22	119	14	104
1918 年	26894	26352	311	13	116	9	93
1919 年	27429	26822	385	10	109	13	90
1920 年	31797	31098	471	14	118	17	79
1921 年	32971	32222	473	20	120	11	125
1922 年	31743	30948	472	31	101	12	179
1923 年	35751	34100	820	83	204	47	497

资料来源：根据 1914 年度至 1923 年度的《中华民国刑事统计年报》统计制作本表。

表 26　1914~1923 年全国地方厅民事案件第一审结案方式

项目	判决	和解	撤回	发还	其他	已结合计	判决比例	和解比例
1914 年	17965	2510	693	65	3719	24952	72%	10%
1915 年	21115	4940	580	100	2605	29340	72%	17%
1916 年	17955	5670	772	96	2258	26751	67%	21%
1917 年	18417	6729	1075	92	2813	29126	63%	23%
1918 年	17213	7800	1060	68	3147	29288	59%	27%
1919 年	15917	7017	1136	28	3107	27205	59%	26%
1920 年	18982	8040	1384	45	3592	32043	59%	25%
1921 年	21385	8555	1466	73	3894	35373	60%	24%
1922 年	21373	8747	1475	50	3200	34845	61%	25%
1923 年	24873	9595	2944	—	2612	40024	62%	24%

资料来源：根据 1914 年度至 1923 年度的《中华民国民事统计年报》统计制作本表。

表 27　1914~1923 年全国民事案件第一审各判决率之地方厅分布

判决比例		10%以下	10%~20%	20%~30%	30%~40%	40%~50%	50%~60%	60%~70%	70%~80%	80%~90%	90%以上
厅次	1914 年				1	2	6	8	14	8	4
	1915 年	1			1		7	11	15	10	
	1916 年				1	3	4	3	15	10	12	2

续表

	判决比例	10%以下	10% ~ 20%	20% ~ 30%	30% ~ 40%	40% ~ 50%	50% ~ 60%	60% ~ 70%	70% ~ 80%	80% ~ 90%	90%以上
厅次	1917年	1			3	5	10	16	11	5	3
	1918年			2	5	5	13	12	11	2	
	1919年			1	4	3	14	17	7	2	
	1920年	1		2	3	7	15	14	6	5	
	1921年			2	7	7	17	14	8	2	
	1922年			1	1	13	18	19	10	4	1
	1923年					12	22	19	16	3	
	合计	3		9	28	58	125	145	108	53	10
厅次比例	1914年				2%	5%	14%	19%	33%	19%	9%
	1915年		2%		2%		16%	24%	33%	22%	
	1916年			2%	6%	8%	6%	30%	20%	24%	4%
	1917年	2%			6%	9%	19%	30%	20%	9%	6%
	1918年			4%	10%	10%	26%	24%	22%	4%	
	1919年			2%	8%	6%	29%	35%	15%	4%	
	1920年	2%		4%	6%	13%	28%	26%	11%	9%	
	1921年			4%	12%	12%	30%	25%	14%	4%	
	1922年			1%	1%	19%	27%	28%	15%	6%	1%
	1923年					17%	31%	26%	22%	4%	
	综计	1%		2%	5%	11%	23%	27%	20%	10%	2%

资料来源：根据1914年度至1923年度的《中华民国民事统计年报》统计制作本表。

表28 1914~1923年全国民事案件第一审各和解率之地方厅分布

和解比例	10%以下	10% ~ 20%	20% ~ 30%	30% ~ 40%	40% ~ 50%	50%以上	20%以上	20%以下	10% ~ 40%
厅次	69	158	149	104	37	22	312	227	411
厅次比例	13%	29%	28%	19%	7%	4%	58%	42%	76%

资料来源：根据1914年度至1923年度的《中华民国民事统计年报》统计制作本表。

表29 1919~1923年山西各县与全国地方厅民事案件第一审判决率比较

判决比例		10%以下	10% ~ 20%	20% ~ 30%	30% ~ 40%	40% ~ 50%	50% ~ 60%	60% ~ 70%	70% ~ 80%	80% ~ 90%	90%以上
1919年	县			1%	2%	4%	12%	27%	23%	20%	12%
	厅			2%	8%	6%	29%	35%	15%	4%	

续表

判决比例		10%以下	10%~20%	20%~30%	30%~40%	40%~50%	50%~60%	60%~70%	70%~80%	80%~90%	90%以上
1920年	县					3%	14%	21%	24%	25%	13%
	厅	2%		4%	6%	13%	28%	26%	11%	9%	
1921年	县		1%		2%	8%	10%	20%	25%	24%	11%
	厅			4%	12%	12%	30%	25%	14%	4%	
1922年	县			4%	4%	4%	14%	17%	26%	23%	8%
	厅			1%	1%	19%	27%	28%	15%	6%	1%
1923年	县		1%	2%	6%	8%	13%	19%	16%	24%	11%
	厅					17%	31%	26%	22%	4%	
综计	县	0%	1%	2%	3%	7%	13%	21%	22%	22%	9%
	厅	1%		2%	5%	11%	23%	27%	20%	10%	2%

注：表中的县指山西省各县，厅指全国地方审判厅。

资料来源：根据1914年度至1923年度的《中华民国民事统计年报》、"山西省第二次至第九次政治统计"各年"司法之部"的"全省民事案件结果统计总表"、"民事案件受理及结果表"、"民事第一审案件及终结未结"等资料统计制作本表。

（唐仕春，中国社会科学院近代史研究所副研究员）

讲 座 实 录

大数据与中国历史研究[*]

李伯重

我今天讲的题目是"大数据与历史研究"。我想在座的同学,可能历史系的比较多。我们中国学者过去做历史研究,不管是做哪一方面的题目,很少会涉及"数据"这个概念,涉及"大数据"的就更少了。我相信在我这个年纪很多学者就觉得它是一种洋玩意儿,没有多少意义,值不得一提。也可能有一些比较年轻的学者觉得这是时代潮流,应当努力追赶。不管怎么样,这是一个谁也绕不过去的问题。我自己在最近一些年的研究中,总是力图探索和努力学习一些新的办法。所以现在有一点心得体会,和大家一起交流。有些同学等会儿提问的时候,如能给我一些启发、批评、指正,那就最好了。

我今天要讲的内容主要有几个。在国外,你要做研究,总要问几个问题:什么(what)、为什么(why)、在哪里(where)、怎么样(how)等等。首先要把这些问题搞清楚,才能展开研究。说到大数据,它究竟是什么?对于研究历史,特别是中国历史有什么意义?怎么使用它来进行研究?要把这些问题搞清楚。其次,我们还要回答:在历史研究中,大数据到底是万能的灵药还是江湖骗子?这是很多学者特别是人文学者心里始终存在的一个绕不过去的问题。不把这个问题搞清楚,就不会对用大数据研究历史有一个正确的看法。

---

[*] 本文为作者2016年2月24日于华中师范大学逸夫国际会议中心所做演讲,收入本书时略有修改。

首先，什么是大数据？若问什么是大数据，就先要问什么是数据。按许多人的理解这就是数字。从前我在清华大学教书的时候，一提到数据，总有一些非常好的文史学生，说我不做经济史、社会史研究，只是做文本研究或者思想史研究，跟数字无关，所以不需要"数据"。但是这个看法是错误的。数据，在英文中是data，大家从我演示的PPT中可以看到学界对于这个概念的一些最普通的解释。简单来说，数据就是信息或知识经过表达、经过一定的加工或者变成编码。制作数据的目的是什么呢？是让你更好地使用。数据包括各种字母、符号、语音、图像、图形等等，所以只要你做研究，你就一定要学会使用数据，哪怕你不叫它数据，它还是存在于你的研究当中。那么什么叫大数据呢？从数据的来源可以看到，它包括各种各样的形式的材料。就这些材料自身来说，它们并没有意义，要对你的研究有用时，才成为一种有用的东西。道理很简单：一本古书放在那里，本身不会产生作用，当你把里面的资料提出来加工、使用时，才会有意义。

什么叫大数据？就是大的数据，但怎么大，大家可以看PPT上的这些解释。简单说来，就是大到靠你个人不可能来收集和加工的数据。靠过去的方法，一个人再聪明，再了不起，没有办法建立大数据来搞研究。大数据必须经过计算机来处理。我们知道，有一些学者极了不起，例如陈寅恪先生，到晚年时，双目失明，他还可以完全靠记忆给学生讲课，哪一条史料在《新唐书》某卷某页，他都可以说出来。像这样的天才，全世界恐怕找不到几个。但是即使像陈先生这样的天才，他能够记住的信息还是有限的，因为人脑记忆是有限度的。更大量的信息，只有借助于现代技术，也就是说计算机才能够处理。

一般来说，大数据有五个特征，被称为5V特征，即volume（体量）、velocity（速度）、variety（种类）、value（价值）、veracity（真实）。也就是说，要体量大、速度快、种类多、价值高、真实可靠。有了这五个V的信息，才叫大数据。刚才我说了，大数据是伴随着信息技术产业和互联网行业才出现的。在过去，计算机没有出现之前，是没有大数据的。那个时候在西方发达国家有统计学，统计学家也收集了很多数据，写在纸上，但是很难使用，有时甚至就不能使用。我们中国有无数的古籍，有没有谁真正能够把它梳理一遍来使用呢？没有，因为这是不可能的。只有当计算机、通信技术、互联网出现之后，这些材料中所包含的信息才能够变成我们能够使用的信息。

为什么过去学者做研究不需要大数据,而今天我们做研究却需要大数据?这是因为时代不同了。具体来说,有两个原因:第一,今天是一个信息爆炸的时代,信息太多了;第二,历史学本身在发生变化。由于这两个原因,我们今天做历史研究离不开大数据。

第一,今天的信息爆炸需要研究使用大数据。

我们古代说一位学者"学富五车",意思是他读的书可以装满五辆牛车。一个人能够读完五车的书,就非常了不起了。在春秋战国时代,纸还没有出现,那时的书写材料是削制成的狭长竹片(也有木片,称木简),牍比简宽厚,竹制的称竹牍,木制的称木牍。均用毛笔墨书。册的长度,写诏书律令的长三尺(约67.5cm),抄写经书的长二尺四寸(约56cm),民间写书信的长一尺(约23cm),因此人们又称信为"尺牍"。竹简很重,竹简上的字写得很大,一条竹简写不了多少字。像1953年7月湖南长沙仰天湖古墓出土的战国竹简42支,最长的22厘米,宽1.2厘米,篆文,每简2~10字。所以一本书需要几百条竹简,重量可能少则几斤、十几斤,多则几十斤。把五车竹简上面的内容印成今天的书,可能就只是五本分量较大的书而已。那时最有学问的人惠子、庄子这些人都"学富五车",而他们从中所获得的信息量,就是我们今天几本或者十几本书所包含的信息量而已。

虽然信息量有限,但处理这些信息也不是很容易。中国历史上最勤劳的皇帝有三个,第一是秦始皇,第二是隋文帝,第三是清雍正帝。秦始皇焚书坑儒,是个暴君,但也要承认他是一个非常勤奋的人。《史记·秦始皇本纪》说:"天下之事无大小,皆决于上,上至以衡石量书,日夜有呈,不中呈,不得休息。"什么是"衡石量书"?意思是他下令各级官吏每天把天下的事都写成各种公文,亲自阅读处理。这些公文是写在竹简上的,秦始皇在御座旁边放一个大秤,他每天要看120斤重的公文竹简,要两个人才能抬得动。据今人估计,这120斤竹简有7500~10000片。按照一片竹简写10~20字计算,再除去留白,有10来万字。他要批阅完这些公文才休息,往往干到深夜。你看他够辛苦的,但实际上每天处理的事情还是有限的。因为他只能看这么多公文,所以从中获得的信息也是有限的。清雍正帝显然比秦始皇要幸福得多了,因为他批阅的公文是写在纸上的,而且形成一种很规范的书写格式。由于皇帝每天都要看的公文太多,所以从明朝开始,皇帝要看的公文，都要由内阁学士、军机大臣等秘书先看一遍，写个提要，贴在公文上，呈上皇帝。皇帝看了提要，了解大意，觉得需要更详细了解相关情况的，再读原文，大多数公文就只读提要了。皇帝的处理意见，也由秘书拟出，皇帝批个"可"字或者"否"字就行了。当然，如果皇帝不满意，还需自己写批示。即使如此，雍正帝每天只睡四个小时，平均每天都要写3000多字的批示。虽然如此勤奋，但是他处理的信息量还是有限的。

文人（即读书人）的情况也差不多。用杜甫、顾炎武的话来说，一个人读了一万卷书，下笔就如有神了；读了一万卷书，走了一万里路，就是个大学问家了。有些书篇幅很大，如《资治通鉴》就有294卷，《永乐大典》更有两万多卷。也就是说，一个人花一辈子，还不一定能够看完两万多卷的《永乐大典》。所以读书万卷，不是每个人都做得到。即使做到了，他所获得的信息还是有限的。

但是到了今天，特别是最近二三十年，情况变得太可怕了。我们经常说今天的"史料大爆炸"实际上就是文献资料大爆炸。其一，现有的文献资料数字化之后，你忽然就可以看到无数年来一直看不到的东西。我记得我写博士论文的时候是1983年，那时你们在座的还没出生。当时全国没有几个研究生，特别是博士生，全国首批毕业的博士就只有420人，还包括部队上的。因此研究生很受社会尊重，好像享有一些"特权"。我住在北京，每天清早骑自行车到北京图书馆柏林寺分馆看方志。那里的服务员非常好，一车一车地推过来给我看，从早一直到关门。我和我的一个师兄，就那么看了几个月。我的师兄做的是清代全国市场路线，他看了3500多种地方志。我做的是明清长三角经济史，看得比他少，大概看了1800多种。今天讲给学生听，大家都羡慕死了。后来我国的图书馆工作不断改进，越来越不让人去看这些书，我现在想去看也看不了。今天大家跑到图书馆里去，服务员把一车车的书推出来给你们看，恐怕是想都不用想了。但是今天你们不用去图书馆也可以方便地看书。为什么呢？因为有了大批的数字化文献，通过网络就可以得到。我现在来举一些例子让大家看一下。北京大学教授刘俊文先生的爱如生公司，建立了一个中国基本古籍库。这个数据库分4个子库20个大类100个细目，精选先秦至民国历代重要典籍，总计收书1万种，单库全文超过17亿字。目前爱如生公司已陆续推出包括中国近代报刊库、中国方志库、中国谱牒库、中国类书库等在内的大型数据库14个，包括四库系列、别集丛编系列、历代碑志系列、地方文献系列等在内的9个系列共82个专题数据库,包括明清实录、永乐大典、四部丛刊等在内的数字丛书库50个。另外还有"原文影像版数字原典"产品8个、"全文检索版拇指数据库"9类1000个产品。我近年来做军事史研究,花了6000块钱,从该公司买了一个小数据库,鸦片战争以前所有的兵书都收在里头,每一页上面是原文图像版,下面是检索版。这个数据库帮了我很大的忙,我也就不必想办法到图书馆古籍部去看一些古本珍本了。北京时代瀚堂科技有限公司推出的"瀚堂典藏",分为古籍数据库、近代报刊、民国文献大全三大主体部分。全库共包含15000多种古籍,25000种民国报纸期刊,近4000万条记录,汉字总量超过40亿。近年来湖南青苹果数据中心有限公司提出创建"华文报刊文献数据库"计划,将从清朝嘉庆年间至今两百年的4000种报刊中挑选1/10进行数字化,形成拥有4000亿汉字和4亿篇文章的海量历史文献库。除了那些大型的数据库之外,中小型的也非常之多,如果大家有兴趣,可以看看耿元骊的《三十年来中国古籍数字化研究综述(1979～2009)》。我国在古籍数字化方面的研究进展非常迅速,在30年前根本是不可想象的,而今天早已经变成了现实,不仅如此,数据库制作的技术标准也在不断提高。到了今天,古籍数据库大多据初印原件或权威复印件,采用独有的数字化技术制作,三窗点选式页面,时间和区位自由切换,左图右文逐页对照,毫秒级全文检索,配备多功能研读平台。这就为阅读提供了极大的方便。

由于这些数据库的海量,同学们要读完一个数据库中的材料,我想活一百辈子也做不到。这些书本来都是存在的,在图书馆里都有,但是没有数字化之前,它们对绝大多数人来说是无法接触到的。现在都可以读了,所以说是大爆炸。现在我们同学做毕业论文,查地方志和各种史籍,不用跑到图书馆里。已有的文献数字化之后大家都可以看到了,就像一个世界在你面前打开了。

其二,有很多原来不被看成史料的,今天随着研究的进展,也变成了非常重要的材料、第一手资料,这数量也是海量的。山西大学中国社会史研究中心在过去的20年中,收集了数量巨大的民间文书。我问中心主任行龙教授,现在有多少件文书,他说现在有1500万件左右,涉及200个村子。那就是说,每一个村子平均下来就大约有7.5万件。这些主要是人民公社时代的材料，什么都有，包括土改、合作社、人民公社时代的各种材料，例如人民公社时代每年的工分本、分红本，各个时期的治安情况材料，人民内部矛盾检讨，等等。这些材料过去都被认为是没有史料价值的，而今天看来是极其重要的。如果你用这些材料去研究山西农村，你得出的结论会完全超乎你想象。又如上海交通大学历史系以上海郊区、苏南、浙北地区为中心兼及中西部地区的"县级档案与契约文书的收集、整理与研究"项目，已汇集8省50县约600万页档案和30多万件民间契约。还有，浙江大学地方历史文书编纂与研究中心与浙江龙泉市档案馆合作整理出版的该馆所藏晚清至民国时期地方司法档案总计17333卷宗88万余页。龙泉司法文书的整理成为国家项目，立项时请我到开幕式上去讲几句话。当时我大吃一惊，怎么这个县会有那么多文书？后来得知龙泉在浙江南部山区，交通不太方便，抗日战争和国内战争都没有波及。所以从康熙时代起，一直到1950年解放军去接管这个地方，打官司的文件全部都在这里面，对于研究社会经济史来说，材料当然是非常丰富。还有一些你想不到的那些少数民族地区，比如说清水江，贵州的一条河，大家可能听都没有听说过。这是一个苗族、侗族等族人民生活的地区。在这个地方，现在还有几十万件文书遗存在民间，即清水江文书，又称"清水江民间契约文书"，主要是指明末清初以来直至20世纪50年代共约400年的历史长河中，贵州清水江中下游地区苗族、侗族林农为了经营混林农业和木商贸易而形成的大量民间契约和交易记录。据保守估计，目前至少尚有十万件遗存于民间，也有专家推测清水江流域各县遗存的这类契约文书可多达三十余万件，主要分布和收藏在清水江流域中下游的黎平、锦屏、天柱、三穗、剑河、施秉等县苗族、侗族农户家中。中山大学陈春声、刘志伟教授他们的一个团队去那边看后，陈教授做了一个报告，大家听后都非常吃惊。大家知道，在明清时期，中国在国际贸易中处于主动的地位，中国产品风靡全世界，西方国家都来中国购买，而中国人对他们的产品不感兴趣。这就出现了巨大的贸易逆差，但是逆差需要解决。那个时候的贸易是一手交钱、一手交货，你没有货怎么办？硬通货拿来支付。当时国际贸易中的硬通货是白银，主要来自中美洲的墨西哥、秘鲁和玻利维亚三个国家，世界大概80%的白银都来自这儿。几百年来，中国好像就是一个无底的吸银器，白银不断地进来后就不出去了。这些白银到哪里去了呢？陈教授他们去看了这些文书材料发现，这就是白银沉淀在中国的一个原因。在这些交通不便的山区，每一户苗族、侗族人家，家里都有几十斤白银做成的银饰，都是从祖母的祖母、祖母的母亲、祖母、母亲一代代传下来的，到女儿出嫁的时候，母亲把传下来的东西送给女儿做嫁妆。比较富裕的人家，银饰一般在 30 斤以上。这个偏僻贫穷的山区，普通人民之所以有这么多的白银，是因为清代这里有一个非常繁荣的木材市场。中国东部木材匮缺，木材从哪里来？就是从长江中上游来，从清水江流域、金沙江、湘江、赣江这些地方过来。购买木材的商人是从哪里来的？主要是由徽州一带来。徽州商人到少数民族的地方，用白银向他们把一片一片的山买下来，买了之后雇人来砍树，砍了之后把木材顺着小溪拖到清水江，沿清水江而下，运到乌江，再由乌江转运到长江。我买你这一片山，我买你这一片坡，我给你几百两银子，你把它砍完。在这些文书里就有大量的买山的证据。这些银子到这个地方有什么用？在这里又不能买到什么东西，但是苗族、侗族人特别喜欢用白银做首饰。这些买卖的契约文书都保留下来，解放后土改没有触及这个少数民族地区，"文化大革命"也没有触及。这里的苗族、侗族人民大部分都不识汉字，他们认为祖宗留下来的东西很宝贵，所以每家都把它们用布包好，放在自己供神的地方搁着。中山大学的学者发现这些文书，就觉得了不得，说服了当地人民，把文书借出来，复印一份带走，而原件则还给主人。由此可以看到，这些文书改写了中国的历史。为什么这样说呢？中国偏僻边远的贵州苗、侗族山区，和隔半个地球的秘鲁、墨西哥、哥伦比亚，通过贸易联系在一起了，可见世界各地彼此关联，没有真正与世隔绝的地方。但这些材料从来都没有人知道，而今天出现了，而且类似的材料还会不断地被发掘出来。

上面说到的这些材料中，都包含了一些有用的信息。这些有用的信息就是我们史料学里面的数据。这些信息要从不同的材料中筛选出来才能应用。史料中有用信息的筛选，就是数据挖掘（data mining），即："从大量的、不完全的、有噪声的、模糊的、随机的实际应用数据中，提取隐含在其中的、人们事先不知道但又是潜在有用的信息和知识的过程。这个定义包括好几层含义：数据源必须是真实的、大量的、含噪声的；发现的是用户感兴趣的知识；发现的知识要可接受、可理解、可运用；并不要求发现放之四海皆准的知识，仅支持特定的发现问题。"

我们读了很多古书，其中并不是每一句话都对我们的研究有用，可能只是某一小段被引用，因此说是史料挖掘。这个工作或许非常的辛苦。郭松义先生应该是现在我国清代社会史方面的最好的学者，他这个人非常了不起，甘于坐冷板凳，花了十年以上的时间，天天坐在中国历史第一档案馆里面看清朝的刑部档案。郭松义先生研究清代在京山西商人和司法审判中的私通行为，前者有136宗样本，后者有403宗案例，从社会科学角度来看体量并不大，但这些个案分散在"乾隆朝刑科题本"、"宗人府来文"、"内务府来文"、"八旗都统衙门档案"、"刑法部档案"、《刑案汇览》、《刑案汇览续编》等众多官方文献，以及《资政新书》、《樊山政书》等海量个人文献中。了解这些史料并找到所需研究个案是非常困难的。他筛选出来的这些信息非常重要，得来实在不容易。勤奋如郭先生，花费了多年的辛劳，从巨量的档案资料中才筛选到500多宗案例。今天我们有更多的材料，如果我们还是使用传统的方法去阅读和筛选有用的信息，可能会在海一样的文献面前投降。

有四位计算机科学专家（Paul C. Zikopoulos、Chris Eaton Dirk de Roos、Thomas Deutsch 与 George Lapis）写了一本《理解大数据：企业级 Hadoop 和流数据分析》，据说："在'很久以前'（出于某种原因，我们的孩子认为是我们像他们那么大的时期），矿工可实际地看到金块或金矿脉；他们能清楚地认识到它的价值，并且在以前发现金矿的位置附近挖掘和筛选，希望发一笔横财。尽管这里有更多黄金（可能位于他们旁边或数英里外的山中），但他们用肉眼看不到，所以这就成了一个赌博游戏。您疯狂地在发现黄金的地方附近挖掘，但您不知道是否会找到黄金。而且尽管历史上有许多淘金热的故事，但没有人会调动数百万人来挖掘每个角落。"同样地，过去在可以读的书有限的情况下，我们可以熟读这些书，然后从中寻找有用的信息。今天有这么大量的文献资料，而且很多是没有经过分类的，没有索引，无法检索，我们怎么去找？那只有搞人海战术了，就像20世纪50年代那样，政府组织大批学者去编各种史料汇编。

但是现在情况不同了，"如今淘金热的运作方式大不相同。对金矿的挖掘可使用需要巨额资本的设备来执行，用于处理数百万吨无用的泥土。如果要肉眼可看到金矿，通常需要 30mg/kg（30ppm）的矿石品位，也就是说，现在金矿中的大部分黄金是肉眼看不到的。尽管所有黄金（高价值数据）都在整堆泥土（低价值数据）中，但通过使用正确的设备，您可以经济地处理大量泥土并保留您找到的金箔。然后将金箔集中在一起制成金条，存储并记录在安全、受到严密监视、可靠且值得信赖的地方"。大数据就是在这种背景下出现的。所以，有"大数据之父"之称的维克托·迈尔·舍恩伯格（Viktor Mayer-Schönberger）说："大数据时代带来的信息变革，比人类发明印刷机之后发生的阅读革命还要猛烈，各种形式的电子阅读及其高度普及，颇能说明这一点。"今天在座的同学，我想没有一个没有手机，有的同学甚至成了低头族。对于你们来说，没有手机，没有网络，没有微信，就活不下去。那是因为什么？因为你离不开这种互联网提供的各种资源。在这种革命的背景下，如果我们不去充分利用最新的成就，就不能更好地研究，很多问题都不能很好地解决。

第二，今天的历史学科学化需要研究使用大数据。

历史学是科学还是人文学知识？现在的趋势是越来越多的人认为是科学。2015年在山东举办的第22届国际历史科学大会是谁来组织的呢？是国际历史科学委员会（The International Committee of Historical Science）。该委员会请我在第21届国际历史科学大会开幕式上做基调报告，2000年在荷兰阿姆斯特丹。今天的历史学，虽然不像社会学、经济学那样是一门完全的社会科学，但是也越来越科学化。科学化的历史学叫 scientific history，这不是科学史（history of science），而是科学化的历史学，是用科学的方法研究历史，而不是研究科学本身的历史，所以是不同的。要把历史研究变成科学，有两个方面，即史料学方面和方法论方面都要科学化。这两方面都做到科学化，历史研究才能成为历史科学。

历史学科学化的过程，不是今天才开始的。史料学的科学化，就开始得很早。北京大学的钱乘旦教授指出，在史学史上，"兰克之前的历史学著作写作比较随意，包括司马迁的《史记》和希罗多德的《历史》都是这样。你不知道这些记录的来源和出处，无法判断其真实性，也不知道它们运用了哪些史料，或者根本就没有史料而只是凭道听途说甚至想象。比如'霸王别姬'，威武悲恸、气壮山河，后人却无法求证。英国历史学家马考莱的《英国史》写到光荣革命，也是生龙活虎，但也无法验证。中世纪的西方编年史有很多是修道院修士们所写，一部分是他们的亲身经历，但也有部分是听说的。中国古代后来编修'正史'，倒是要用起居注这一类文字记载，不过也没有一定的规范"。确实如此，司马迁没有注出"霸王别姬"的故事的史料是从哪里来。项羽乌江自刎，离司马迁写《史记》时，已经一百多年过去了。司马迁怎么知道霸王在哪里别姬，唱了什么歌。因为没有注明出处，所以我们只能说，我们认可司马迁个人的诚信，但是再诚信的人，也有听到不实情况的时候，所以霸王别姬这件事，是无法证明的。皇帝的起居注，皇帝每天发生什么事情，都记载下来，但是皇帝有时候也拿来看的，看得不顺眼就要删掉。所以根据这个起居注写成的实录、写成的正史，你也不知道它的真实性到底怎么样，用这样的材料我们写出来的历史，它就可能会成问题了。

到了19世纪后期，德国历史学家利奥波德·冯·兰克（Leopold von Ranke，1795~1886）才开始把历史学科学化。说到兰克，我想学习历史的同学都知道。兰克被称为西方的"客观主义史学之父"。兰克对历史学的改革，被称为"兰克革命"，而他所创建的新的历史学，则被称为"科学的史学"。在兰克看来，历史学就是通过搜集、辨析原始的文献资料，并依靠这些经过考证的史料，用文字复原曾经存在的客观事实，即所谓"如实直书"原则。兰克革命的核心是用一种非常严谨的方法研究历史，规范其研究方式，把历史学当作一个专业。兰克提出写历史要非常准确、完全真实。为此他制定了一套规范，要找到非常可靠文书、档案等资料，证明是非常坚实可靠的内容，才可以当作写作素材。使用可靠史料是恢复真实历史的基本出发点，而判断史料的可靠性，就需要依靠一整套完整的科学方法。这样一来，历史研究就变成科学了，通过使用科学方法而写出真实的历史。

要准确、真实地写历史，那你要说明你用的史料是从哪里来的，要尽量运用没有经过加工的史料，即第一手史料，例如文书、档案等。但是这些材料只是素材，其中包含的信息是不是正确，还需要考证。你不能说，因为是司马迁说的，所以"霸王别姬"就是完全真实的。你要弄清楚，这个故事是谁听见的，谁记录的，为什么他会把这个故事记录下来，等等。这些，我们就要弄清，如果没有弄清，那这就是一段不可靠的史料。因此，弄清史料来源，保证史料的可靠性，是非常重要的。

由于兰克的科学化史料考证对于史学研究至关重要，所以"兰克革命"的意义也非常重大。兰克培养了一批学生，成为专业化史学的先锋。在德国，他的门生几乎垄断了各个大学的史学讲坛。还有不少外国的留学生，纷纷把他的史学理论及治史方法介绍到本国。通过阿克顿所创立的英国"剑桥学派",通过法国的蒙诺德等人的鼓吹,兰克的名声传遍了西欧。甚至远在大西洋彼岸的美国和亚洲的日本等国,在19世纪中期以后也受到了他的影响。1884年美国历史学会成立时,他的信徒特为他呈献了唯一的"荣誉会员"的花冠。著名美国史家乔奇·班克劳夫特称他为"现犹健在的最伟大的历史学家"。所以兰克史学掀起的史学革命就是史学近代化或者科学化的第一步。

但是,所用史料全都正确无误,就能够保证研究结果正确吗?吴承明先生是我国经济史研究的泰斗,他说:"即使做到所用史料尽都正确无误,仍然不能保证就可得出正确的结论。"要得出正确的结论,研究方法也必须科学化。

历史学家也在追求怎么使历史研究变得科学化,余英时先生说:"自十九世纪末以来,西方(英、美、法)史学主流便是要把它变成一种'科学'(即所谓'科学的史学',Scientific History)。二十世纪西方史学的流派多不胜数,但其中最有势力的几乎都企图从不同的角度与层面把史学化为'科学'……二十世纪初叶美国'新史学'继'科学史学'之后,其目的仍然是为了扩大史学的'科学化',不过不是直接与自然科学接轨,而是与社会科学合流,而社会科学当然奉自然科学为最高的知识典范。这一潮流在美继长增高,至五十、六十年代而登峰造极"。

这里提到"新史学",大家知道这个名词是美国学者鲁宾逊在1912年出版的《新史学》一书中提出来的。而实际上,早在1903年,梁启超先生在同样题目的文章中就已提出了这个口号。不过梁先生没有对此展开细致的讨论,而鲁宾逊则做了很详细的论述,讨论怎么把历史学变成一门真正的科学。鲁宾逊之后,不断有人提出要发展"新史学",因此"新史学"到了今天已经是若干代了。"新史学"在20世纪五六十年代登峰造极。其中最有成就的就是经济史,被称为"新经济史革命"。为什么叫作革命?过去的历史都是叙述的,所以很不重视数字。例如《史记》里说项羽带8000江东子弟,打垮了秦朝。但是项羽到底有多少兵,谁也不知道。又如秦始皇讨伐南越,出兵50万,抵御匈奴出兵30万,而当时中国的人口大约只有2000万。因此这些数字到底是真的还是假的,无从考证。古代打仗喜欢虚张声势,交战的一方明明只出兵3万人,常常说是10万、20万、30万人,以壮大声势，吓唬敌人。由于这些数字不可靠，所以无从进行定量研究。到了后来，可靠的数字多了，这个时候就应当强调定量了。

在经济史研究中，传统的方法以定性研究为主，比如说研究社会制度、阶级斗争等，而后来数据多了，定量研究兴起，于是形成两个阵营。古德里奇（Carter Goodrich）说："新经济史的出现是经济史研究历史上的一件大事。定量研究方法的采用使得传统的经济史研究正在面临一场严重的挑战，这是一次新的'知识革命'，就好像工业革命时期机器织布对手工织布是一次革命一样。……经济史研究已经分成两个阵营，一个是以文字形式表现，一个是以数据形式表现，前者可以称之为'经济史'，后者已经不能称之为'经济史'了，需要另外起一个名称。"

那么，史料爆炸和方法变革之间有什么关系呢？关系非常密切。法国年鉴学派第三代领袖勒高夫说，"历史学今天正经历着一场'资料革命'，这一革命与新史学有着千丝万缕的关系"。资料爆炸，必将引起旧史学研究方法的革命，反过来说，研究方法的变革也会引起史料的重大变化。很多材料原来不被视为史料，可现在变成了重要史料。刚才我说到各种文书，重视地方民间文书，是从谁开始的呢？是我的恩师傅衣凌先生。抗战期间，日本轰炸厦门，厦门大学师生逃难到闽北山区，傅先生那时是青年教师，看见村子里、祠堂里都有一些契约文书。傅先生在大学里念过社会学，觉得这些文书很有意思，他就把它们收集了起来，从里面搜寻有用的信息，研究中国农村社会。所以，傅先生就成了我国使用民间契约文书研究社会历史的第一人。可以说，这些史料的发现和使用促使我国农村社会史研究产生。

第三，大数据从何而来？

你如果问一个做计算机科学的人这个问题，他会告诉你，要进行以下几个步骤：（1）数据采集（data collection）；（2）数据处理（data processing）；（3）数据验证（data validation and verification）；（4）数据格式化（data filing in a readily accessible format）。对于我们做历史的人来说，数据采集，就是收集史料。从收集来的相关文献中看看里面的史料哪些对你有用。一本书里的史料不是都有用。我 1983 年在北京图书馆柏林寺分馆古籍库看书时，每天要看好几车书，哪里能每一本都看过？我是查看其中对我有用的部分，比方说，地方志里的物产志、风俗志等，从中你会找到对你有用的东西。然后我们要问：这些东西是不是正确的？不见得写在纸上的都是正确的，所以我们要验证，最后，要把你获得的资料变成一定的格式，供你使用。那么有人可能要问：不是要忠于原始资料吗？经过这样的处理、加工，史料不就不是第一手的了？这种想法不对，因为在所谓的第一手材料里，你需要的是那些有用的信息、可靠的信息、真实的信息，而这些信息不是自然而然就表现出来的。我们常说，要让事实说话。但是事实自己不会说话，它只能通过一定的方式才能被表达出来。所以年鉴学派的大师菲雷（Francois Furet）说："在确定自己的研究对象的过程中，历史学家必须'创制'自己的原始资料"；"资料的编码是以资料的定义为前提的，资料的定义隐含着一定数量的选择和假设，而假设更是人们有意识的行为，因为人们必须按照一种程序的逻辑对它们进行思考"。在选取你需要的资料时，你要问问自己：为什么要用这些资料，而不用那些资料？你要以你的研究题目为出发点，根据一定的标准将资料选出来，然后加工、改变。因此，只重视"原始资料"或者"第一手资料"是不够的。

最后，我们来谈谈做大数据，成果是什么。这个成果就是数据库。数据库是什么？大家请一定要记住：数据库并不只是统计表，不只是若干的数字。数据库（database）是依照某种数据模型组织起来并存放在二级存储器中的数据集合。这种数据集合具有如下特点：尽可能不重复，以最优方式为某个特定组织的多种应用服务，其数据结构独立于使用它的应用程序，对数据的增、删、改和检索由软件进行统一管理和控制。从发展的历史看，数据库是数据管理的高级阶段，是由文件管理系统发展起来的。

数据库因为太大了，没有办法以传统的书刊方式放到图书馆里，放到书房里，而只能放在电脑里。不仅如此，数据库是针对特定研究题目设计出来的，比如说要做人口研究，那么就要在数据库里设立出生、死亡、年龄、性别等类别，把相关数据分门别类放在里头，同时根据你的需要，设计出一种方法，把各类信息关联、组织起来。所以说，数据库是数据管理的高级阶段。刚才我说到，我们看书，靠自己记笔记，再整理成数据，这只是初步的工作。在过去的几十年中，国外的社会科学界建设大型数据库已取得了巨大的成就。1962年，以美国密歇根大学为基地成立的跨大学政治和社会校际联合数据库（Inter-university Consortium for Political and Social Research，简称ICPSR），联合全世界600多个成员机构，存储超过17000

种调查资料,是目前世界上最大的社会科学数据中心之一,对经济学、政治学、社会学、人口学以及法学等学科研究具有重要价值。1998年起,IPUMS首席科学家罗伯特·麦凯(Robert McCaa)先后说服100多个国家的统计机构与IPUMS合作,将各自数据库连接起来并免费用于学术研究。目前,IPUMS包含19世纪以来多个国家[包括中国第三次(1982)、第四次(1990)人口普查]的微观数据。现在,IPUMS数据还在不断增长,其中最显著的是从18世纪开始到20世纪中期,以数字抄本为基础的历史人口微观数据。到2018年,IPUMS数据记录总量将扩展到20亿人次。

现在国际社会科学学界已经有五大数据库,即:(1)美国整合公共微观数据库(Integrated Public Use Microdata Series,简称IPUMS);(2)加拿大巴尔扎克人口数据库(BALSAC Population Database,简称BALSAC);(3)荷兰历史人口样本数据库(Historical Sample of the Netherlands,简称HSN);(4)瑞典斯堪尼亚经济人口数据库(Scanian Economic Demographic Database,简称SEDD);(5)美国犹他人口数据库(Utah Population Database,简称UPDB)。这些数据库是公开的,大家都可以去浏览。我们中有许多人想不到,荷兰、瑞典这些小国在大数据建设方面也很发达,一个原因是政府支持,因为这些国家的学界和政府都认为这是基础建设,所以应当投很多钱去做。这些数据库主要是供研究近代和现代的社会科学工作者使用,不过在全球范围内,用大数据研究历史也是方兴未艾。宏大的历史研究数据库也在建设中。例如美国匹兹堡大学曼宁(Patrick Manning)教授主持的CHIA计划,旨在构建一个在空间方面横跨全球,在实践方面跨越近四五百年的全球史资料架构。这个数据库是开放的,不断扩展的,可以把新材料放进去,材料有错误可以随时改,所以是动态的。有了这个数据库,如果同学要做近四五百年中的某个问题的研究,可以直接进入数据库查找自己需要的数据。这样,你们就不必自己去苦苦搜寻、整理和验证无数的原始材料了。当然,现有的数据库(特别是大数据库),虽然已经出现了一些,但对于许多具体研究来说,还没有现成的,因为现有的数据库大多都不是为个人定制的。指望在选题写硕士论文、博士论文时,对导师说,请你给我一个数据库,这是不可能的,要你自己想办法。一方面,要充分利用现有数据库中的东西,另一方面要自己建立一个符合自己研究需要的小数据库。在这方面,我国历史学界目前还处于起步阶段。香港城市大学教授祝建华有篇文章《一个文科教授眼中的大数据》讲道:"大数据是好,但是大数据在哪里。如果我们拿不到大数据,就是一个橱窗里面的蛋糕,只能在外面看。按照我的看法,我们可以把大数据分成几种,小规模的、中型规模、巨型规模的。小规模的非常多,免费就可以得到。中规模大部分情况下也是免费的或者是低成本的。真正的大数据其实是得不到的。做应用也好,做工具服务也好,都必须考虑这个问题。这就讲到数据的分析工具,实际上大数据的分析工具并不发达,我们现在所用到的绝大部分工具都是用来解决小数据问题的,用来解决常态数据对异态数据的统计工具。"完全符合你的研究需要的大数据,其实是没有现成的。做研究时必须考虑这个问题。在中国社会史方面建立数据库并运用数据库进行研究做得最好的,目前被认为是李中清团队。

李中清（James Z. Lee）与康文林（Cameron Campbell）从 20 世纪 80 年代起,花费 20 多年时间,建立基于八旗户口册和清代皇室族谱资料的中国多代人口系列数据库（China Multi-Generational Panel Data Series,简称 CMG-PD）。该系列数据库包含辽宁、双城和皇族三个子数据库,其中前两个已在 ICPSR 网站上对全球学界免费公开。辽宁数据库涵盖 1749 ~ 1909 年辽东地区 26 万人的 150 余万条记录。双城数据库涵盖 1866 ~ 1913 年黑龙江双城县 10 万人的 130 余万条记录,并尝试与不同时段的家户地亩资料相连接。李中清 – 康文林研究组目前正在收集清代和民国教育与官员考核史料,以构建两个新的全国性量化历史数据库。一个是由李中清、梁晨负责的民国大学生学籍信息数据库。目前已收集、输入近 10 万民国大学生的学籍信息,对民国大学生社会来源问题研究很有帮助。另一个是康文林负责的清代《缙绅录》资料的数据库化和量化分析。目前已确定《缙绅录》涉及 50 万官员超过 260 万条个人记录,对系统分析清代官员人际网络和职位波动意义重大。这个大学生学籍信息数据库有将近 10 万人。民国时,没有像今天我们常见的动辄几万人的巨无霸大学。像北京大学、清华大学这些出名的大学,早期学生也就几百人,到了抗战时期也就千把来人。所以 10 万人,是一个非常庞大的数字。另外一个数据库是清朝缙绅数据库。在清朝,一个人做了官之后,都有一个介绍他的家世和简历的记录,收入《缙绅录》。李中清团队收集的数据,涉及 50 万官员的超过 260 万条个人记录。通过这个数据库进行研究,可以看出有多少官员是通过科举考试上来的,有多少是通过亲戚连带关系当官的，多少人是幕僚出身，多少人是捐纳出身。这就可以清晰地看出不同时期的情况，可以从中发现许多有趣的现象。如果你们做的研究在时间上更早一些，那么可以使用哈佛燕京学社、中研院史语所和北京大学中古史研究中心合作的"中国历代人物传记资料库"，这个数据库涉及36万人的材料，目前还在继续扩大。如果将来你要研究晚明的人物，那么你可以通过数据库，看看他们生活在当时的社会中，和什么人来往，他们之间为什么来往，从而把他们之间的人际关系放在当时的社会中去考察。

第四，怎样运用大数据？

史学界对历史数据库的理解和利用有个过程。数据库建成初期，学界对它们的利用很有限。以当前国际上最有影响的五大历史量化数据库为例，进入20世纪90年代，尤其是1995年以后，情况发生巨大转变。2006～2010年的五年间，检索五个数据库的新增学术发表成果已达2360余篇。但是使用者多数是社会学家、经济学家、人口学家，而历史学家则因为不懂，所以很少有人利用这些数据库。历史学者主要是利用数字图书馆的搜索引擎便捷地阅读书籍，作为获取资料的主要方式，利用大数据技术分析、辨别数字化文本史料的工具仅仅处于尝试性开发阶段。不仅如此，一些学者也开始使用其他方法使用数据库。例如，谷歌公司最先开发出在文本中统计词频的算法，不论在计算机中输入什么词或词组，这种算法都会输出这些词或词组的词频统计结果。谷歌公司的工程师分别输入了"黑鬼、黑人、非裔美国人"、"科学、哲学与宗教"等词组，计算机绘出了这些词组出现的时间、频次的对比图，历史学家可以通过分析这些数据阐释黑人在不同时期的美国社会受到的不同对待，以及科学、哲学与宗教在人类历史不同时期的地位，从而展开多样性研究。做美国黑人的社会变化研究，你不靠大数据库，我想你一辈子都看不完资料，因为有无数报刊、档案。刚才我说到李中清、康文林他们做辽宁道义屯的研究。他们将辽宁地区家谱、碑记中18、19世纪的人口记录和20世纪对从记录中挑选出来的农村家庭后代的回溯性调查相结合，构建出一个延续200多年的该地区大规模个人成就的追踪数据库。其中的每条记录都包含个人受教育程度和官职等衡量标准，在此基础上建立了衡量个人的父亲及其家族和家族分支总体特征的解释变量。利用这个数据库，他们写了一篇文章《中国农村传统社会的延续——

辽宁（1749~2005）的阶层化对革命的挑战》。这篇文章指出清代和中华人民共和国时期辽宁地区父亲与儿子所取得成就的相关程度的差异由此得以清楚展示，并对比研究了清代和1949年以后，这些家族在政治和教育成就方面的等级变化。尽管建国以来，辽宁地方的政治、社会和经济状况发生过多次具有深远意义的变化，但很多人口行为，如社会分层、社会流动等，其惯例和范式却可能变动不大，从清朝一直延续到了今天。也就是说，经过200多年的众多变化，农村阶层结构变化不大。1949年革命成功，接着经过集体化、公社化等运动，大家觉得农村原有的社会结构已经天翻地覆，今天的情况应该和过去也截然不同了。但是从这项研究可见，经过对多代人经历的分析，可以看到这样的现象，即先辈做什么，子辈也做什么，这种概率非常高。也就是说，在清朝，做村长的人，其后代做村长的概率大大超过一般人，读书人的（"官学生"）后代成为读书人、富人的后代成为富人、穷人的后代成为穷人的概率，也都如此。到了1949年以后，农村干部的后代成为干部的概率也最高，农村有一些孩子读过中学或者大学，他们的孩子接受教育的概率也明显高出一般人。村子里面最穷的人，大多是原来的"地富分子"，他们的后代也都是穷人，也就是说，村里各种人的地位变了，但社会结构没有变。这个结论是很有震撼性的。当时李中清教授在清华大学做讲座时，有人问道：你的这个结论和我们的感觉不一样。李中清教授的回答是，你的感觉可能有道理，但是我们的结论是用大数据统计出来的，你的感觉是一些个案，个案都是个别变量，个别的变量在统计学上意义不大。所以，李中清教授的这个重要研究如果离开了数据库，是做不出来的，可见数据库确实非常重要。另外一个例子，也是李中清教授团队关于近代中国大学生来源的研究。这项研究成果已经出了一本书，书名《无声的革命》，在全国政协大会上，俞正声主席特别提到这本书，并向刘延东副总理推荐。李中清教授和他的团队（梁晨、张浩、李兰、阮丹青、康文林）认为1949年以来，中国高等教育领域出现了一场革命。新中国高等教育生源开始多样化，以往为社会上层子女所垄断的状况被打破，工农等阶层的子女逐渐占据相当大的比重。基础教育的推广、统一高考招生制度的建立以及重点中学等制度安排共同推动了这一变革的出现。这场革命虽然不及社会政治革命那样引人瞩目，却同样意义深远。受教育者本人在实现命运转变的同时，也改变了国家和地方精英的身份构成，传统社会中封闭的阶层关系和结构被彻底改变了。本书利用1949~2002年北京大学和苏州大学学生学籍卡的翔实资料，力图将这一革命及其成就呈现出来，为中国高等教育改革与发展提供借鉴。"无声的革命"最基本的表现是，仅在北大和苏大，接近8万的年轻人通过高考实现了向上的社会流动。如果其他精英大学情况也类似，那么实际上经历类似命运的年轻人可能会有百万甚至数百万。除了整体上的转变之外，在一些具体的领域，"无声的革命"体现得更加明显。例如在美国的医学界和学术界，大部分学生都出身于相关领域的世家。但是在中国，情况并非如此。

这里说一下，大学生入学，都要填写学籍卡，上面有名字、性别、家庭出身、读书多少年等信息，都相当详细，也相当确实。用这些信息制成数据库，即可进行大数据研究。据这项研究得出的结论是，在1865~1905年，即清政府废除科举之前，超过70%的教育精英是官员子弟，来自"绅士"阶层；1906~1952年，超过60%的教育精英是地方专业人士和商人子弟，尤其是江南和珠三角地区；1953~1993年，超过40%的教育精英是来自全国的无产阶级工农子弟；1994~2014年，超过50%的教育精英来自各地区的有产家庭与特定的重点高中。

由此可以看到，中国的高等教育和中国社会的变化确实是非常之大的。当然，最近有人批评说，这个结论可能还是有一些问题，比方说来自农村的"农民"子弟会不会实际上大多数是农村干部子弟，这个就很难界定了。但是这个结论依靠的是李中清、康文林领衔的"基于个人层面的、从1760年至今中国教育精英社会与地区来源的数据库"。这个数据库相当大，所以在所涉及的范围内来说，得出的结论是可靠的。而且，这个结论中谈到现今的发展趋势会不会使得中国高等教育越来越变成有钱人的孩子才能读书的情况，这也很值得重视。

刚才我说社会经济史可以进行大数据研究，可能有人觉得我不做社会经济史，所以大数据研究与我无关。但是社会经济史之外，大数据还能不能用于别的历史研究呢？大家来看看这两本书，一本是金观涛、刘青峰的《观念史研究》，另一本是黄一农的《二重奏：红学与清史的对话》。

金观涛、刘青峰，你们大概不知道，因为他们活跃时，你们都还没出生。他们后来在香港中文大学。他们做的是观念史，观念与量化似乎没有什么关联，但是他们使用数据库做关键词词频统计、语义分析与观念史研究，借助于内容达 1 亿 2000 万字的"中国近现代思想史全文检索数据库（1830~1930）"进行观念演变的探讨，并将这种方法称为"以包含关键词例句为中心的数据库方法"。他们指出：随着史学材料和研究方向的不断扩大，史学家的工作似乎走入"愈发琐碎的考证的泥潭中"，而建设大规模材料数据库可以有效地解决这个问题。他构建的跨越 100 年（1830~1930）的中国近现代思想史全文检索数据库，确实在解决近代观念史研究的诸多重大问题上展现了强大功能。

有的同学会说，我做不来数据，那我去做考据吧，因为考据和大数据没有关系。黄一农是中研院院士、台湾"清华大学"教授。他是学理工科出身的，获得的学位是天文物理学博士，后来转向历史学，先做天文学史，后来做军事史，但近年来专做《红楼梦》研究。大家知道，《红楼梦》是中国文学史中最难研究的作品，所以才会出现一门学问叫"红学"。从鲁迅时代开始，就有众多学者在研究"红学"，但是就《红楼梦》到底是不是曹雪芹的自传这一核心问题，到现在为止也没有获得共识。有些人说是，也有人说不是，双方都有些理由。黄一农先生在 2005 年提出一种"大数据时代"的文史研究方法，即"e 考据"。他认为"e 考据"是在 e 时代做考据，而并非只是用 e 的方法做考据。他以"e 考据"的学术方法和学术态度研究《红楼梦》，为原本被认为已无多少新材料会出现的"红学"挖掘出一批过去不为人知的真实可靠的新史料，并填补诸多历史细节的隙缝，使得"红学"与"清史"之间的隐秘联系彰显出来。他做的是考据，而考据是史学的根本。过去做考据最了不起的是"乾嘉学者"了。他们从小就读古书，四书五经、十三经等都倒背如流，所以他们可以对古书里的歧异进行讨论。但是他们的精力毕竟是有限的，所以他们的精力大部分都放在了经史子集的经里面。黄一农教授把大量的文本文献扫描成 PDF 文本，放在数据库里，然后找相关的材料，找到之后，把相关细节部分拿出来。他依靠考据，把各种资料放在一起进行比较、分类和分析，求得某事件发生的具体时间。比方说"元妃省亲"，回到大观园，贾府迎驾使用什么礼仪，穿什么衣服，这些在清朝皇室资料中可以看到。有些东西在乾隆某一年才出现，所以这本书的写作不可能早于那一年。诸如此类，每一种细节他都细加考察，很多人认为他是"野狐禅"，因为他不是学历史出身的。但是他做的这个工作很实在，你要推翻其结论，也不是那么容易。这就是 e 考据的好处。黄一农教授还办过 e 考据的夏令营，推广这种方法。由于红学已经历了众多大家之手，要提出新见解是非常困难的。不用这种 e 考据的方法，恐怕就无法解决上述问题了。

第五，大数据是万能灵药，还是江湖骗术？

上面说到大数据对于史学研究的重要意义，但是学界和大众对用大数据研究历史依然意见分歧。有些人认为这是研究历史的不二法门，而另外一些人则认为这不过是一种新的江湖骗术。

就前一种意见而言，一位叫作尼克的网友在一篇题为《计算历史学：大数据时代的读书》的文章中写道：

> 给中国做历史的提个醒：大部分的中国哲学家翻译水平已经被谷歌或百度翻译器赶超了。历史学家要是再不上进，也快没饭了。历史学最近屡被自然科学进犯，这不，前脚遗传学刚走，大数据和计算又来了。随便一个科学家都能到这儿玩个票。

以赛亚·伯林（Isaiah Berlin）引用了英国前辈历史学家亨利·托马斯·巴克尔（Henry Thomas Buckle）的话说：历史学之所以没变成科学，主要是因为历史学家的智力不如自然科学家。他设想如果伽利略、牛顿、拉普拉斯有时间顺手玩点历史的话，历史学说不定早就变成科学的一分子了。话虽损了点，但是出自历史学家自己之口，至少诚恳。

司马迁被施以腐刑之后，中国就没人干考据了。即使人家都做好了，也懒得看。现而今，坐绿皮火车去趟莫斯科图书馆回来就算中国史学界大事儿。其实要是真不想去做实际工作，莫斯科都太远，去东莞整一山寨手机，躺床上就能指导博士生。不信？我先出个题："女权运动五百年全球发展史"。然后在 Google Ngrams 里偷偷敲 "penis, clitoris"，并把起始时间设在 1500 年。瞧好吧，您呐。所谓 "秀才不出门，便知天下事"。

尼克又接着以 20 世纪中国哪位作家最知名为例，说大数据在史学研究中的重要作用：

> 中国文坛讲究排座次，鲁郭茅巴老曹，等等。前几年也不知哪个瞎起哄非要把金庸也拉入伙。二话不说，先把老哥几个的名字一顺给

Ngrams，看看咋说。注意：鲁、郭的名字七十年代前的拼法分别为 Lu Hsun 和 Kuo Mo-jo。两秒钟出结果：瞧人家画的这图，跟炒股曲线似的。可以看出鲁爷江湖地位不可动摇，八十年代末九十年代初有点技术性下滑，随后又呈上升态势。但貌似三四十年代，鲁略输郭。不明白为啥曹禺就不带玩了呢，即使输入老拼法 Tsao Yu 也不济。金庸按说是这老几位里英文最好的吧，但就是不受待见，把他小名路易·查良镛（Louis Cha Leung-yung）算上，也不管用。这张小图够北大复旦那啥系的博导们喝一壶吧。①

他把相关结果用示意图表示出来，大家看这个图，结果马上就看出来了。如果你要写一篇中国文学史的论文，题目是：20 世纪中国最有代表性的作家有哪些？他们之中的每个人在哪个时期最受欢迎、最受关注，就一目了然了。

但是，另外一批人则认为使用大数据做史学的人，连基本的史学问题方法都不懂。这种看法集中表现在潘绥铭的《批判"大数据崇拜"》一文中。在这篇文章中，作者说：

> 第一种方法是：研究者自己首先提出某个或者某些假设，然后去收集数据，然后进行统计检验，以便对于自己的假设做出适当的评价，主要结论应该是：该假设是否得以成立。也就是说，"没有假设，就没有研究"或者"好的假设就是成功的一半"。这对于任何一种遵循"科学主义"的研究来说，不但是金科玉律，而且根本就是不可突破的底线啊。可是，所谓的"大数据"，在收集数据之前，可曾有过任何一个假设吗？甚至，研究者究竟有没有猜测到：那些数据之间，可能存在着某种联系呢？
>
> 第二种研究方法，是从定性研究（质性研究）里的"求异法"借鉴来的，就是：不去寻找数据的"规律性"，而是通过分析，去发现"特定事物（现象）内部的多样化的存在"，或者"同一事物（现象）在不同载体中的多样化存在"。也就是说，研究者的假设是：任何事物

---

① 尼克：《计算历史学：大数据时代的读书》，《东方早报》2014 年 6 月 15 日。

（现象）都不可能是浑然一体，必定存在着万紫千红甚至千奇百怪的存在形式。研究者的目标，就是去发现和揭示这一点。因此研究者全神贯注的，恰恰是数据中那些小概率的、奇异的甚至缺失的情况。

大数据本身也有问题，廖颖林教授则指出：

我看到了一则有趣的报道标题为"生子不是福"。报道摘录如下："芬兰图尔库大学的萨姆利·赫利在最近一期的《科学》杂志上发表文章指出，根据他与同事对1640年到1870年间375名妇女教堂记录的分析结果，在前工业化时代，生育儿子会显著缩短妇女寿命，而生育女儿则会对妇女的长寿起积极作用。为了保证分析结果的准确性和确定生男生女的长期效果，研究人员把考察对象限定于年过五旬的妇女。结果表明，生育子女的数目不会影响妇女寿命，但每生一个儿子，却会平均将其缩短34周。"如果你是一名女性，而且又尚未做母亲，读完这则报道之后，你会有怎样的想法呢？也许你的第一反应会同标题一样——生个女儿该有多好，毕竟34周（将近1年）的生命是十分珍贵的。但是报道的内容是否值得信赖？支撑该报道的分析方法又是否恰当呢？

廖教授还指出：

在信息爆炸的年代，我们将随时随地成为信息的接收者，散布在报纸、杂志、电视、广播中的信息，良莠并存、真伪同在，我们该如何"借来一双慧眼"，看个清楚明白呢？

尼克和廖教授说的都有过激之嫌，但是也不乏一定的道理，今天和过去不同，今天是信息爆炸时代，无数的信息在这里，你怎么看得尽？没有办法。今天的海量数字，也有问题，有两本很有名的书，一本是《数字是靠不住的》，另一本是《统计数字会撒谎》，都是统计学家写的。所以，大数据不是万能的。

但是大数据也不是没用的。大数据不是万能的灵药，更不是江湖的骗术，它只是一个工具，在需要用它的地方，你不用，是你自己笨，若在不需要用它的地方，你用了，你傻。

历史学者和大数据之间是个什么关系呢？我们首先来看一段话，有位网友小宝写了一篇文章《大数据的进犯和历史学的进击：历史可以量化吗？》，向尼克和陈志武教授提出质疑。大家知道，过去几年，陈志武教授在清华和北大举办了几期量化史学暑期班，我也在那里讲课。这篇文章说：

> （陈志武看来）之前对历史的探究要么过于意识形态化，要么又过于侧重朝代史、政治史，就如电视古装戏几乎走不出宫廷斗争的话题；还有就是过于定性，停留在史料整理和描述性层面，即使对历史事实背后的因果关系下结论，也只是猜测性的，很少从统计意义上进行严谨的逻辑推论，做排他性实证论证。

小宝在批评尼克的那篇文章最后说的话是，"中国现代史家当下的第一要务，不在学习计算机的聪明，而是要多少保持一点传统良史的愚蠢"。

从这些争论中可以看出一个问题：我们历史学家，在面对大数据、学习使用大数据时应当怎么保持我们自己的专业特点，同时积极利用大数据给我们带来的便利？在这方面，李中清和梁晨两位学者做了很好的总结：

> 面对"大数据"时代历史研究的大趋势，历史学者并非只能消极被动接受转变，而是有其独到的比较优势。历史学者掌握的众多史料、丰富的历史知识以及考据等研究方法等对量化研究历史资料来说都是必需的。
>
> 历史学者在研究中认识和处理史料的宝贵经验，是构建量化数据库和进行后续分析不可或缺的。量化数据库的构建与研究，必须依托于统一的制度性定义或标准化结构的信息材料才能完成，但历史材料的丰富性、多样性和复杂性成为构建系统、直观的量化数据库的障碍。
>
> 在选定和整理好原始史料后，对史料中包含的具体信息的分类与编码依然需要依赖历史学者的专业知识。由于时代背景错综复杂、史料建立和涵盖的时间长短不一，史料记录的内容可能不一致或不完整，且难以今日的常识直接理解。此外，单一历史材料也可能包含多种类

型和层次的信息，比如人口户籍材料不仅包含个人信息，也可能包含家户成员关系和土地、财产构成等信息，往往需要细致、全面地理解和辨别。因此，将史料记载的复杂信息灵活妥当地分类并设计变量编码方式并非简单依靠电脑技术或其他模版即可完成。这种史料的复杂性一直是历史研究的难点，同时也是历史学者学习、训练和研究的重点。

有一位学者吴玲在其文章《大数据时代历史学研究若干趋势》中也说：

> 大数据将改变历史学研究的未来发展方向。然而，如同电脑永远不可能取代人脑，大数据不可能取代历史学工作者的主观思考，也不可能取代传统历史学研究的基本理论与方法，历史学研究者必须明确大数据在历史学研究中的地位。首先，历史学家必须发挥主导作用，由历史学家主导制定相关计算机数据分析指令、参数模型的基本原则，这些原则的制定必须依据历史学的研究理论与方法。其次，大数据可以从海量数据中提取、挖掘、分析、计算出趋近于全体数据的数值及其动态变迁趋势，但分析这些数值及趋势之间的本质关系，诸如原因与结果、现象与本质、个性与共性等理论性问题，还必须借助历史学家在历史学理论与方法指导下的天才思考。再次，由于历史学研究的相关参数是从成千上万的参数拟合值中通过计算机工程性操作得出的，因此，必须判断这些参数拟合值在多大程度上能够成为引出历史性结论的可靠依据；这些参数会在多大程度上展现历史发展的规律；通过这些参数对历史学研究对象做出怎样的判断等等，这些判断都需要历史学家借助历史学的研究理念与方法展开深邃思考。

总而言之，使用大数据研究历史是一种新方法，而对待新方法，我们不应当排斥。吴承明先生说得好：

> 就方法论而言，有新、老学派之分，但很难说有高下、优劣之别。新方法有新的功能，以至开辟新的研究领域；但就历史研究而言，我不认为有什么方法是太老了，必须放弃。

我以为，在方法论上不应抱有倾向性，而是根据所论问题的需要和资料等条件的可能，作出选择。

美国经济史学会前主席席德（Ralph W. Hidy）也号召重在定性研究的"传统经济史学家"和重在定量研究的"新经济史学家"之间，应该在研究方法上多沟通。一方面，前者需要学习一些新的理论和方法，另一方面，后者需要学习历史学方法，需要尊重史料。他在 1972 年当选为美国经济史学会主席的就职演说中，特别强调计量史学家向传统史学家学习，说："没有以往史学家所做的各种定性研究，计量史学家可能就会误解了他们用以量化研究的材料的意义；没有史学家所积累的研究成果，理论学者也很难设定各种近乎真理和实际的模型。"

最后，我用英国历史学会前主席巴勒克拉夫（Geoffrey Barraclough）的话来结束这个讲座：

  历史学已经到了转折时期这个事实并不意味着它必定会沿着正确的方向前进，也不一定意味着它有能力抵制住诱惑，避免陷入歧途。

  当前在历史学家当中的一个基本趋势是保守主义。历史学家不会心甘情愿地放弃他们的积习并且对他们工作的基本原理进行重新思考。

  因此，对于历史学家来说，我们要敞开我们的胸怀，接受各种新事物，哪怕我们不用到，我们也要尽量去了解它，与此同时，我们也不要放弃我们自己本来的优势和传统。

（作者：李伯重，香港科技大学人文社会科学学院教授；整理者：李帅飞，华中师范大学人文社会科学高等研究院大数据历史专业研究生）

大数据与社会科学和人文科学研究*

周欣平

我今天讲的题目是"大数据与人文社会科学研究"。"大数据"是人们耳熟能详的词，大家都很熟悉，但也是一个很陌生的概念。为什么说是既熟悉又陌生呢？我们几乎天天都听到这个词，人类社会已经进入大数据时代。所以这是一个很熟悉的概念。随着大数据的产生也出现了很多的产业和很多的新科学研究领域。所谓很陌生是什么意思呢？如果我问在座的同学什么是大数据、怎么用大数据来做研究，恐怕大家一时半会儿还答不上来。特别是利用大数据来做人文社科方面的研究，恐怕才刚刚起步，大量的工作还需要我们去做，新的思路和新的方法也有待于我们去探讨和发现。今天我就主要谈谈我们怎么能把大数据用于人文社会科学研究。

人文科学和社会科学研究中的许多问题是可以通过大数据来解决的。所谓用大数据来做研究，在学术界我们通常叫数据科学（data science）。数据科学这个词也代表了一个新的领域的产生，把数据作为研究的对象，通过对数据的研究来得出结论的科学研究叫数据科学。现在世界各国都在推行大数据，也在推行大数据研究。大数据确实也给我们提供了很多解决问题的办法。学界和企业界都参与了这个具有巨大潜能的行业和领域。从陌生冰冷的数据里面，我们可以找到许多新的答案。一些很大的商业公司，像谷歌、雅虎、亚马逊等，目前都在做大数据开发和研究。为什么大数据

---

* 本文为作者 2016 年 4 月 22 日于华中师范大学逸夫国际会议中心所做演讲，收入本书时略有修改。

这么重要呢？因为大数据和我们创造知识是息息相关的。也就是说，通过大数据的研究，人们创造知识的能力得到了非常大的提高。新的知识和信息每分钟都在全球传播，巨大的数据把我们知识创新的能力给调动起来了，我们的视野拓展了。同时呢，由于知识产生的过程变得更集成化和系统化，通过大数据链，我们自然就被卷入一个系统的数据大集成的过程里面，而不是像以前那样仅陷入独立和分离的研究和认知过程。大数据来源很广，它的量很大，被称为"海量数据"。在这个环境里，知识的产生和传播逐步变成一种全球的行为，不再是局部或个人的行为，还特别能带动群体和团队的研究。一个研究开始以后，很多人都可以跟上，而且数据可以重新利用。下面首先让我们来看一下大数据和大数据时代的一些特征。

什么叫大数据？通俗说来就是有很多0。怎么有很多0呢？我们现在知道一个PB有1000个TB，一个TB有1000个GB，一个GB有1000个MB，这些都是简单的计量单位，对数据计量的单位。那么一个EB的话就是1000个PB。基本上来说你达到一个PB的话就可以说是大数据。但是这又不是一个很严格的定义。因为作为一个文科的研究，我们往往达不到这么大的数据量，不像在自然科学研究领域，数据量是很容易达到PB级和EB级的。文科研究的数据往往要小很多。所以不能就简单地说一定要达到一个PB才能叫大数据。对于从事文科研究的学者来说，有几千个上万个数据就可以称它为大数据了，没有一个很机械的定义。另外大数据还有一个特征，它是要优质精准的数据。这个定义可能大家在字典里通常找不到，因为这是我个人研究的一个心得，也是我个人的一个看法。如果是大数据的质量不高的话，不是优质精准的数据的话，这种大数据是没有多大意义的。所以呢，对大数据的定义，我认为一个是它的量要大，二是要优质精准，尽可能准确，有了尽可能准确的数据，才能做好大数据研究。

我们再来看看大数据的来源和运用。我们现在看到最多的数据它本身来自 born-digital，英文 born-digital 的意思就是以原始数字形态呈现的数据。换句话说，它从来没有以纸本的形式存在过，它本身就是由计算机产生的，或者是由各种各样的电子器物产生的。除了这种数据之外，还有就是来自纸本文件，由这些纸本的资料转化成的数字档案。这就是大数据的两种主要来源了。除此之外，大数据还可以衍生，通过链接和媒体形态的数据，不断衍生，使数据量变得越来越大。比如说通过社交网络和移动装置、传感气流等，都会产生大量的数据群。比如说每天早上，人们去乘坐交通工具。当他进入地铁的时候，刷一下他的卡，这个方式就会通过无数的乘客用同样的方式而产生一个大数据流，我们就可以知道，每天有多少人乘坐哪一路线的地铁。这个数据群的产生是一个很随机的过程。目前大数据研究的核心领域还是在科学界。人们可以通过大数据研究取得前人所不能达到的成就。主要的科学研究领域，如计算机科学、统计学、天文学、物理学、生物学、基因科学等等都用大数据。今天我们看到大数据研究在社会科学和人文科学中也得到了广泛的运用。除此之外，大数据还不仅仅是一个量化的问题，因为大数据不见得非是数字不可，这个我待会儿还要讲。

大数据还运用于人类文明遗产保存与研究方面，以及工业界、商业界、金融界。比如很多商业部门用大数据来进行市场调研。所以我们可以说今天大数据研究是方兴未艾，通过大数据研究所得到的知识和答案也越来越多。

这里有个误区。通常人们说大数据一定指数字，这个是不对的。数据它不单单是数字。那么什么叫数据呢？数字当然是大数据的一个部分，但是有很多的数据是非数字的。我这里举几个例子。比如数字文本，它也属于大数据的范畴。数码照片、生物样本、医学上的 X 光片、社会科学和大众传播中研究的流媒体内容、考古学的样本、地球科学中的遥感图、历史档案等等，都是大数据。不是一定要以数字的形态出现才叫大数据。基本上来说，大数据有几个特点。首先它不定型，因为它是可以重组的。大数据和已经出版的文献是不一样的。以前我们在做文科研究的时候很多是针对文本研究，除了手稿等文献外，文本研究的内容大多是已经出版了的，文本研究的对象相对比较固定。但在大数据研究方面，数据是不固定的，是原始的，是来让你解读的。它本身不具备知性，也不具备解释性，它是被人解读的。它可以被视作未经分析过的内容。这些我们都称为数据。图书馆以前只收出版物，不收数据。现在图书馆开始收藏未经出版的原始数据，这是一个重大转变。

除此之外，我们也应该充分认识大数据的特征。首先，有个数据链的问题。大数据具有关联性。数据之间有很多关系，我们称之为数据链。大规模的数据集成就是数据和数据之间通过关联的方式形成一个大数据链。另外，我们经常看到大数据的传播在时间和空间上是开放的。通过检索我们可以在网络上的开放空间里发现大数据。另外一个很重要的特征就是数据的可收割性和可重组性。通过每一次的数据收割和重新组合，我们可以发现新的知识。这也正是大数据的魅力。总之，大数据是可以不断修改使用以针对不同的研究来得以使用的，也不会出现很多的侵权问题。当然你要注明数据的来源。大数据存在的形态可以是云存储和固定存储等形式，同时也可以实时地精确获取。比如说在遥感器和卫星探测方面，很多是实时发布的数据。另外大数据需要得到永久的数据保障和迁移。现在各个国家都在进行这样一个工作，要成立一种大数据保障系统，中国也要做大数据产业的开发和研究。大数据一定要得到一个数据的保障和迁移维护，同时还要研发具有强大功能的数据检索技术。作为文科研究人员，我们不可能去研发大数据的平台，我们就用大学里的数字人文平台来做文科大数据研究的学术平台。工业界和科学界往往要搞一些很特殊的大数据平台来进行大数据的研究，要进行大数据的开发。但是文科研究的话，我们的重点是在用已经有的大数据资源做探讨。下面我想简单举几个例子，讲讲用于社会科学和行为科学的大数据研究，为什么可以通过对大数据的分析，了解一些社会行为规律。什么叫社会行为规律呢？通过大量的数据，我们可以判断出社会的一些行为规则。举个很有趣的例子，有的人就是通过在"脸书"上看看一定特殊年龄群的女性在头像里所穿的服饰来进行研究。其实很简单，就是通过一个很大的社交平台，比如说看看18岁到24岁的女性群体她们的穿着是什么样子，就可以探讨出她们对时尚的追求、兴趣。人们还可以利用人工智能的方法，通过大数据来进行机器的深度学习。前不久大家都听说了阿法狗的新闻，谷歌的阿法狗和韩国的围棋手李世石的对弈，结果是阿法狗胜了。那么大家就要问为什么阿法狗它有这么强的智慧呢？实际上这就是一个大数据深度学习的结果。在网上也经常听说围棋的变法有10的160次方之多。要让机器不断地记忆这些变法，让它自己和自己下棋，以确定深度神经网络的算法。人和人下棋很累，但机器它不会累，所以它会不断地下棋，不断地优化，以至穷尽无数次的变法，得出最佳算法，并产生记忆。这样的话呢，它在和人进行较量的时候，通过大数据的这种分析学习，可以用非常高超的棋法来和人对弈，从而战胜人类。用同样的办法，我们让机器学习给人看病，输入大数据，利用机器超高的检索和计算能力，从而做出最佳判断。通过机器学习、机器记忆，将来最好的医生可能就是机器,它可能比名医还高超。因为它可以把所有的可能性都在它的记忆里检索一遍,它的判断可能就是最准确无误的,这样就不会有太多的医疗事故了。还有一个很有趣的例子。20世纪60年代,美国人曾经试图用机器翻译。但是翻译完后,大家就觉得机器翻译没有前途,翻译出来的东西都是不伦不类的。比如说英文里面有个成语,叫作"out of sight, out of mind"。这个成语大家都知道,"out of sight, out of mind"中文的正确翻译应该是"眼不见,心不烦"。但那个时候,机器翻译出来的结果是"一个瞎了眼的白痴"。因为out of sight就是看不见,out of mind就是白痴,这样人们就认为机器翻译是没有前途的。在60年代的时候,没有大数据和计算机深度学习的概念,也没有想到把巨大的海量数据输入机器,让机器反复地学习记忆。今天我们可以通过大数据的方法,把各种字典里所有的词和用法都输入机器,让机器检索和学习,得出正确的翻译结果。再举一个语言学的研究例子。如果我们想研究一下土豆什么时候被引进中国,以前要找出这个答案得去翻资料,穷尽所有的参考书,去查最早有土豆进入中国的文献记载是在哪本书里,什么时候记录的。这是一个艰巨的工作,需要对典籍有相当的了解。但是现在呢,这样的工作就不需要由一个资深学者去做了。只要有一个像美国的谷歌图书这样巨大的文献资料库,里面有上千万本的全文书籍,你就有可能查到最早记录土豆的中文典籍,看看中国典籍里最早是什么时候记录土豆的,这只是弹指之间的工夫。除此之外,你还可以查到和土豆相关的产业在古代有哪些,在哪个地区,是如何发展的,等等。新的知识就这么建立起来了。所以说大数据的开发和使用可以使人类的知识得到大大的提高。你不需要是一个饱读经书的学者,仅仅通过检索就可以得出很准确的结论,并且这个结论是通过大数据的检索得出的,而不是主观的想象。这个例子表明大数据对文科研究影响是非常大的。比如说研究人口迁移问题,通常都是要等到人口普查资料出笼后才能拿到有关的统计数据,美国大概是每十年会有一次全国人口统计。但是现在,研究人口迁移问题就不用等到十年了。很多的人口迁移数据可以通过其他的途径来获得,包括交通工具的使用、学生登记注册,从而可发现你是从哪个州来的,你今天在哪里,等等,随时的,人口迁移数据都出来了。再看一个计量金融学的例子。以前在华尔街投资的那些老手很多是超级天才,他们可能拥有一个博士学位,有金融学方面多年的训练。他们在做金融研究的时候要对金融市场做分析，找很多数据。但是在未来大数据时代的金融投资领域，可能主导者就是机器了。机器可以对市场的大数据进行分析记忆和存储，它的能力会超过人。计量金融学方面使用大数据研究可谓是方兴未艾。通过大数据研究分析，机器可以对市场走向做出判断，给顾客提供最好的投资方案。另外在公共卫生、流行病研究等领域，大数据研究的功能更是不可缺少的。有关流行病的传播和来源等都离不开大数据的研究。还有天文学、环境科学、灾害研究等领域，它们都和大数据研究息息相关。

讲到这里大家可能就要问了，你说的这些都对，但是对做文科研究的人来说，我们怎么用大数据来研究呢？这是我今天要讲的主要题目。文科研究和自然科学、金融学、公共卫生等领域不一样，文科在大数据方面的研究往往就不是那么确定。我们怎么用大数据来进行文科方面的研究呢？首先，我觉得文科方面的大数据研究是通过一些大型的社科知识库的产生而发生的。这个社科知识库可以是多元的，比如是大型文本数据库，比如说美国国会图书馆的全部藏书完全数字化了以后，以 PDF 的格式来计算，它们的总容量只有 20 多个 TB。从理论上来说我们可以把美国国会图书馆所有书籍都数字化以后放到几个 TB 容量的磁盘上，磁盘也不贵。这也就是说我们可以把整个美国国会图书馆藏的图书全部放到自己的电脑里面，这就是一个巨大的数据库。对文科研究人员来说，我们今天的便利就是可以使用海量数据库。拿中国学术来说，它有 2000 多年文字记载的历史。今天我们和前人不同的是前人没有办法用大数据做研究。而今天我们作为文科的研究人员可以用大数据来做研究。这就是我们和前人所不一样的地方。我们的前人根本无法想象我们今天可以饱览世界上不同文字的材料，通过大数据的检索和存储平台可以任意驰骋在知识的海洋里。在这一点上，前人是做不到的。我们今天也可以通过云端计算，把信息通过无数个服务器的连接变成一个巨大的知识链，通过对信息的收集和存储来形成一个共享知识平台，通过知识库的建立产生合作。以前做文科研究的人们进行大规模合作的机会不多，通常是分散独立的孤军奋战。你做文学的研究，我做历史的研究，我们之间是不相干的。今天因为有了大数据和云端计算，我们就有可能进行大规模的合作研究了，可以进行跨领域、跨学科的研究。在不久的将来，社会科学和人文科学研究方面会出现一些超大型的合作平台，这是可以预见的。通过利用大平台和大知识库，我们可以开启一系列的探索与发现，而且规模是非常可观的。我们可以重组数据，收割数据，分离数据，我们就生活在数据之中了。社会科学和人文科学研究用的海量数据在某种程度上来说将不会亚于自然科学方面的数据量。文科的数据更容易重新使用和修改。这比自然科学的研究来得更便捷。我认为通过大数据来进行社会科学和人文科学研究会给我们带来前所未有的新视野和新方法。就看你能否把握这个机遇。目前一些大型的文科研究平台和数据库实际上已经在形成。我这里举几个例子，主要是美国的例子，也有欧洲的例子，比如说 HathiTrust 就是美国的一个大型的文本数据库，它目前有超过 1300 万册图书。Google Books（谷歌图书）也是一个巨大的文本数据库，有超过 1500 万册文本图书。还有 Internet Archive，欧洲的 Europeana Collections 都成为巨大的云端网络数据库。它们都给文科研究提供了前所未有的机会。另外还有很多文化遗产机构、典藏机构、学术研究机构，它们也都在随时发布数据。这是 Getty 研究所提供的关于艺术史研究方面的网络接口，为研究艺术史的学者提供了前所未有的机会。他们可以任意地搜索和使用这些艺术史的资料，通过一站式的服务，对网上数据进行收割、分析，而做出漂亮的研究结果。

西方学界今天有一个非常响亮的名词叫数字人文。实际上它就是用数据来做人文科学和社会科学的研究。数字人文有哪些特点呢？第一个特点就是它是跨学科、跨领域的研究。前面我已经讲了，因为数据链的产生和大数据平台的使用，我们可以任意地做跨领域、跨学科的研究，而且这种研究还是动态和发展的。数据可以重新整合，可以重新收割，这就造成了数字人文研究的动态和跨学科的特点。数字人文有三个特点，第一是要有新的数据。第二是有新的研究方法，比如通过使用注释图像、文字组合、原型重塑、多媒体三维图、GIS 等一系列手段，你可以使你的研究水准得到提升。第三是通过数字人文研究，你要能够拿得出新的视野和结论。在文科领域里利用大数据来研究的案例在以前是少见的，但是在未来会越来越多。

我这里用一个图（见图 1）来显示数字人文研究的跨领域和跨学科性。如果你是学历史的，你往往是根据历史资料来做相关的历史研究。如果你是学文学的，你就做文学方面的研究。但是，在大数据时代，我们通过数

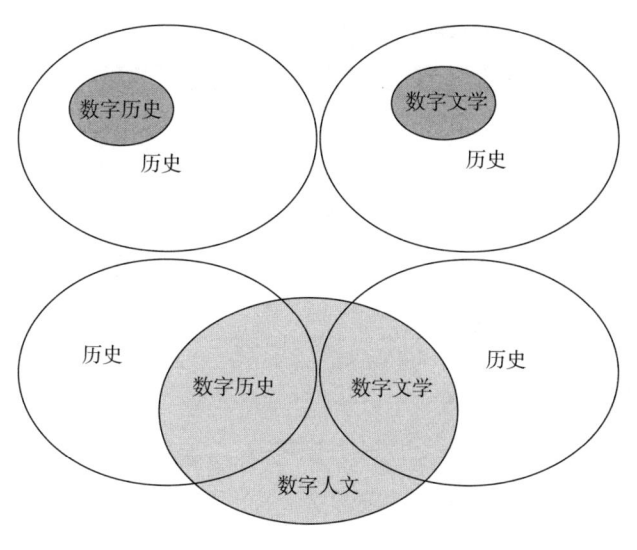

图1

字人文来做研究就没有必要分得那么细了。一旦进入大数据领域,你就做数字人文研究了,可以横贯历史和文学两个领域。这种"穿越"太容易。不管你是学文学的还是学历史的,还是做人类学的,你的结论是通过对来自不同领域的数据进行分析而得出的。这样,你研究的能量就大大提高了。数字人文可以把我们的研究变成一个跨学科跨领域的多学科多领域的研究范畴。这方面例子实在太多了,我随便给大家举个例子。不是说它最好,而是给大家提供一个最直观的例子。

这个数据库(见图2)记录的是伦敦17~19世纪两百年间的旧貌,汇集了大概240万件文档,包括24万份手稿,还有其他各种各样的档案。另外还提供大概300万个人名资料。通过对这些大数据的研究,我们可以发现这200年之间伦敦人的生活百态,如社会行为、规范、文化形态、犯罪行为等等。通过对这些数据的分析,我们可以做量化研究,也可以做直观描述。

下面我想再举两个案例分析一下怎么在文科领域里做大数据研究。第一个案例就是数字敦煌研究。我经常这样说,最好的数字人文项目,不用去别的地方找,它就在中国,就在敦煌。用数字技术来存储敦煌壁画和做数字人文研究,比今天欧美人做的数字人文工作开始得早。数字敦煌项目就是用数字化的手段来进行数据的创造、数据的收割和数据的整理保存,20

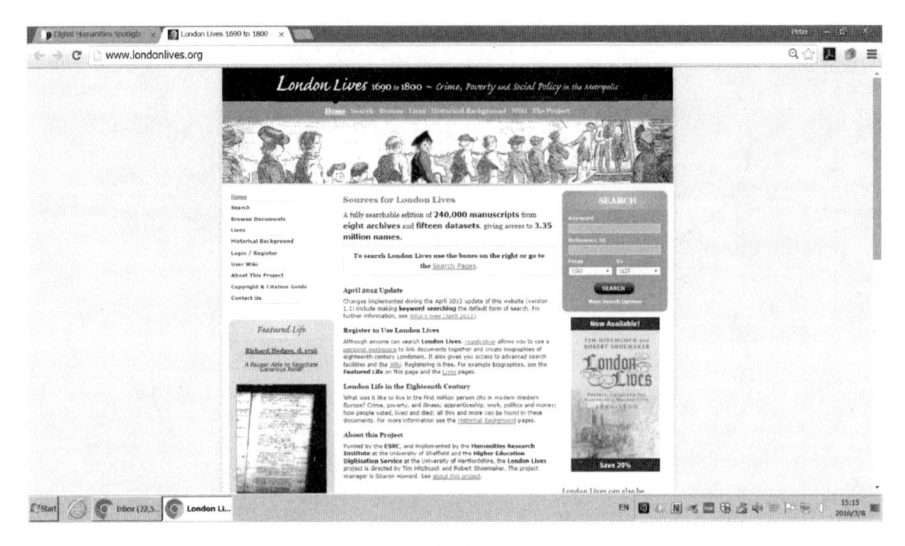

图 2

多年以前就已经开始了。这个项目所利用的数字技术和手段超过了现在美国的一些数字人文的项目。敦煌石窟艺术是中国历史上一个璀璨的明珠，在中国古代艺术史方面占据了半壁江山，是古代文明的宝库，前后有 1000 多年的历史，是一个非常珍贵、无法超过的艺术宝库。自从 1900 年藏经洞被发现之后，敦煌文书流散海外，也使敦煌学变成了一门世界范围内的学问。今天我们可以这样说，敦煌在中国，敦煌研究也在中国。敦煌的数字人文项目可以说是引领世界，具有极高的技术含量。那么数字敦煌要做什么呢？就是要再造一个虚拟的敦煌石窟和敦煌壁画艺术宝库。这是一个宏伟的目标。数字敦煌的数据有四个部分：壁画图像资料；雕塑图像资料；对雕塑和壁画维修和保护所产生的数据，包括环境监测数据，比如说某一个时候，窟里面的温度是多少，湿度是多少，它的人流量是多少，等等；还有就是遗书。敦煌藏经洞有 5 万多件敦煌遗书。

什么叫数字敦煌呢？就是要将洞窟、壁画、彩塑以及与敦煌相关的一切文物加工成高质量的数字图像，同时也将分散在世界各地的敦煌文献研究成果以及相关资料汇集成电子档案。壁画这个文物不可再生，也不能永生。这是敦煌研究院前院长樊锦诗的高瞻远瞩的讲话。在这样的一个宏观视野指导之下，敦煌研究院 20 多年来吸引了许多优秀的人员和团队来到敦煌做数字敦煌项目，包括美国西北大学，美国盖蒂保护所和国内的一些高校，如浙江大学和武汉大学等等。世界各地的一些聪明人到敦煌来从事数字敦煌的制作，大家力图把中国古代文明这份遗产以数字形态永久保存下来。这就出现了数字敦煌。它的数据量是巨大的，目前已经过了50个TB，将来要超过100个TB。美国国会图书馆的整个藏书数字化了以后，以PDF的格式出现，才达到20多个TB，敦煌研究院的数字敦煌数据是它的若干倍，数字敦煌的内容主要是图像，有采集到的高清图像、时空信息、激光扫描、3D影像、虚拟现实的视觉体验内容、保护数据和环境监测数据等多方面的数据。这就形成了一个大数据链，数字敦煌的大数据链。它有哪些链接呢？有合成图像、原始图像、动漫、历史照片、影像资料、数字复原资料、遗书文物、临摹缩微、保护资料等多元数据的链接。这么多的大数据链形成了一个数字敦煌体系。不久的将来就可以给研究敦煌的人员提供一个巨大的资料库。人们不需要到敦煌去，就可以在网上做敦煌研究。采集数据，整合数据，标引数据，都在一个世界性的敦煌研究平台上进行。也可以把这些珍贵的大数据保存下来，复制出来，成为可以再生的虚拟敦煌。同时还可以用现代的手段展示这个古老的文明。这是一个3D的展示，是全景展示，相当有震撼力。我们也可以把这个展示缩小到一个iPad上，通过iPad你可以看到敦煌的一些很细微的内容。通过数字方法，我们可以把研究推到一个新的高度。以前做敦煌研究的是少数人，一个人一支笔，针对小的细节。做文字研究的，做民俗研究的，现在通过这个平台，可以提供一个整体的视野，将集体研究成果纳入这个平台，这就有了相当大的改善。

我想再举第二个案例，就是数字地图。十多年前我们在做这个项目的时候，数字人文的研究才刚刚开始。在伯克利我们收集了大量的日本古地图。它们是16世纪到19世纪的日本古地图。这些日本古地图以前没有很好地被学者使用。过去几十年里，整个来伯克利研究这些日本古地图的学者不到100人。这是一个资源浪费。我们把这些古地图数字化，然后放在一个网站上全方位展示，加了标注。开放的第一天就吸引了来自全球的两万多个网上访问，使用量惊人。有些地图是非常珍贵的。比如说这个地图（见图3），它反映的是江户时期从江户（东京）到京都的一条公路和沿线的情况。

下面一张地图（见图4）揭示了日本早期对外通商的历史发展。地图上有两艘船，一艘是荷兰船，一艘是中国船。它反映了日本早期海外贸易的两个主要来源国：一个是欧洲的荷兰，一个是邻近的中国。

图 3

图 4

接下来的这张地图（见图 5）里反映了日本历史上一个很重要的事件，就是 1852 年到 1854 年美国海军将领佩里的战舰开到了东京湾，打开了日本的门户。

日本人到今天还很感激美国人，前几年还在旧金山搞了一个庆祝佩里将军打开日本门户 150 年纪念。美国人用炮舰把一个封闭的日本打开了。佩里将军的军舰是一条黑色的蒸汽船。地图生动地反映了当时佩里率领美国舰队驶向日本，打开日本门户的场面。

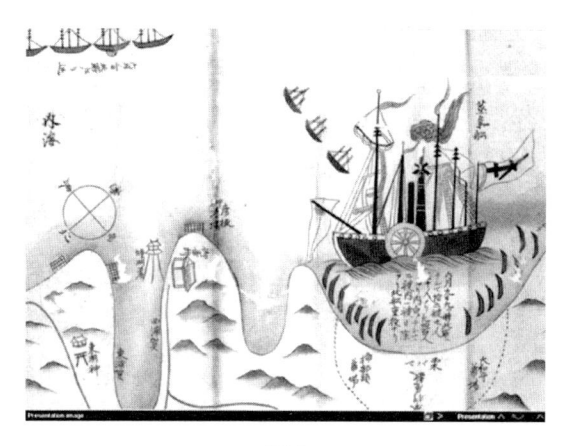

图 5

地图里还有很多关于中国的描述，有京师总图，还有日本人对明代紫禁城的描述。我们利用这个网站的分析展示功能把东京皇宫图和紫禁城图进行了比对（见图6），可以清楚地看出二者在结构上非常相似。中国文化对日本的影响也就非常清楚了。

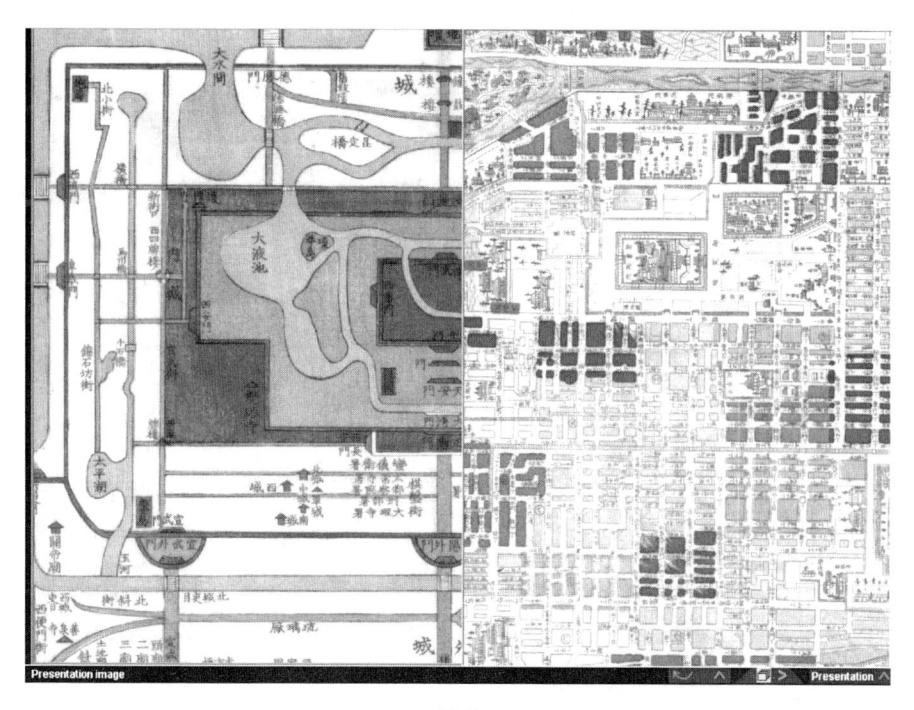

图 6

在这个网站上你还可以发现早期日本人对世界的理解是错误的。比如说这张图（见图7）反映的是日本人对美洲的了解。在图里面，加州被描述成一个海岛，可见他们对世界的了解是有一些错误的。

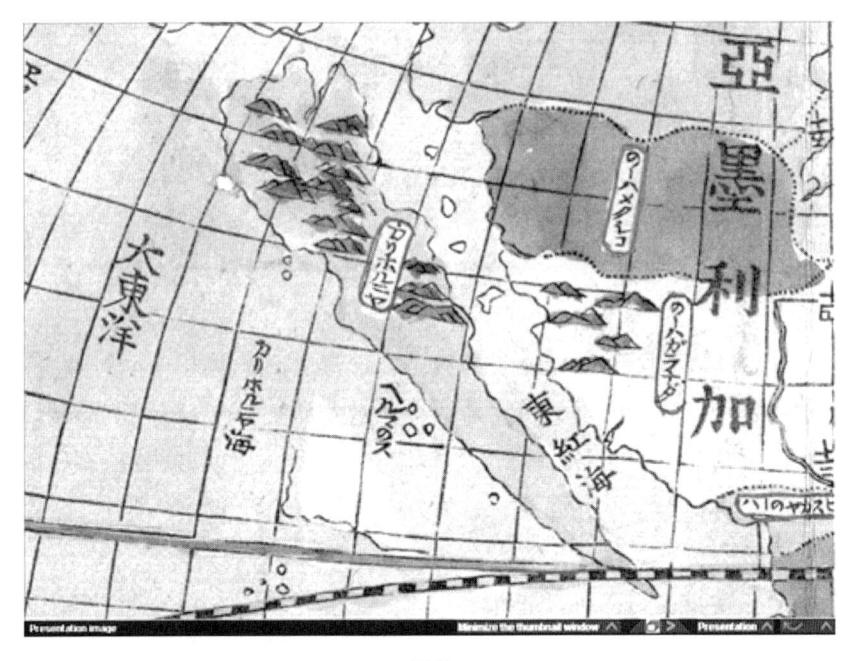

图7

把这些地图做成数据以后，我想再演示一下怎么进行研究。因为数据只是一个部分，研究最主要是看结果。我们可以将地图放大，有的地图我们通过肉眼是难以看到细节的，但是变成一个数字地图以后，我们能够把它无限放大，所有细节都变得清楚无误了。

从这样一条停泊在东京湾的渔船（见图8），我们可以看到江户时期渔夫们的生活。

我们也可以进行城市地图的比较，比如把东京两个不同历史时期的城市规模和街道建构加以比较，就可以发现不同时期这个城市发展的演变。在这个分析过程里，我们会发现一个很有趣的历史现象，就是地图里面有个区被标记为"贱人区"，即低贱的下人居住的地区。这就证明了在江户时期的日本，它的城市地区是分等级的。一些劳工和下层人士只能在这些贱人区生活。通过这个古地图数据的研究，我们就可以得出这个结论。作为

图 8

进一步的研究，我们还可以把要研究的不同历史时期的地图放大，排比，进行任意的重组和对照。我们还可以对地图里的某一个部分进行精确校准，提供注释和分析，然后把注释、分析和被对比的地图拼接在一起，显示研究的结果。我们可以把这个研究推广到一个社交平台上，让别的学者也来进行校准，也来写注释。除此之外，我们还添加了卫星图，把古代地图和现代卫星地图进行比较（见图9、图10），比如说把1864年的东京市区图和今天的卫星图进行比较，把1710年的地图和今天的卫星地图进行比较，把1748、1799、1803、1858、1892、1905、1910年的多个地图进行对比拼接，通过分析得出新的结论。这些例子都演示了在对大数据的研究过程中，我们是如何得出新结论、新知识和新视野的。这也表明了数据使用的新方法，即数据可以重组，再生，形成不同数据链。另外，大数据的研究也把我们从单一的研究引向一个集体开发的研究平台，从本质上改变了研究的方式。

我最后做个简单小结：大数据是多元的，即有各种各样的数据。数字人文研究的特点是利用大数据和新的研究方法得出新的视野和结论。大数据的特点是直观，有些数据还具有视觉效果和三维特征。数据可以重复多次地使用。通过数据的重组和连接我们可以做跨学科、跨领域的研究。我们可以采取高科技手段,把研究工作做得更新颖和生动,这就是人文科学领域里使用大数据的威力。

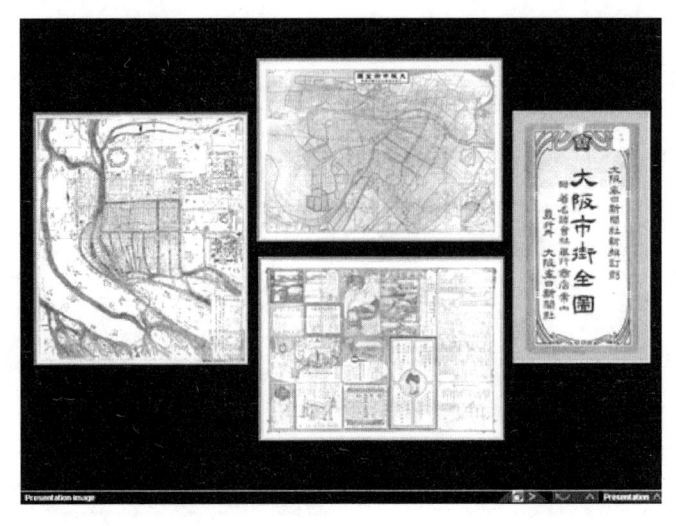

图 9

图 10

(作者:周欣平,美国加州大学伯克利分校东亚图书馆馆长、武汉大学客座教授、上海交通大学客座教授;整理者:冯国林,华中师范大学人文社会科学高等研究院大数据历史专业研究生)

计量史学漫谈[*]

袁为鹏

今天我讲的内容主要包括以下几个方面：第一，介绍一下我本人从一个传统考据学的痴迷者转入计量史学研究的经历，并介绍一下计量史学在国内传播和发展的基本情况。第二，想讲讲作为一个历史学者参与或从事计量史学研究究竟能做些啥或者说是怎样做的，就是一个历史学者在计量史学的研究当中我们能够贡献什么，历史学者如何与经济学者合作进行研究。这是我本次讲座的重点，但限于时间，恐怕也不会太深入。第三，就我这些年在国内的观察，我想谈谈作为历史学者在进行计量史学研究中或者在同经济学者合作的过程中出现的一些常见的心理障碍和知识方面的瓶颈。第四，我想讲讲计量史学这个大潮，它对于我们传统史学，究竟意味着什么。囿于时间，很多方面只能点到为止，希望大家期望值不要太高。

一 计量史学在中国的传播

我于 1991 年入华中师大历史系就读，1995～1998 年在华中师大继续念中国近现代史方向的硕士研究生，指导老师是刘伟教授。我硕士阶段主要做的是晚清的经济思想史、经济民族主义研究。1998 年我去武汉大学跟着石泉先生学历史地理学，我的研究领域在工业布局这一块，重点是张之洞

---

* 本文为作者 2016 年 3 月 9 日于华中师范大学科学会堂所做演讲，收入本书时略有修改。

与汉阳铁厂（汉冶萍公司）的研究。我的整个大学教育阶段所接受的都是正统的历史学教育，和在座的差不多。2001年博士毕业后我到中国社科院经济所做研究的时候，最初的研究计划是先把工业布局（从棉纺织业到钢铁、煤炭再到其他行业）做完，然后再做全国经济地理发展不平衡方面的研究。但是研究进行到一定阶段的时候，一方面我觉得以上这个研究计划太大了，无论是目前的资料与数据条件还是我个人的学术功力均无法支撑这个野心勃勃的计划，必须另找出路。另一方面，2005年的时候，因为各种各样的机缘，我转入商业账本、中国金融市场发育史这一方面的研究，我的研究开始向偏计量方向转，我个人也开始积极学习经济学、统计学方面的知识。不过，到现在为止，我一直没有放弃传统史学，我对于张之洞与汉冶萍的研究兴趣始终不减。

我的计量研究主要有两块，其一是商业账本的研究，其中有个很重要的部分就是统泰升号商业账本的整理与系列研究工作，今天晚上我另一个讲座的重点就是讲讲这个账本的研究，兹不多论。另外就是耶鲁大学陈志武教授在2005年的时候在国内成立了一个利率与中国金融市场史课题组，当时他把我拉进去，拉进去了之后，我就参与了那个利率数据库的建设，以及与利率相关计量史的研究，这个工作进行了将近10来年，所以我今天主要就是想讲自己近10年基于这两个研究的一点心得体会。

谈到计量史学或者量化史学，可能大家并不陌生，我想计量史学发展的第一个浪潮是在二战后初期至20世纪80年代，当然走在最前面的是美国，到20世纪的时候，整个人类社会科学和自然科学的发源地多半在美国，美国在20世纪初期就开始有所谓的新史学兴起，那么受这个的影响，在全球范围内就开始兴起了用经济学的方法，用计量学的方法来研究历史，我记得我们80年代国内翻译过一本小书，叫《计量史学导论》，掀起了一股运用计量方法等新的研究方法研究历史的风潮。我觉得在第一次计量史学浪潮中，中国学者或中国史研究者参与得并不多，但仍有相当卓越的成果问世。在经济史领域，特别著名的是这几个学者的研究：一个是哈佛大学经济学家珀金斯（Perkins）所著《中国农业的发展（1368~1968年）》，这本书完全是用发展经济学的框架来对明代以来的中国农业经济进行整体研究，本来他是想写一部新的中国经济史的，但是后来发现农业在中国经济史中太重要了，把农业搞清楚了，那么中国的古代经济史就搞清楚90%以上了，所以就先做了农业的发展，他在做这个的时候，哈佛大学又培养出一批年轻的学者，当然现在都已经是老资格的人物了，其中包括王业键，他后来长期从事关于清代粮价的研究工作，还有刘翠溶，她也是台湾中研院资深的教授，对人口史研究得很深。另外在美国从事中国经济社会史研究的还有何炳棣教授，他是做传统史学出身，他关于人口史以及社会史（科举考试与中国社会各阶层间的流动）的研究都明显受到第一次计量史浪潮的影响。类似的学者还包括赵冈教授。中国大陆经济史学者也有积极响应这一学术潮流并做出重要成果的，如中山大学陈春声教授，他有一本专著就是研究关于清代广东的粮食市场的整合。

不过这个潮流在中国史学界包括台湾似乎也就是一阵风，到80、90年代，几乎就慢慢熄灭了。熄灭的原因，我个人认为有三点，一个就是数据基础太差，整个中国史数据极度匮乏，所谓巧妇难为无米之炊，你没有足够的数据，计量研究怎么做？这是一方面。第二，当时很多学者都是从传统史学研究中训练来的，数学、统计学、经济学知识不够，训练不足，认识不足，无法从事计量史学的研究。第三点也很重要，就是在20世纪70、80年代个人电脑还没有普及，要做计量太难，因为你稍稍有点小的变化，你要用手去算，一算就算一两个月，然后别人就说这个地方错了又重新来，难以想象，在没有个人电脑的时候，量化史学的研究如何深入进行。

目前我们所感觉得到的计量史学热，可以算得上是世界第二次计量史学浪潮。我觉得这一次计量史学浪潮的形成及其发展前景，真的与上一次不一样。为什么这一次不一样呢？一个是缘于经济学的发展变化。一方面经济学特别是理论经济学的研究，在整个20世纪以来已经走上了计量化、数理化的路子，你现在看经济学的理论文章，很少有哪一篇没有数据，没有图形了。更有甚者，目前全球包括中国在内，已经有相当的一批从事经济史研究的经济学家，他们在经济学的理论探索中大量运用经济史的案例与数据，冶经济学理论与经济史研究于一炉。这方面最突出的代表就是两位著名的诺贝尔经济学奖得主，美国学者福柯和诺斯，表明经济史的研究在经济学里已经到了最高的殿堂了。另外20世纪社会科学的发展还有个特点，就是我们存在所谓的经济学帝国主义，什么叫经济学帝国主义呢？就是经济学家开始用他们的方法、思路去"侵入"社会学、政治学多学科的传统研究领域。你现在看政治学也好，社会学也好，法学也好，做得比较好的一些学者往往有经济学的背景，特别是关于选举、犯罪、人口、组织等这样一些领域，经济学的渗透都可以说是无处不在的。我想经济学的发展对于计量史学的推动是不小的。

第二个因素也是很重要的，就是计算机科学及互联网的发展与应用。基本上每个研究者都有一台个人电脑，电脑里都会有一些常用软件，比如Stata，Eviews，过去曾经作为拦路虎的许多烦琐的计算消失了，现在很多的计量分析，在弹指间就能解决，而且要改动非常容易。前面我们曾提到数据匮乏的问题，计算机技术的发展还大大便利了各式各样数据库的开发与构建工作，我们很难想象，如果没有计算机及系列的统计软件，我们如何建立起许多大型的数据库。凡是做过数据库建设的人都知道，原始资料的搜集工作与数据的加工整理与汇总工作极为耗时耗力，在手工抄录及编制时代几乎是不可能完成的。现代的计算机程序甚至可以使得一些数据加工过程自动化或半自动化，这就大大降低了数据库的制作成本，提高了工作效率。更重要的是，借助互联网技术，全球范围内数据库制作的分工及交流、共享成为可能。我这里顺便分享加州大学戴维斯分校的一个网址http://gpih.ucdavis.edu/Datafilelist.htm，在这个网站里面，有全球学者所交流共享的包括古今中外各个方面已有的经济数据，中国的粮价、物价信息等都在里面（当然还不够完整），作为学者可以很轻松地把全球各地大量的数据下载在自己的电脑里面，并开始做一些研究，这对于促进计量史学的发展是不可小看的。①

我顺便讲一讲国内最近对于这一思潮的响应和国内经济史学界的发展变化。我列举三个现象来说明：一是有一大批在海外或国内名校的经济学博士参与计量经济史的研究工作，而且已经形成数个计量经济史研究中心，我所知的国内有北京大学、河南大学、复旦大学、上海财经大学、山东大学、广州外国语学院、香港大学等，海外有加州大学、伦敦经济学院等，

---

① 关于海外计量史学浪潮及在国内的影响，可以参阅陈志武《量化历史研究的过去与未来》，《清史研究》2016年第4期。关于国内计量经济史研究的现状和分析，可以参阅彭凯翔《历史视野下的中国经济长期变迁——近年中国经济史之计量研究综述》，《经济研究》2015年第5期；梁晨、董浩、李中清《量化数据库与历史研究》，《历史研究》2015年第2期；孙圣民《历史计量学五十年——经济学和史学范式的冲突、融合与发展》，《中国社会科学》2009年第4期；等等。

特别是香港大学龚启圣教授培养了一大批计量经济史博士生,其中很多都在国内各个高校从事经济史研究与教学工作,就是说有一大批经济学博士生参与进来,这是很大的变化。二是还有一些海内外知名学者倡导与推动,如陈志武教授的课题组及量化史学培训班,这个班已经办了三届,马上要办第四届了,第四届还在招生当中,第一届和第二届在清华,第三届在北大,2016年暑期即将举办第四届(已举办——编者注),每期近百名学员,多位海内外名家参与讲座,同时举办较大规模的计量史学国际学术交流会,并且评选年度优秀论文,以后每年都会举办下去,华中师大这几年这几届都有人参与进去。另外李中清教授的人口史数据库在网上公开发布,在交大、复旦举行相关培训、推介活动。三是我们国内外历史学界也开始做出一些回应了,比如说马敏老师很早就呼吁建立中国近代经济与社会的基本数据库,李伯重教授身体力行,对江南农业与GDP计量及相关中外比较进行研究,又如史志宏教授关于近代农业与财政的研究,陈争平教授关于中国近代经济史统计资料数据的整理和研究工作。此外,在海外荷兰的乌德勒支大学历史系以 Bas Van Leeuwen 教授为代表的一批学者也正在致力于整理和出版中国基本的经济数据及相关研究成果,我个人也将会参与他们的工作。

二　历史学者如何参与量化史学研究

现在讲讲历史学者与经济学家如何分工、合作,一起从事计量史学的研究工作。首先我想说明当今世界存在的两种不同的经济史研究(当然这只是我个人的意见,在国外交流时得到大部分学者的赞同),就是说有历史学家的经济史研究与经济学家的经济史研究,二者研究的内容与方法并无实质性差别,关键是研究旨趣的分野。那么什么是历史学的经济史研究呢?我们历史学家研究经济史的目的是什么?我们的目的是弄清重要经济史实,包括某一特定时期的经济发展水平与运行机制等,先弄清历史事实,然后在此基础上给予合理的解释,把历史发展变迁的过程及其规律解释清楚。这里提到的规律,指的是关于经济历史发展的一些规律性认识,这些规律往往是比较高层次的、宏观的规律,往往涉及政治、经济、军事、文化及外部环境与经济发展之间的相互影响与互动,远不如经济学的规律那么细致而具体。那么经济学的经济史研究追求什么呢?他们试图从经济史实中探求经济变量之间稳定的必然的联系，亦即通过经济史研究，提出新的经济学理论假说或者对于学界既有的经济学理论进行质疑与验证。说白了，对于经济学者来讲，他们研究唐宋时期的中国经济变迁，并不是想要弄清近千年前中国人日子究竟过得如何，究竟是唐朝还是宋朝人日子过得好，这个问题虽然对于他们的研究来说也许很重要，但其研究旨趣并不在此。他们把经济史实等于他们实验室的样品，从经济史当中找寻经济变量间的联系，才是经济学理论研究的兴趣之所在。这两种经济史研究的兴趣是很不一样的，但并不是说不存在或者不可以交叉。但二者之间的分工还是很明显的。所以在谈到不同学科间的交流时我们一定要明白自己是谁，你想干吗，你能干吗。

说过了二者之间的分别，再讲一讲二者的共同点。我总结了这样几点：第一点是均高度重视掌握尽可能全面、准确、可靠的信息。历史学家注重广泛搜集史料，高度重视基本史实的考证，视考据学为其基础和灵魂。而一个好的经济学者，也是相当重视尽可能获得全面、准确而可靠的数据的，他不会简单地满足于一组数据，而是要尽可能了解数据形成的过程及其他相关信息。他获得的信息越丰富，就越能正确地理解和运用这些数据进行深入研究。第二点是不管是史学还是经济学均高度重视个案分析与调查研究，这就要从经济史实中寻找灵感。尽管经济学者的论文中很少讲故事，但一个好的案例对于经济学者的启示不可低估。经济学家往往是爱听历史学家讲故事的。第三点就是二者均高度重视学术批评，在批评中不断完善研究。无论是属于哪个研究领域，一个好的学者都是乐于批评、善于批评而且勇于接受别人的批评的。其实以上这三点，是我选择合作伙伴时特别在意的条件，我决不与不符合这些基本条件的学者进行合作研究。方今学界鱼龙混杂，选择学术合作对象也是很重要的，否则不仅难以合作愉快，还会影响自己的学术声誉。

言归正传，接下来我主要结合自己的经历，和大家谈一谈历史学者如何与经济学家一道，共同进行计量史学的研究工作。

2012年9月，陈志武教授在给我写的一封推荐信中，曾详细地谈及我在他所领导的金融史课题组的工作，原文摘录如下：

> In this multi-year effort, Weipeng has played a central role organizing

the research assistants, managing the data-collection process, and coming up with hypotheses and conducting data analysis. His history knowledge and training have been invaluable to us.

陈志武教授在信里对我在金融史课题中的角色做了比较完整的概述，当然其中有不少溢美之辞。除了必要的组织与行政工作之外，我的工作主要包括数据搜集与数据库建设、数据分析、经济假说的建构三个方面的内容。下面我将逐一谈谈自己在这些方面工作中的经验和体会。①

关于数据的搜集与数据库的建设，这是历史学者大显身手的地方，但一项成功的工作同样需要历史学者和经济学者共同努力、精诚合作才能有济。首先，到哪里去寻找与发现有价值的数据？这个东西说起来容易，做起来也是蛮难的。对于我们史学工作者来讲，需要充分调动自己关于目录学、职官、档案学、史料学的相关知识。因为在座的大多数是历史学出身，这方面的内容我不必细说。其次，数据本身的解读，也需要我们史学家参与。中国历史资料中关于数值的记录比较复杂，往往不能直接拿来就用，需要史学专家进行解读，否则就会造成误解。譬如传统借贷契约中关于分、厘的说法，同一字在表示年利和月利时其含义就很不相同，如年利二分指的是年息20%，月利二分则是指月息2%，折合成年利则为24%。厘用来指年利时通常是百分数值，用于指月利时则通常是千分数值。更不用说一些商业账本中苏州码子的辨认，也需要史学的专门知识。此外还有不同历史时期或地区的度、量、衡问题，也需要小心从事。譬如我在给一本专业杂志审稿时，发现有位作者弄不清历史上1斤等于16两，而是根据今天的经验按照1斤等于10两来进行推算，结果造成不少错误。再次，有些数据需要利用现代经济学的知识从原始数据中提取出来，譬如钱庄的汇票，比如说在上海钱庄开个1000元钱的汇票，你从上海交钱到武汉来拿1000元，可能要1030元，规定你两个星期之后取，那么这个钱其实包括了汇兑的价格，有一个异地取款的问题对不对？也包括了利息，你要两个星期之后才

---

① 关于陈志武教授主持之中国利率史课题组的基本工作情况的介绍，请查阅陈志武、彭凯翔、袁为鹏《清初至二十世纪前期中国利率史初探——基于中国利率史数据库（1660~2000）的考察》，《清史研究》2016年第4期。

取，有利息的问题，这里面需要仔细地分解出来，这样的工作不仅是很烦琐的，还得有一些专门的经济学知识。再如典当的利息，典当的利息计算好像是很正规的，一般来讲各地都有个统一的规定，可能考虑到菜单成本，这一规定一旦形成通常会好些年不变。可是典当有很多其他的费用，它的赎期长短则是相对比较容易发生变动的，贷款相对于抵押物价值的比例的高低也是经常会变动的，还有各种各样的手续费，比如说存箱费等也是变动不居的，同时收集这些方面的信息对于我们理解和分析典当业远比仅仅抄录一个挂牌的利率数据更重要。最后，残缺信息的补充与完善，有时候我们会找到一些比较珍贵的原始资料如账本、契约等，但不知道具体的时间、地点等及相关典章制度，在分析和解读这些数据时，需要依靠史家的知识来补充必要的内容，否则这类残缺信息就难以为我们所用。

数据库的建构需要两个不同学科学者间的密切合作。我们在做利率史数据库时，并没有一开始就直接动手填充数据，陈志武、彭凯翔和我经过长达数月的反复交流，最终确定数据库的基本构架。在大规模填充数据之前我们需要解决如下几方面的问题：（1）避免遗漏关键性的因素。比如利率的高低受到多种因素的影响，包括借贷双方的身份，有无抵押、担保，数量大小，实物借贷还是货币借贷，时间与期限等，春天的借贷，秋天的借贷，一月、二月、三月的借贷，不同时间的借贷会有不同的考量标准对不对？如有遗漏则影响分析的精度。（2）通过虚拟变量的设置，将一些定性信息纳入数据库。我们在利率数据库设计中，特别增设一些定性的属性分类，如将每一笔借贷划分为城镇与乡村、货币与实物等。这些定性属性分类之所以存在，是因为经济学和历史学常识告诉我们，区分不同的属性分类，对于分析和把握借贷利率至为重要。（3）数据的规范与统一，比如说做国内工业统计，我们知道中国有好多种工业统计资料，经常有工商官报，民国时期有好几种，不同时期工业统计数据，其对于工业的定义、分类均存在一定差异，有的按是否使用近代机器动力来确定是属于近代工业还是手工作坊，有的按是否雇佣30人以上，等等。再如物价指数，民国时期也有好几种，这些指数不仅时间长短不一，而且所选择的区域、商品种类并不一致，所利用的物价的含义（有所谓出厂价、离岸价、到岸价、市场牌价、实际交易价等多种名目）也不一致。这就意味着这些数据的统计口径不一，不可以简单地拼加，还须下一番苦工夫进行整理划一才行。

提到数据的分析，可能很多人会觉得这主要是经济学家的工作，历史学者帮不上忙。其实这同样需要二者的密切合作。历史学者的参与对于保证和提高计量研究的质量还是很重要的。我们搞计量的人都知道，在进行数据分析时，首先要弄清的一个问题就是：我们手中的数据作为一个样本，究竟在多大程度上满足统计学上的随机性，是否全面而准确地体现了我们所研究的对象（总体）的性质？这个要求对于经济史研究来说可能有点苛刻，因为历史上能够保留下来的数据本来就有限，能够流传下来为学者所用的数据往往很难满足随机无偏的条件。实际上，即便是从事当代经济研究的学者亲自动手去进行调查采样，恐怕也很难弄到绝对随机无偏的完美无缺的样本数据。但存在缺陷的数据远好于没有数据，而且只要我们对于这个数据的缺陷本身有深刻的认识和把握，弄清这些缺陷将如何影响或制约我们的研究工作，我们完全可以利用这些有缺陷的数据做出某些高质量的研究成果。

目前国内学界存在两种倾向，一种是经济学出身的年轻学者初生牛犊不怕虎，拿到数据就用，往往不太重视数据的缺陷和不足。结果给人以研究过于草率，治学不够严谨的不良印象。但历史学出身的学者似乎又过于胆小，他们将数据的缺陷和不足问题想象得过于严重，因为知道数据有这样那样的问题或缺陷，不仅自己不敢用来分析使用，对于其他学者使用这个数据进行研究得出的结论往往也是一概排斥。其实这同样也是一种不太正常的心理。数据本身的质量的确很重要，但如前所述，既然面临有问题或有缺陷的数据是计量史学研究的常态，我们也应该有信心科学利用这些有问题或存在不足的数据，做出可观的成果。而要实现这一点，关键是进行数据分析。

我以为经济学的数据分析与历史学的考据在本质上是一致的，首先要确定这个数据是怎么来的，要尽可使用这个数据最早出现的版本或者最为权威的版本，并做好必要的审校工作，以保证数据的来源可靠、内容准确，切忌辗转传抄甚至杜撰生造数据。其次，要把数据的形成过程弄清楚。在弄清其形成过程的基础之上，再分析这个数据可能存在哪些不足，并进一步分析其具体偏差情形。只有对数据自身的不足与偏差了然于心，在使用时才能得心应手，扬长避短。譬如，抗战时期日本人在华北进行了很多民间调研，现在大家都还在用这些调研资料对不对？这些调研大体是这样得来的：在侵华日军占领了华北铁路沿线的大中城市之后，在日军的保护下，一批日本调查人员就跟在军人屁股后面做一些调研，这些调研当然是为了了解中国的基本经济社会情况，为日本人的侵华服务，这是不言而喻的。不过，当时统计资料严重匮乏，这些调研因为计划周密、调查内容丰富而为学界所重视。但他们的调研也会有问题，想一想，在当时的情况下，日本调查者真能到很偏远的乡村里面去吗？不可能。有游击队、有地道战的边远村庄他们敢进去吗？不可能。出于保证自身的安全，他们只能沿着铁路线，在日本人占据的一些城镇或据点的周边进行调查，通常还必须当天出发，当天回城市或据点。这样一来的话，这个形成过程对数据会造成什么影响呢？显然这个调查的取样是有偏差的，一些边远地区，通常也是经济比较落后的地区不在其调查的范围之内。运用这些数据对中国北方农村经济社会进行的估计可能会偏高一点。再如，著名的南京金陵大学关于全国土地利用调查，调查者多是金陵大学接受很好训练的大学生，他们到农村调查，到自己的家乡去调查。这个调查规模巨大，真实性和可靠性也是比较高的。但是，由于当时国内高等教育远未普及，许多大学生都来自比较殷实的家庭或者相对比较富庶的地方，调查数据也会存在样本值偏高的问题。另外民国时期还有一些革命党派团队主持的社会经济调查，这些调查的目的性、政治倾向性也是很明显的，为了宣传革命有时不免会夸大一些社会问题的严重性。

　　经过分析，有人也许会觉得这样一来中国历史上的数据多不可靠，不准确，然则研究中国经济史真的无数据可用了。其实不然，上述三类数据都是非常值得重视的数据，可能也是民国时期中国最好的数据。（没有更好，就是最好！）数据存在缺陷并不可怕，只要对它的来源与形成有一个完整的认识，对于其可能存在的偏差有足够的认识，我们就可以大胆地利用这些数据。运用之妙，存乎一心。存在一些偏差的数据也不一定是坏事，就看你如何用它，想要用它得出一个什么结论来。打个比方说，有一篇文章意在论证 20 世纪 30 年代中国大陆的经济发展水平很落后，比日本、台湾地区、朝鲜落后得多，那么作者所用的金陵大学的数据就是一个很好的数据样本。因为它是偏高的对不对？但如果你用偏高的数据得出来的结果都比别人低，岂不更有说服力？借用统计学的方法，数据分析的首要任务就是要弄清手中的这个数据样本的代表性和随机性的问题，这方面统计学有很详细的说明，有兴趣的同学可以找本教科书仔细阅读一下。

　　数据分析中，另一个重要的问题是关于经济现象的度量问题。历史上很多经济社会发展的现象其实是很难精确度量的，即便能够精确度量也可能找不到当时的数据。比如比较历史上不同国家或地区的经济发展水平，我们今天一般会用 GDP 数据来度量，GDP 数据虽然不够完美，但仍然是目前我们能够使用的最好的度量经济发展水平的数量指标。但历史时期各地方通常并没有科学、完整的统计数据可以用来进行比较。怎么办？只能退而求其次，运用一些其他的数量指标来替代，比如用人口数量或城市化水平来度量不同地区经济发展水平是历史学家比较通用的做法。但实际上用这些指标都会存在一定的局限性。根据马尔萨斯的说法，一个地区人口最多的时候，往往就是经济发展开始走下坡路的时候，即人均收入或资源开始下降的时候，接下来就是战争与瘟疫，造成人口数量变少，经济又开始好转。用人口数量来度量经济发展水平可能会出现一个时间差。更何况有的地方人口数据本身的推断也是不够准确的。不同国家或地区对于城市的定义也不一致，城市化的水平的比较也难言准确。此外，还有很多度量的难题，比如，历史时期不同地区的教育发展程度我们怎么度量？儒家文化或者基督教文化在不同地区或者不同时期的影响程度如何度量？此外还有关于灾荒及社会暴力如何度量的问题。这些问题，作为课题组成员，一方面，历史学者要想办法千方百计地寻找可以用来大致反映不同地区或时期的差别的代理变量；另一方面，我们又要能够对这些代理变量的准确程度及其可能存在的偏差保持警惕，并竭尽全力完善它。这方面的诀窍不是三言两语可以说得明白，需要大家在研究或阅读经典论文中去反复体会。我的一个经验是，由于历史资料的残缺不全，任何一组历史数据往往都不一定能够准确度量我们想要度量的东西，这时候比较可靠的办法就是尽可能多找一些其他相关的数据，相互补充，相互支持，而不是仅仅依靠其中的一组数据就轻率地下结论。比如我们要度量不同地区儒家文化影响的深浅，光使用各地科举考试中考取生员以上功名者的人数及其在人口中的比例恐怕是不够的，因为这个数据只是反映了精英阶层的情形，基层民间社会未必就是如此。这时我们可以补充各地区所设立的各类书院、学校的数量（如果能有入学学生人数及其占总人口的比例、识字率之类的数据就更好了，但在历史时期这几乎是不可能的）来补充度量其基层教育方面的情况。

更进一步，各地区方志中记载的烈女或者牌坊的数量，祠堂、家谱的数量，族田、义庄等数量也是反映儒家文化在基层渗透强弱的重要指标。如果我们综合利用所有这些我们能够找得到的数据，得出来的结论就会更坚实可靠。

下面再讲讲数据分析的第三个方面，即关于假说的建构这方面。这个内容太多，不能讲太深，只能简单地提一下，主要就是关于经济学模型建立时的变量取舍、计量结果的解读及模型内生性的问题，这是计量研究中非常复杂、非常令人头痛的问题，历史学者在这方面同样大有用武之地。

有些初学者在建立模型时，恨不得将所有可能的影响变量全部列进去，殊不知因数据有限，解释变量太多会减少自由度。而且不同的变量之间，往往不是相对独立的，而是存在相互关联，这在进行回归分析时又会产生所谓多重共线性的问题。科学选择合适的变量是建模的第一步。经济学者通常会在建模前检验一下各解释变量之间的相关系数，确保解释变量间不要存在高相关性，这通常能够解决变量过多的问题。但除了变量过多之外，变量过少也是一个问题，如果遗漏了若干关键性的变量，这个模型同样不成功。而要避免犯变量过少的毛病，不仅需要较高的经济学理论方面的素养，也需要一定的历史知识。历史学的直觉或历史感很重要，历史学者可以凭感觉来发现一些重要的问题。比如我们的利率史课题组在建构数据库的时候，虽然一开始就意识到实物借贷和货币借贷在利率上会存在很大的差别，但对于使用不同的货币所造成的影响起初并未留意。后来我在研究统泰升商业账本的过程中发现了使用铸造工整的元宝银与散碎银两在货币兑换比率及借贷利率方面存在一定的差异，又联想到民国时期普通社会对于美元、银元及纸币的不同喜好，感觉到如果使用不同的货币，也会影响利率的高低，于是建议课题组将货币种类的区分列入数据库及相关的数据分析，这会提高我们模型解释问题的准确性。

除了模型中变量的取舍之外，另有一个特别需要历史学者参与的事情就是要弄清相关历史背景，确保模型分析时期未发生重大的影响被解释变量的制度变革或外冲击。比如陈志武老师的课题组在运用刑科题本中的命案数量来衡量清代各地社会秩序与发展时候，就特别注意到了清前期的战乱与清中后期的社会动乱如太平天国运动对于当时社会秩序及命案申报制度的影响,特别是太平天国时期"就地正法"的实行可能会减少中央掌握的各地的实际命案数量。结果在计量分析时只是选取了清朝统治秩序相对比较稳定的一些时期进行分析,避免了战乱时期的影响。

关于计量结果的解读与内生型问题的解决,这方面的内容太细,太复杂,以后有机会可以单独讲,兹不多谈。总而言之,计量分析特别是其中因果关系的建立并不是纯粹的数字运算与统计推断,历史学者要全程参与,共同努力。

三 与经济学者交流与合作

接下来我想讲讲关于历史学者与经济学者进行交流合作的心得和体会。

我们都意识到历史学者和经济学者相互进行交流的重要性,但经验告诉我们,这两类人其实并不太容易交流,甚至可以说存在一定的交流障碍。这种障碍的存在有两方面的原因,一是这两个不同学科的学者在研究时通常采用的研究范式很不一样,在心理上易生排斥。二是不同学科的学者在知识结构方面存在较大的差异,不容易相互理解。知识结构方面的差异虽然是客观现实,但只要双方虚心学习,补充对方学科的一些基本的知识,还是不难解决的。下面主要谈一谈心理方面的问题。

很多历史学者在研究中特别排斥主观性,强调要从史料中找问题,一切从史料出发。而经济学家在从事某项研究之前一般先要经过缜密的思考,先提一个大体的分析框架,然后寻找数据来证实或者证否自己的见解。一些历史学者认为这种研究是先有框框后有研究,主观性太强,不能接受。其实我觉得没必要反对别人先提出分析框架再进行研究。学术研究的本质就是对话,学者的主观性总是存在的,无法完全排除,与其自欺欺人,不如事先对自己的主观看法做认真的清理,有没有框架其实不重要,关键是对话。比如我研究张之洞,在进行某项专题研究之前,其实我对他还是会有一些基本看法的,比如我认为他基本上是一个比较廉洁的清官,但他也有圆滑世故,所谓"巧宦热衷"的一面。但关键是掌握更多的史料之后,比如说读了新近茅海建教授关于他给慈禧太后不断送礼上贡的证据之后,是进一步坚定自己的看法还是改变、调整自己的看法,这才是最重要的。一个严肃的学者不可能完全没有自己的主观意见,但好的学者是通过不断地与史料对话、与史家对话来调整自己，修正自己，而不是一意孤行，只选择或者接受符合自己主观成见的东西。史料改变了我们，对不对？史家不仅要跟史料对话，我们还要跟史学同行对话，通过对话来检验我们的个人看法及对史料的理解能不能被别人接受。有一些个人见解的东西，不能被同行或外界认可的，你也要慢慢自我调整甚至放弃。当然，有些个人的见解是自己通过科学的探索和反复思考之后形成的，即使一时不被人接受，也要勇于坚持。我们跟史学同行的对话贯穿整个研究，这是不断打磨、完善我们的学术见解，克服我们个人主观性的一个过程。经济学家在研究之前虽然会提出一个大体完整的分析框架或理论见解（假说），但他们的分析框架或假说作为主观性的产物，同样也要经过事实（数据）的验证。如果数据能够证实其假说，说明其分析框架或假说是合理的，可以被接受。反之，说明不合理，需要改变或调整。一项严谨的经济学研究也是要反反复复地进行调整和改变的，当然还要不断回应或接纳同行专家的批评和意见。胡适先生曾总结出"大胆假设，小心求证"，我想这是所有的学者，不论何种学科都要做的事情，至于这些学者是在研究之前先提出分析框架或假设然后进行验证，还是先叙述历史过程最后得出结论，我以为在本质上并无差异，完全不必厚此薄彼，党同伐异。

另一个心理方面的障碍源于不同学科学术评价侧重点的不同。一些历史学者非常注重史实的细节，读别人的文章和书时，别人很多正确的东西不说，但发现几个小的地方出错了，比如一个人名、地名弄错了或者其他一些小细节不太准确，就往往会小题大作，将其批得一钱不值。可是经济学和史学在分析问题上有很大的不同。经济学的分析重理论，比较抽象，并不拘泥于具体的个别细节。我们历史学家斤斤计较一些小的数据，对大的宏观图景往往很忽略，经济学者相反，有时候，你说清朝人一天花多少钱，挣多少工资，他们真的很关注吗？他们不一定很关注，他们更关心什么呢？关心我们清朝人是不是真的比欧洲的多，或比欧洲的少，或者说我们跟明朝相比，究竟是进步了还是退步了，所以他们不一定特别重视某个具体数据或史实的绝对准确，往往更重视相对大小或者其变化趋势。历史学家在分析问题时，又特别强调全面分析，写篇文章要将一个事件的来龙去脉及影响这一事件的方方面面尽可能地搞清楚。谁要是遗漏一两个方面，就会被认为学识不够、视野狭窄。而一篇好的经济学的文章，往往只是突出几个关键变量之间的关系，并不要求面面俱到，一篇分析问题面面俱到的文章在经济学领域并不会被人叫好。经济学的思维方式有点类似物理学，中学物理讲，一个运动的物体，在光滑的平面上，如果不受阻力会一直运动下去。可是你到哪里去找如此光滑的表面？不可能真的有，这就是抽象思维。只有通过这种抽象，忽略掉不太重要的一些次要因素，才能把最重要的关键性变量之间的关系找出来。他的思考高度聚集于一点，不及其余，所以才能够钻得深，钻得透。等到彻底弄清了关键性的问题之后，才会进一步考虑一些次要因素的影响。《三国演义》中提到徐庶等人和诸葛亮两种不同的读书方法，一种务于精熟，一种观其大略。当然小说里有抬高诸葛亮的成分，我倒并不赞同。我觉得这两种不同的思维方式都很重要，不必太执着于哪一种。但是我们在评价别人的时候也要能够观其大略，尤其是我们在跟别的学科学者进行交流合作的时候。否则你很难正确评价其他学科学者的贡献。

第三个方面，历史学家注重史识或直觉，不太注重严谨的逻辑推导与证明，甚至会指责一些计量学者费了好大力气，结果只是证明一个人人皆知的常识，认为这种研究没什么价值。关于这一点，我想谈两点看法，那就是从我们一般的直觉、常识到科学认识之间，还隔着一座山。我们的许多直觉或常识在未经历过大样本数据科学验证之前，还远不能算作科学认识。比如说网上有人告诉你，什么地方有点不舒服，喝一碗绿豆汤就好了。我们不少人都喝过绿豆汤，似乎还真有点用。但这东西究竟有多少科学性，能否为现代医学所认可，据我浮浅的医学知识，至少还要经过两个过程，一个过程就是药理学的论证，也就是要能够说明这个绿豆汤含有哪些成分，能够如何起作用消灭何种病菌或病毒，从药理学上要讲清楚这个东西为什么能治病，这是第一个要过的关。第二个就是要有临床上的验证。你去找一些病人进行科学的实验，通过大样本的统计数据来证明这个东西确实有效，而不是只根据几个人的经验陈述。我们现在有不少计量史学研究的成果虽然得出来的很多结论与过去传统史料的普遍观点并无二致，但经过这样的研究之后，过去的结论就更加有说服力了。这样研究或许并不太吸引眼球，但对于提升我们这一学科的认识水平还是有益的。因此，不必对这种研究一棍子打倒。

另外我想借此机会，对从事计量史的年轻学者们提出一点批评，希望他们能够多花力气了解相关史学领域的研究现状。在选择研究课题时，不妨优先选择一些史学界长期争论迄未解决的难题，或者研究一些历史学者过去见怪不怪，很少关注或者留意到的问题。相信这样的研究成果定会更加受到史学界的重视和关注。我们有好多长期争论的问题，以近代史为例，比如说货币方面，鸦片的危害究竟有多大？鸦片战争前后中国货币外流、银贵钱贱的问题究竟是怎么回事？是鸦片输入造成的，还是美洲的金矿出了问题？近代中国究竟是应该实行金本位还是银本位？白银是否真的减轻了1929年全球经济大危机对于中国的影响？等等。计量研究如果能够回答这样的问题总比研究人们走西口或者闯关东是不是因为可以获得更高的收入或者更多就业机会更加令人激动一些。

四　计量史学对传统史学的影响

计量史学研究在国内的流行，无疑会从多个方面对传统史学研究产生影响和促进。

（1）许多新的研究课题的涌现、新的研究领域的出现将大大拓展传统史学的视野，增强国内史学研究的问题意识与理论思考，促进学术创新。譬如，现在许多计量史学者，开始关注和重视诸如现代经济增长、人口结构变迁、市场机制及市场发育、自然灾害、战争对于历史发展的影响，美洲新农作物的引进对于中国人口以及社会秩序的影响，科举制与中国社会的阶层分化与变动，通商口岸、对外贸易、传教士活动乃至各地区的刑事命案发生率、妇女买卖等一系列社会经济事件也都纳入计量史学者的考察范围。传统历史学研究的视野和领域大大拓展了。这些新的研究领域的出现往往是与新的社会科学理论的应用密切相关的。计量史学研究的一个特点就是理论性很强，并不只是为了研究历史本身。这将在一定程度上弥补传统史学工作者埋头于历史事实本身、理论修养和问题意识比较欠缺的不足。其实我们国内许多从事历史研究的学者和海外的同行相比的话，史学功底丝毫不弱。但往往不能提出独特的见解，总结出自己的学说理论。海外学者则比较注重学习和接受新社会科学理论，因而更加能够提出新的学术问题和假说，引领学术研究的发展。国内学者多半是跟在海外学者的后面跑，有原创性的研究很少。

（2）促进史学研究方法的更新。我以为传统史学方法从资料的整理到考证都将在一定程度上受到影响而有所改进。传统史学家怎么做研究？是如何提出自己的新观点的？传统史学研究首先就是找资料。资料找到之后怎么办？先通读史料，进行资料的摘抄和整理。通常会抄作笔记或做成资料卡片，这需要大量的工作。然后就是整理笔记或卡片，按照年代、事件、人物、地点、类别等，反复地进行分类整理。最后还要依靠反复诵读，形成初步的认识或结论。这种方法的优点就是能够逐步由浅入深，形成对于历史的认识或理解。但这个方法也是有缺点或不足之处的。第一是无法处理海量信息。史料少了无法研究，但史料多了也很麻烦，很难真正做到完全通读。比如说研究徽州文书，现在可以找到的，已经出版的各类文书恐怕多达100万件以上，谁有时间把它们全部通读一遍？第二个不足之处在于我们个人通过摘录并反复研读部分史料所形成的定性看法未必全面、客观，不同的人甚至同一个人在不同时间读材料往往都会有不同的侧重点或感觉。都说史学家在读史料时头脑里没有条条框框，实际这不太可能。如果反思自己的阅读，我们会发现自己时而会忽略掉某些东西，时而又过分强调某些东西，主观性的因素无时不在影响着我们的研究过程及其结论。第三点是，这种研究方法运用之妙，存乎一心，不仅成果难以与人合作与共享，就是自己本人如果时过境迁，也会发生遗忘，难以接续过去的研究工作。我以前做汉冶萍的研究，就是采用传统的方法，花了好多年读材料，做摘抄，摘录了一大堆笔记。写完一些论文后，有较长时间转事别的研究，后来又想接着做，发现忘了很多东西，一些摘抄资料一时也难以用上来，只好再次重复以前的工作，重新通读大量的基本史料，这个过程令人头疼。我想借助数据库技术，通过对浩瀚的文字资料进行编码处理，再做量化分析，编制成各种统计图表等。这种方法将大大改进我们的研究工作。数据库的好处就是便于处理海量的信息，便于数据的保存与共享。当然，数据库建设并非易事，是一个费时费力的工作，但建成之后提取与使用相当方便。我给大家做一个示范，下面这个图（图1）很有意思。我们课题组依据徽州地区2500多笔民间借贷契约文书做成数据库，利用这个数据库我们可以做很多研究。图1就是反映这些民间借贷中的货币使用情形的。在数据库中，每一笔借贷我们都有专门的一栏，记录其使用什么货币。图1对1750年以来200多年间不同类型货币在民间借贷中占多大的比例做了清楚的揭示。从图中可以看出，1750年以前当地借贷基本用银，乾隆年间用铜的比例开始上升，嘉道咸同年间用铜的比例高过四成，光绪年间则逐渐演变成以用银元为主。20世纪30年代之后法币出现在民间借贷中，而实物借贷所占比例也上升了。关于当地民间借贷中的货币使用的变迁，一张图远胜过千言万语。

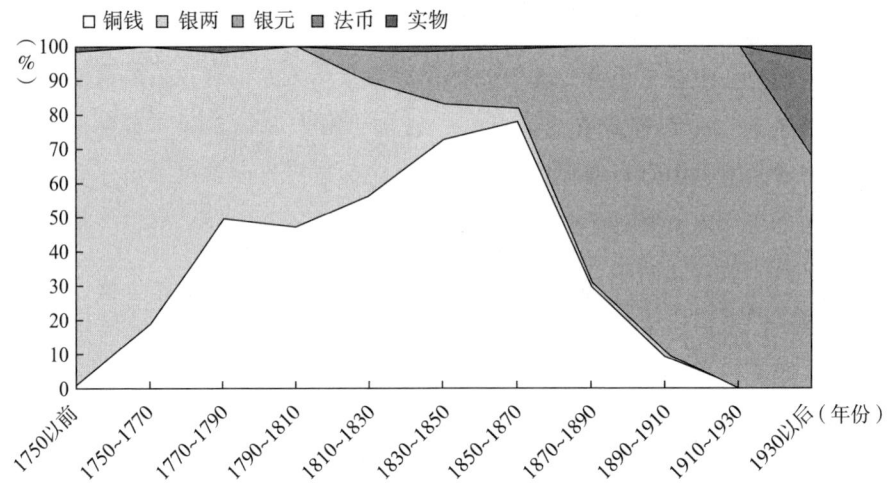

图1 徽州地区民间借贷中货币使用比例的变迁（1750－1950）

资料来源：彭凯翔《从借贷契约看清至民国时期徽州的民间借贷与民间经济》，吴秉坤：《清至民国徽州民间借贷利率资料汇编及研究》，上海交通大学出版社，2015，序二第1~10页。

借助数据库及相关的统计图表，我们在写关于徽州的民间借贷问题与货币使用方面的文章上，就可以比较全面地利用这2500多份契约文书的内容进行研究，而不是如传统史学工作者只是简单地举几个例子证明自己的观点。在把握历史发展的趋势时，也会更加准确。我们知道，仅仅使用个别例证来论证自己的见解是远远不够的，这个方式很难克服学者自己的主观性。

这个数据库一旦建立起来，就是本学科的重要的公共产品，非常便于不同学者共享和利用，从而进一步推动更加深广范围的跨国家、跨地区、跨时期的比较研究与合作研究，这方面的意义是不言而喻的。

总的来讲，计量史学的发展将推动传统史学进一步向科学化的方向迈进。但这并不意味着史学研究的人文风格应该受到贬低甚至抛弃。愿这两种风格的史学研究能够多元发展，相互竞争、相互合作、共同繁荣，走向一个更加美好的未来！

（作者：袁为鹏，中国社会科学院经济研究所中国经济史研究室研究员，博士生导师；整理者：张新，华中师范大学人文社会科学高等研究院硕士生）

近代中国工业化进程中民间资本的地位和作用[*]

朱荫贵

今天我跟大家进行交流的内容是近代中国工业化发展之中民间资本占有什么样的地位,发挥了怎样的作用。它不仅仅是一个历史上的问题,也不仅是一个学术问题,可以说在今天,在我们现实的经济生活之中,在今天的中国经济体系以至改革中,同样是一个重要的问题。从历史到今天,它的背后,有没有可以借鉴的,或者说可以吸取的经验或者是教训,从某种角度来说,也是我们学术研究一个很重要的目标。所以,今天我选择这样一个题目和大家进行交流,希望能得到大家的批评和指正。

有一个前提是大家都知道的,近代中国严格来说是一个过渡的社会,原来马敏和朱英教授也都谈到过它是一个过渡社会。这个过渡社会我们换一句话说,它是从几千年农业的传统社会向机器大工业转换、过渡的这样一个社会。值得注意的是,这样的一个过渡、转换从近代开始到现在,仍然在进行中,没有结束。这个过渡从经济领域中看,最大特色和外在表现就是机器大工业产业的诞生和发展。这里我列举了一些数字,就是仅仅在1912年到1913年,中华民国成立之初,中国新成立的工厂1912年就达到了2001家,1913年达到1249家。到了1916年,全国的工厂数是16957家,

---

[*] 本文为作者2015年9月22日于华中师范大学逸夫国际会议中心所做演讲,收入本书时略有修改。

这还是不完全统计,资本数已达到1亿5000万元以上。在1937年抗战全面爆发之前,出现了不少的民间资本企业集团。那么,这些数字和这些现象都说明了一个事实,就是中国的工业化已经取得了一定的成就,同时这个过渡已经在进展中出现了一些阶段性的特色。我们说,农业文明向工业文明转换,它需要一些要素的配合,比如说技术、设备、人才、资本等等,其中资本是一个关键。你没有技术,没有人才,没有设备,可以通过资本去购买,向世界先进国家购买,但是你没有资本,很多事情就做不了。那么,资本在近代中国的时候情况怎样呢?具体是一种什么样的表现呢?在1936年的时候,根据统计,当时的中国新式工业资本在不计算外国在华资本和东北地区资本的情况下,工业设备的投资已经达到了17.9亿元。这个统计数据是用了我们经济史学界权威的学者吴承明先生,他主持的集体项目《中国资本主义发展史》,在集体研究的各个领域的统计之下计算出来的结果。还有吴先生写的《中国近代资本集成和工农业及交通运输业产值的估计》一文中提出的数据,这个数据是比较可信的。就是说在1936年、1937年大家都知道抗战爆发了,在1936年的时候达到了17.9亿元。这个数据大不大呢?严格说来并不是很大,但是相对于过去没有工业只有手工业、农业这样的一个社会来说,它也是很大的进步。那么,这里就有个重要的问题需要提出来:近代中国,它面临农业社会向工业化社会的一个转型,那么在近代企业发展,工业化的进程中,资本,像刚才我们所提到的17.9亿元,是从哪儿来的呢?我们回顾一下,近代中国从洋务运动时期开始,中间经历过1895年的《马关条约》、1901年的《辛丑条约》,都有战争赔款。战争赔款导致了中国的元气大伤,也就是说中国首先没有向外国扩张去获得这样的资本原始积累,还要反过来向外国赔款,搞得民穷财尽,那么在这样的背景下,这些钱,这些工业资本的钱又是从哪儿来的呢?通过什么途径来进行筹集?在筹集和运转的过程之中,又有些什么特色?这些就是问题了。近代资本在工业资本中,可以分为三块,一块是国家资本,就是国家财政拨款形成的一些工业企业的资本,这部分主要在1937年以后投入比较多。还有就是民间资本和外来资本,外来资本就是外国在华企业的资本。今天我们主要关注的是民间资本,因为在1937年以前,已经形成了工业产业,资本总数主要是民间资本所带来的。所以在这种情况之下,关注工业化进程之中,民间资本如何发挥作用的问题就很有意义了。就像改革开放已经 30 多年，我们今天虽然成为世界第二大经济体，民间资本企业已经发挥很大作用，可是我们仍然可以经常看到在媒体上新闻报道之中，还有民间企业融资难、贷款难，小微企业几乎和金融企业难以发生联系等这样的报道。所以导致出现很多非法集资、地下钱庄等情况的报道，甚至在这种情况之下还出现了一些集资以后携款潜逃等现象，出现了很多很多的问题。从今天我们的这些状况，回顾历史上的这段时间，相对来说可以有很多的借鉴。学史使人聪明，我们看看近代中国，它是怎么解决的，在当时的金融运行过程之中，它的特色是什么，等等。了解这些，不仅对于了解中国近代的经济有价值、有意义，就是对于今天我们的民间资本的运行和了解同样有价值、有意义。另外，也能够进一步丰富我们对东亚资本主义发展，就是中国、朝鲜、日本等等，以及东南亚这些地方，它的发展多样化和特点的认识。所以说，我们提出这样的一个问题，是有一定的考虑的。那么有关这个民间资本的研究，前人主要有些什么成果呢？这里我列举了一些前人研究的比较有代表性的著作。比如说方显廷，南开经济研究所早期的主要奠基人物，他有一本书叫作《中国工业资本问题》，这是商务印书馆民国二十八年（1939）出版的。但是比较遗憾的就是这本书很薄，只有 100 多页，对于这方面问题涉及得不够全面，不够多。还有刘大钧，大家知道他是专门研究中国工业化问题的，他有一本书叫《工业化与中国工业建设》，可是呢，其中对工业资本尤其是民间资本着墨也不多。下面这篇文章比较重要，就是王宗培的文章。王宗培是留学美国的一个经济学家，回国以后他在今天的上海财经大学，也就是当时上海商科大学做教授，他的这篇文章叫作《中国公司企业资本之构造》，发表在《金融知识》第 1 卷第 3 期，这篇文章的主要部分被陈真所主编的《中国近代工业史资料》第 4 集大部分收录了。后来我在陈真的这本资料集上看到这篇文章以后，非常感兴趣，又担心陈真收录的时候会有遗漏，想尽办法找到了这期《金融知识》，后来核对了一下，发现精华部分，也就是几乎百分之九十的篇幅都被陈真收录进去了。原版的《金融知识》不容易找到，可是陈真的这本书很容易找到，大家有兴趣的可以看看这篇文章。再就是许涤新和吴承明主编的《中国资本主义发展史》1～3 卷，分别是人民出版社在 1985 年、1990 年、1993 年出版的，这套书里面统计了很多经济发展中的资本的问题，还有其他的一些方面，例如程度、比例、分布等等，特别是第 3 卷的后面附了很多表，这些表格很多是很重要的，所以这也是一套很重要的参考书。另外一个就是上海东华大学李一翔教授的《近代中国银行与企业的关系》，就是银企关系，目前为止专门研究的就是他的这一本，也是他的博士论文，后来 1997 年在台湾出版，主要写的是 1937 年以前的，1937 年以后有一些，不是很多。还有就是刘云柏《近代江南工业资本流向》，主要讲它的流动、流动方式和朝向等等。除了这些以外，其他的一些著作就是有些涉及，相对集中的是南京大学的马俊亚教授，他写的中国经济史方面的著作也涉及工业资本，大概就是这样一些。所以说这方面前人的研究不是很多，留下的研究空间也比较大，大家如果有兴趣的话，我觉得这一领域也是可以进一步挖掘的。

我们现在进入主题，我想从几个角度来看看民间资本的地位和作用。怎么看？首先是从传统中国的金融机构入手，其中最重要的是钱庄，所以这个地方传统金融机构举钱庄为例，然后新式金融机构举银行为例，然后再是证券交易所。这样三个金融领域里的机构观察了以后，我们再来看看企业自己的筹资方式，那就是主动地面向社会吸收存款和企业内部的利转股等等。那么，现在我们先看看晚清时期主要的官督商办企业之中的官款，要提请注意的一点是，这个时期的官款不是官股。官方对洋务运动时期主要的企业有支持，这个支持就是垫借资金，借给他们钱，让他们兴办。但是这个垫借，大家注意它不是入股，垫借是要还的，而且要连本带利还，这个跟日本明治维新时期的做法完全不一样，日本政府的支持力度比中国的不知要大多少。所以大家可以看主要的企业——轮船招商局、开平矿务局、天津电报局，还有下面的，包括青溪铁厂、华盛纺织总厂，借来的官款开支主要是作为开办费，或者购买设备费，或者是修建费，等等。这个说明什么问题呢？晚清时期，洋务运动时期，清朝政府用拿出来的一些资金兴办了一些机器大工业，创办军用工业的时候采用的是政府资金的完全投入，对民用企业采用的是借贷，是分成两块的，军用和民用是不同的两种方式。民用的都是要还，而且你得到它垫借的费用以后，意思就是它给你支持，你以后发展起来了，需要回报。按照两江总督刘坤一的说法，这种关系就像父亲和儿子的关系，父亲看见外国人来赚钱了，与其让外国人赚，不如培养我的儿子，让我自己的儿子赚钱，那么，儿子赚了钱以后回报父亲不是理所应当吗！所以它要求企业有一个回报，这个回报就是报效，而且明文规定制度,根据制度来要求回报。当时晚清官督商办企业之中的来自政府的支持情况大体就是这样的。而且借给民用企业的钱够不够?不够,远远不够。

现在我们再看一看1920年、1936年的经济发展统计表(见表1),这里有一个估计,就是中国工农交通业总产值的估计,这个估计数字可能会有点出乎大家意料,因为大家过去心目之中对旧中国的一般印象是衰败,是滑入深渊,是半殖民地半封建,是民族工业企业动辄破产等等。但是这个统计数据是通过大量的资料分析、总结、计算提炼出来的,这个数据是很可靠的。

表1 中国工、农、交通业总产值估计

单位:万元,%

类别	1920年	1936年	1936年比1920年增长比例
农业	1049494	1450506	38.2
工业	543396	973347	79.1
近代化工厂制造业	88287	283073	220.6
交通运输业	60937	141659	132.5

资料来源:许涤新、吴承明主编《中国资本主义发展史》第3卷,表6~9,人民出版社,1993,第739页。

我有一点印象很深,当然这个是题外话了,我在读博士期间去了日本一年,博士后又做了两年,都在日本东京大学,当时我去的时候一直有一个想法,就是我们中国近代落后,特别跟日本相比是落后了,那么原因是什么呢?所以我要做的这个研究,选择的题目就是中国晚清洋务运动和日本明治维新的比较研究,是通过中日两国两个典型企业为中心的比较研究,来观察两国不同发展结果的原因。到了日本后,很想找到这方面的学者进行交流,了解他们的看法,可是发现很难找。然后我在与日本学者熟悉了以后问他们为什么,他们说我们为什么要和中国比呀,我们要比跟美国比,跟英国比,跟先进的国家比。我就说,我们中国在当时发展没有你们那么顺利,发展得那么好,我想找找原因。他说,但是你们也不算差呀!我第一次听到这个说法的时候他用了一个词,叫作中进资本主义,他说我们(日本)算是发展先进,成为先进资本主义国家,但是在亚洲就我们一个,这是偶然因素造成的。他说你看,亚洲举来举去就日本一个。但是你们中国不一样,你们中国国家大,领土广、人口多,你们能够变成一个中进资本主义国家这是相当了不起的成就啊!我当时听了很吃惊,因为这个说法我过去是从来不知道,也从来没有想过。我说你怎么会有这样的印象呢?后来我请教一些比较资深的教授,有一个资深的教授告诉我,你们毕竟没有成为殖民地,你们自己说的也是半殖民地半封建,你们的资本主义还是有相当发展的,你再比比泰国、印度尼西亚、菲律宾,你们为什么不去跟菲律宾、印尼这些国家比呢?你们为什么要和我们日本比?不也是认为那些国家发展比你们更差吗?还有印度,那不也是完全殖民地吗?你们中国没有你们说的那么差,至少比日本以外的亚洲国家发展好。他这个说法给我一个很大的冲击,后来我想了又想,感觉确实是这样啊。为什么我就从来没从这个角度想过呢?我为什么没有想过我们要跟印度比一比,要跟印度尼西亚比一比,跟菲律宾比一比呢?我们瞄准的是比较成功的国家,跟它比,我们有差距,但是如果跟其他的国家比,我们确实是比他们要强。所以这个统计表吴承明、许涤新先生做出来的,反映的就是这么一种情况,大家可以看一看:农业,我们过去认为是比较差的,但是在1920~1936年的16年的时间,它增长了38.2%。工业增长了79.1%,近代化工厂制造业,就是股份制企业,发展得最快,达到了220.6%,也就是说在16年的时间里,发展了1倍多。交通运输业也发展了,增长了132.5%。所以这个速度,你能说很慢吗?好像不能这么说了。黄金十年,过去讲的是第一次世界大战时期,实际上1927~1937年仍然是一个发展比较快的时期。这个统计表就告诉我们,在这个时期,尽管有天灾,有军阀混战,有世界经济大危机,等等,但是在各种艰难曲折之中,中华民族的活力、中国经济发展的动力,在中国人的努力之下,仍然有比较大的潜力发挥出来,这个统计表就证明了这一点。同时它也告诉我们,这个发展里面有很多的资本投入。实际上,在这个过程之中,主要就是中国的民间资本和传统社会的筹资习惯,以及机器工业产生以后,民间应运而生的一些新的筹资方式,很大程度上承担了工业化进程之中对资本需求的这样一个重担。所以我们在分析民间金融机构融资,即企业吸收社会储蓄和企业内部多种多样的挖掘潜力和积累扩张方式的时候,可以揭示出一幅幅的民间金融活跃的历史图景,同时能够通过近代中国金融资本的运行,达到对近代中国国情更深一步了解的目的。这就是我们选择这样一个题目的价值和意义之所在。

下面我们来具体看一下民间资本的几大表现领域，它是非常活跃的，表现多种多样。我分别列了一下，就是以钱庄为例的传统金融机构；近代民间资本银行业；证券市场；还有就是企业商号面向社会吸收储蓄作为营运资本；第五个方面是企业内部的多种筹资活动的情况。通过今天这样的一个机会，跟大家做一个介绍，同时也进行一下交流。因为介绍的是我个人的一些认识，可能有不对的地方，乃至有错误的地方，希望大家来批评指正。

首先我们来看一看钱庄，我们先看一下钱庄对企业的放贷，也就是企业通过钱庄的融资情况。轮船招商局是1873年1月开始正式挂牌的。它在开办的时候资本数只有476000两，其中借了官款20万串铜钱，扣掉利息折算成白银是123023两。那么在第二个财政年度里面，注意钱庄的融资，钱庄加上私人的借款，其实就是其中的储蓄栏目，私人把钱存在它这里，加起来共有475354两，跟它成立时候的资本数基本上一样，就是说它资本筹集了半天只筹到47万多两，这个时候钱庄的融资和私人的储蓄同样达到了47万多两。第三个财政年度，当它的资本数在逐渐增加的时候，钱庄的融资数也在增加，资本达到68万多两的时候，它的借款也达到了61万多两，私人的储蓄是23万多两，加在一起超过了它的资本数。第四个财政年度的时候，就是1876~1877年，这个时间所借官款一下子增加了很多，达到了186万多两，为什么？因为这个时候，轮船招商局在跟英国和美国的轮船公司发生激烈的跌价竞争，双方都在不计成本地降价竞争。在这个过程之中，轮船招商局凭借着唐廷枢这些商人非常熟悉商情和管理，经营得很有成效，再加上中国商人的支持和南方的漕粮运输这样一个货运保证，把英国和美国的航运公司逼得狼狈不堪。美国当时在中国最大的一家轮船公司叫美国旗昌轮船公司，它就受不了，已经是要破产了，不得不求售于招商局，就是我卖给你吧，我们走了，我们回国了。招商局在盛宣怀、唐廷枢和徐润三个人的商量之下，提出向清政府借钱，购买美国的旗昌轮船公司。盛宣怀嘴巴很会说，他先是向李鸿章请求，李鸿章踌躇未许，因为担心这个钱款太大，不好办。结果他们就转而求助两江总督沈葆桢，结果盛宣怀说的话打动了沈葆桢，沈葆桢后来回忆起来说，当时有点儿鬼迷心窍了吧，就一下子借了，借给100万两。所以这年官款加起来达到了180多万两。但是需要注意，这里钱庄的融资数仍然很高，59万多两。再到下一年度，钱庄和私人吸收的存款达到了 147 万多两。再以后，陆陆续续还了一些钱以后，还一直有 62 万余两、53 万多两（见表 2）。

表 2　1880 年前轮船招商局的负债情况一览

单位：两

年度	资本数	所借官款	钱庄借款	私人借款	仁和保险存款
1873~1874	476000	123023	—		
1874~1875	602400	136957	475354（钱庄私人合计）		—
1875~1876	685100	353499	613228	238328	200000
1876~1877	730200	1866979	593449	87884	350000
1877~1878	751000	1928868	1472404（钱庄私人合计）		418430
1878~1879	800600	1928868	624088（钱庄私人合计）		582632
1879~1880	830300	1903868	533029（钱庄私人合计）		619848

资料来源：唐廷枢、徐润《招商局第一至第七届帐略》（影印件），转引自《招商局创办之初 (1873-1880)》，胡政、李亚东点校，中国社会科学出版社，2010，第 39~174 页。

也就是说招商局从成立开始，它的命运就跟传统金融机构紧紧地结合在一起，依靠传统金融机构的融资，依靠它吸收的私人储蓄，撑过了难关，购买了美国旗昌轮船公司，而且得到了发展。购买美国旗昌公司之后，招商局成了中国领水中最大的一家轮船公司。根据招商局第一至第七届"帐略"（这个"帐略"藏在蛇口的轮船招商局档案馆）。专门管财务的徐润，他在自编的年谱中说，招商局"初时本少（本钱少）用多（用途多），恒形竭蹶（一直都处于钱不够用的情况），常年周转，既赖官款接济，亦赖商款流通。……十余年来，统计每年年终结欠庄款及绅商存款，常有百余万两之多……"。这个时候还没有银行，华资银行是 1897 年中国通商银行成立后才有的。这个时候在还没有银行的情况下，招商局是靠传统金融机构钱庄给它的支持发展起来的。而钱庄就是民间资本的金融机构。

我们再来看一下下面这个表（见表 3），这个表里的资料反映的是 1915 年的汉冶萍，也就是武汉，同时也是当时亚洲最大的钢铁煤炭联合企业汉冶萍公司的财务情况，它欠汉口钱庄的债款明细。1915 年时，汉口钱庄融资给汉冶萍的资金总数是 30 多万两，像蚂蚁搬山一样，一家钱庄贷一点点，最大的一家钢铁煤炭企业之中集中了零零碎碎的这些钱庄的贷款。这里面大家可以看到最少的贷款只有 68.67 两，当然它是截至 1915 年底，可能这是没有还完的剩款,在这个前面一直有,只是我们没有找到更细的资料,这个资料它是现成的,所以我拿过来用。这个资料说明当时的大型钢铁企业里面,同样存在传统金融机构钱庄的贷款,跟它结合在一起进行融资。那么,反过来看,一家钱庄同时又向很多家企业放款,一家企业里面有很多家钱庄给它的贷款。一家钱庄同时向多家企业放款,是为了鸡蛋不放在一个篮子里,风险分散。

表3 截至1915年底汉冶萍欠汉口钱庄债款明细

单位：洋例银两

钱庄名	所欠银两	钱庄名	所欠银两
百川盛	9063	保泰庄	3371.12
履康庄	158755.11	仁太庄	5705.49
大丰庄	9202.5	春元庄	284.68
晋裕庄	15060	谦益庄	2528.69
晋昌庄	9202.5	谦大庄	1901.9
仁太庄	3042	公顺庄	1293
丰成庄	6084	隆泰庄	482.13
春元庄	3031.5	福生恒	908.66
同裕祥	4587.67	丰泰庄	1836.74
百川盛	1091.68	慎昌庄	2877.56
大丰庄	1203	庆昌隆	1744.89
新昌庄	209.6	晋裕庄	3024
其昌庄	2053.98	衡源庄	9714
晋昌庄	2281.78	裕通庄	9360
晋裕庄	3992.39	裕恒益	46620
源盛庄	575.9	大丰庄	12384
丰成庄	68.67	晋昌庄	3042
玉成庄	2171.54	协成银号	3065.2

资料来源：湖北省档案馆编《汉冶萍公司档案史料选编》(下),中国社会科学出版社,1994,第727页。

大家看这是1899~1907年上海福康钱庄放款的统计表(见表4),它向多家企业放款,里面有各种各样的企业,有汉冶萍;还有纱厂,纱厂也不止一家,有很多家;有洋灰公司、面粉公司、丝厂、火柴厂等等。这里面有抵押贷款,也有信用放款。总的来说,中国工业化启动以后,它就跟传统金融机构结下了不解之缘,双方的关系就紧紧地结合在一起,互相支持着,共同发展。

表4 1899～1907年上海福康钱庄的工业企业放款统计

单位:两

年份	企业名称	放款数额	年份	企业名称	放款数额
1899	纺织局	20246(信用放款)	1904	纶华丝厂	5720(信用放款)
1899	瑞纶丝厂	5112(信用放款)	1904	恒昌丝厂	44000(抵押放款)
1900	恒昌丝厂	80000(信用放款)	1905	恒昌丝厂	33233(抵押放款)
1902	燮昌火柴厂	5000(信用放款)	1906	又新纱厂	10317(信用放款)
1902	瑞顺丝厂	65000(抵押放款)	1906	汉冶萍局	10200(抵押放款)
1902	丰记油厂	22259(抵押放款)	1906	又新纱厂	20000(抵押放款)
1902	纺织局	20000(抵押放款)	1907	公益纱厂	20279(信用放款)
1903	纶华丝厂	10315(信用放款)	1907	汉冶萍局	20267(信用放款)
1903	瑞纶丝厂	100000(抵押放款)	1907	又新纱厂	10337(信用放款)
1903	宝昌丝厂	40000(抵押放款)	1907	启新洋灰公司	10244(信用放款)
1904	瑞顺丝厂	45000(信用放款)	1907	华兴面粉公司	10184(信用放款)

注:原资料将钱庄对工矿企业的贷款以信用和抵押贷款分别做表,此表则合在一起,但分别注明信用放款和抵押放款。有的企业同一年获得两次贷款,即是有信用和抵押贷款的缘故。

资料来源:中国人民银行上海市分行编《上海钱庄史料》,上海人民出版社,1960,第784～785页。

这张表(见表5)是南通张謇的大生第三纺织公司与金融机构的借贷表。南通大生一厂成立后赚了很多钱,二厂也赚了很多钱,然后准备筹建第三纺织公司,筹办时是在第一次世界大战期间。可是等购买了机器设备运到南通的时候,已经是大战结束了,而这个时候用我们过去的说法就是帝国主义卷土重来,然后在中国开办了好多企业。这个时候纱厂的前景已经不妙了,市场竞争激烈了,加上机器设备也涨价了,可以说第三纺织公司有点"生不逢时"。所以张謇就要求股东再出钱,否则第三纱厂就办不起来了。那些股东拒绝出钱,认为现在这个情况还要办厂,能不能办还是个问题,不愿再出钱了。结果张謇没有办法,在骑虎难下的情况下,向上海永聚钱庄借规银100万两,月息是1分5毫,这个是比较高的利息了,抵押物是地基、房屋、机器、生财。这张表的情况说明什么问题呢?说明这个时候的钱庄改变了很多钱庄共同向一家企业放贷的情况,变成了一家——永聚钱庄。这家钱庄的放贷让大生第三纺织公司活过来了,兴办成功,一直到1929年,为了节省利息,上海商业储蓄银行转接过来是月息9厘。为什么上海商业储蓄银行一直到这个时候才给它贷款?前面为什么不肯贷?它害怕,规避风险,它前面不知道大生第三纺织公司能不能办起来,办起来能不能赚钱,到了这个时候看到可以赚钱了,便同意按月息9厘还款接过来,大生纱厂为了节省利息停止了跟钱庄的放贷。这个时候的各家大型工矿企业跟旧式金融机构钱庄直接发生资金融通关系。这是民间资本支持工业化进程的案例,大生纱厂是获得钱庄支持的又一个典型。

表5 大生第三纺织公司向钱庄银行借款明细

融资行庄	借款期限	融资金额	到期日期	月息	抵押品
上海永聚钱庄	1年	规银100万两	1924年阴历九月底	1分5毫	地基、房屋、机器、生财
上海永聚钱庄	1年	规银100万两	1925年阴历九月底	1分5毫	地基、房屋、机器、生财
上海永聚钱庄	1年	规银100万两	1926年阴历九月底	1分5毫	地基、房屋、机器、生财
上海永聚钱庄	1年	规银100万两	1927年阴历九月底	1分5毫	地基、房屋、机器、生财
上海永聚钱庄	1年	规银75万两	1928年阴历九月底	1分5毫	地基、房屋、机器、生财
上海永聚钱庄	1年	规银65万两	1929年阴历九月底	1分	地基、房屋、机器、生财
上海商业储蓄银行	1年	规银130万两(定期)	1930年10月2日	9厘	棉花、制造品、物料
上海商业储蓄银行	1年	规银20万两(活期)	1930年10月2日	9厘	棉花、制造品、物料
上海商业储蓄银行	1年	规银70万两	1930年10月2日	9厘	地基、房屋、机器、生财
上海商业储蓄银行(95%)江苏银行(5%)	1年	国币100万元	1937年3月31日	9厘	地基、房屋、机器、生财

资料来源:南通市档案馆、张謇研究中心合编《大生集团档案资料选编》第Ⅲ卷,方志出版社,2004,第510~513页;第Ⅳ卷,方志出版社,2006,第565~569、570~572、573~575、622~625页。

钱庄向企业放贷的特点，我们来小结一下。一般人不会想到，像招商局和汉冶萍这样的大型新式企业中，会存在资本少贷款期短的传统中国民间金融机构钱庄的大量贷款。也因此，这时期一家大型企业中存在几十家钱庄的贷款，一家钱庄也向多家企业放贷的现象普遍存在。下面我引用了两个当时人的说法，"当时，国家银行我们（我们指裕大华公司）走不进门，私营钱庄是我们的主要往来"。"清末民初新式银行开设不多，亦不做商业往来。工商业资金融通完全依靠钱业。"分别处在湖北和上海的当时业内人所说的这些话，点出了钱庄在金融市场上的地位和作用。这点应该说是确凿无疑的。银行出现以后，钱庄仍然在发挥着作用。

我们现在考察一下银行业。中国最早出现的华资银行，是1897年5月27日成立的中国通商银行，实收资本250万两白银，总行设于上海，并在北京、天津、汉口、广州、汕头、烟台等地设立分支行。这家新式金融机构的银行业开始出现在中国大地上时，距1845年英国在中国香港成立丽如银行，同年在广州设立分行，已经有了半个世纪之久。此后在1917～1923年和1927～1935年期间有过两次快速发展（见表6）。

表6　1896～1937年中国银行设立情况统计

单位：家

年份	设立银行数	现已停业数	现存数
1896	1	0	1
1902	1	1	1
1905	1	1	1
1906	2	2	1
1907	3	0	4
1908	4	3	5
1909	1	1	5
1910	1	0	6
1911	3	2	7
1912	14	10	11
1913	2	1	12
1914	3	1	14
1915	7	5	16

续表

年份	设立银行数	现已停业数	现存数
1916	4	3	17
1917	10	9	18
1918	10	6	22
1919	16	9	29
1920	16	14	31
1921	27	18	40
1922	27	19	48
1923	25	20	53
1924	7	5	55
1925	9	7	57
1926	7	7	57
1927	2	1	58
1928	16	5	69
1929	11	3	77
1930	18	6	89
1931	16	6	99
1932	13	4	108
1933	15	3	120
1934	22	4	138
1935	18	0	156
1936	5	0	161
1937	3	0	164
年份不明者	50	50	
合计	390	226	164

注：1. 这里的中国银行，指除在华外国银行以外的本国华资银行。

2. 唐传泗和黄汉民先生曾对1925年以前成立的本国银行数量进行过考察（参见《试论1927年以前的中国银行业》，《中国近代经济史研究资料》第4辑），据他们研究，1925年前成立、停业和存在的银行数量都比此处引用的《全国银行年鉴》的数量多。因《全国银行年鉴》的资料在1927年前变化趋势与唐、黄先生的研究一致，而这里考察的主要是1927年以后的发展变化，故仍然引用此资料。

3. 中国的第一家银行即中国通商银行的成立时间，一般都以1897年正式开业为准。本统计表中以1896年为出现时间，是以清朝政府批准的时间为准。

4. "现存数"一栏为笔者计算所得。

资料来源：中国银行经济研究室编《全国银行年鉴》（1937年），汉文正楷印书局，1937，第A7~A8页。

从这个表格中可以看出来，1917~1923 年每年设立的银行数都是两位数，当然这期间倒闭的也比较多，也基本上是两位数。另外 1927 年以后，就是 1928 年一直到 1935 年，这期间每年成立的银行数也很多，可是倒闭的比较少。一直到 1937 年，全国有 164 家银行，总行是 164 家，分支行将近 2000 家。这两个快速阶段，一段是 1917~1923 年，一段是 1928~1935 年。我用一段 1937 年《全国银行年鉴》中的话进行总结，它在分析银行业发展时说："在此十年中，新设之银行达一百三十七家，其中已停业者仅三十一家，现存者达一百零六家，占现有银行三分之二强，易言之，现有银行一百六十四家，其中三分之二，均成立于最近十年之内。可见此短短十年实为我国银行史上之重要阶段。"这是新式金融机构银行出现以后，它自身的一个发展趋势和变化情况。其中民间资本银行"南三行"为：上海商业储蓄银行、浙江兴业银行和浙江实业银行。"北四行"就是金城银行、盐业银行、大陆银行和中南银行。这是当时最典型的民间银行的代表，这些银行在它的发展过程中吸收的存款、贷款和利润基本上都是直线上升的。在这个时候，"北四行"中的金城银行业务发展极为迅速，1917 年至 1920 年存款额由 404 万元增至 1198 万元；放款额由 378 万元增至 851 万元，纯收益由 9 万元增至 89 万元。同样，这期间的银行业，我过去做了一些分析，不管是国家资本银行还是民间资本银行，也不管它是储蓄银行、农业银行、工业银行和其他银行，通通发展得比较快，利润比较高，比较顺利地占绝大多数。具体情况见表 7。

表 7　1927~1936 年银行业各项存款、各项放款及纯益统计

单位：元

年份	各项存款	指数	各项放款	指数	纯益	指数
1927	976122496	100	908019930	100	11442000	100
1928	1123470646	115	1056358175	116	13530294	118
1929	1320151727	135	1221940222	135	18967392	166
1930	1620261033	166	1420540837	156	21591571	189
1931	1860656525	191	1603905114	177	21065553	184
1932	2115667462	217	1857406025	205	29225972	255
1933	2594129555	266	2327086912	256	32522819	284

续表

年份	各项存款	指数	各项放款	指数	纯益	指数
1934	2981377182	305	2606902211	287	39317532	344
1935	3779417705	387	3185424460	351	36567302	320
1936	4551268962	466	3195598763	352	49916318	436

注：1. 1927～1931年的数字为中国近代28家重要银行的统计数字。
2. 各项指数均为笔者计算所得。

资料来源：1927～1931年的数字见中国银行总管理处经济研究室编《中国重要银行最近十年营业概况研究》，1933，第314、315、326页；1932～1935年的数字见中国银行经济研究室编《全国银行年鉴》（1936年），汉文正楷印书局，1936，第A56、A61页；1936年数字见中国银行经济研究室编《全国银行年鉴》（1937年），第A47、A53、A57页。

这期间银行业对工矿企业的投资逐渐在增加，上海15家重要银行，主要是民营的，1930年对工矿企业的放款总额只有9149万余元，不算很多。1933年发展到16338万余元，1936年又增为29125万余元，7年之间大概增长了2倍多。王宗培曾经做过调查，就是刚才说的那篇文章。他对1932～1939年的100家企业资本构成情况做过调查，这100家企业自有资本总额2.6亿余元，其中从银行借入的资金（包括少量钱庄借款）为1.15亿元，借款是自有资本的43.8%，大概是这样的一个状况。这期间银行对工矿企业的投资逐渐在增加，但还不是一个很明显的或者垄断性质的趋势，没有达到这个程度。当然，其中民间资本银行在对工矿企业投资中又占了一个重要地位，比如说金城银行，它是比较特殊的，也是最突出的一个，它对工业企业的投资最多的时候占到放款比重的61.9%，一般在50%左右，上海商业储蓄银行一般在30%左右。20世纪30年代以后，就是中国银行、交通银行对工商企业的放款，这两家银行是1935年从南京政府加入官股，官股增加分量以后，变成了国家资本银行。在这前后，它对工商企业的放款也出现了大幅的增加。所以在这期间，民间资本银行对工矿企业的支持，是有一个发展过程的，30年代以后逐渐增加，趋势比较明显，但是战争很快爆发，所以我们考察的主要是它这段时间。那么到了1937年以后，战争爆发以后，可以看到中中交农四银行核定的工矿企业贷款，四银行即中央、中国、交通、农业银行，四家银行都是官方的银行，它对工矿企业的放贷比重1937年的时候是4.72%，后来逐渐增加。1937年以后抗战全面爆发，国家资本银行对工矿企业的支持，或者是对国家资本企业的投资大大增加了，最高的时候1944年达到72.15%，对工矿企业贷款达到这个数，但是民间资本银行对民间企业贷款还是比较多的。表8是1942年重庆17家私人资本银行的放款结构表。

表8 重庆市17家私人资本银行的放款结构（1942年2月）

单位：千元，%

业别	8家外地银行		9家本地银行		小计	
	金额	比重	金额	比重	金额	比重
商业	17083	29.73	50729	58.77	67812	47.16
工业	32873	57.21	6169	7.15	39042	27.15
同业	4900	8.53	24721	28.64	29621	20.60
其他	2601	4.53	4695	5.44	7296	5.09
合计	57457	100.00	86314	100.00	143771	100.00

资料来源：康永仁《重庆的银行》，《四川经济季刊》第1卷第3期，1944年6月，转引自李一翔《近代中国银行与企业的关系（1897~1945）》，台北：东大图书出版公司，1997，第119页。

从表8的统计看，重庆的17家私人银行包括外地来的和本地的，对工业放贷外地的银行达到57.21%，本地的银行主要投资对象是商业，因为商业更加来钱来得快，所以多少有点区别。本地的银行主要投资商业，外地来的银行投资工业，大概是这样。但是比较起来，私人资本银行对私人企业、工商企业的投资或者是叫放款还是可以的。

对银行的情况我们简单介绍了，再介绍一下资本市场，就是证券市场，近代证券市场与工矿企业的发展。近代中国证券市场有几个特点，其中一个特点是发展比较迟缓，1872年招商局成立时开始有股票买卖，1914年才由政府颁布交易所法，1918年才成立北京和上海证券交易所。股票买卖过了将近半个世纪才出现证券交易所。1912年至1937年主要买卖的标的物不是企业股票，而是政府债券，所以被称为"财政市场"。1941年12月8日太平洋战争爆发后，中国企业股票才成为证券市场主要的角色，可时间仅有几年。它投机性强，对企业发展支持没有持续性，力度也不是很强，这点我们要有清醒的估计。后来抗战胜利以后的1946年，上海交易所上市交易的股票也只有20多家，数量也不是很多，所以它的支持是有限的。那么我们继续看一下晚清民初时期的证券市场，这个时期还没有成立证券交易所，在1880年洋务运动时期，先后有近40家企业通过在市场上发行股票筹集资金，大概筹集到 1000 万两。而且成立了一家具有证券交易所雏形的私营股份制企业，叫作"上海平准股票公司"。通过《申报》可以查到这家上海平准股票公司专门刊登过一篇文章，连续在《申报》上刊登了两天，根据这篇文章我们才知道有这么一家上海平准股票公司，以及它的业务和基本情况是什么样的。后来到 1914 年以后，才开始颁布交易所法。1937 年前主要是"财政市场"，为何叫财政市场？当时朱斯煌、千家驹这些人的说法是：实际上交易所中交易买卖的证券只有政府公债，98%都是政府的公债。为什么这样？因为不管是民国的北京政府还是南京政府，都发行了很多内债，而这些内债通过银行来承揽发行，通过证券交易所来进行买卖，否则的话很难在市场上流通，银行也不愿承受。当时政府发行的债券折扣很大，所以银行也很愿意承揽。南京政府发行公债首先从银行手中得到一笔现金，然后债券由银行自己去想办法发行和买卖，但是政府以后还贷的时候，是按照票面额来还的。债券最高的折扣为五折到六折，利润很高，所以市场上主要买卖的就是政府公债。直到太平洋战争爆发，上海证券市场才开始出现了一个大的转折。这是一个新阶段，我引用了《华股指南》，这个资料转引自《旧中国交易所股票金融市场资料汇编》，书目文献出版社出了上下两册，实际上是把当时一些有关的书全文影印，一共有 2000 多页。在它的下册第 1724 页是江川编的《华股指南》，在前面有一个总的介绍说，1942 年在上海产业历史上，不能不说是一个值得重视的年份。我们看见了许多工厂的复活，也看到了无数工厂的新生。这一方面表现了民族的更生能力，另一方面也预示了企业的前途。民国三十一年的上海，在经济上可说是一个产业年，在市场上可说是一个华股年。到 1945 年时，上海上市的股票达到了 199 家，是 1949 年以前企业股票上市最多的时期。1945 年抗战胜利后，由于国民党和共产党的内战很快爆发，以及证券交易所经历清理、复业等过程，战后证券交易所存在的时间不长，复业重新上市交易的企业股票，没有超过 100 只，对中国工业化进程产生的影响当然也是相当有限的。

我们前面考察了传统金融机构、新式金融机构和证券市场三块，下面考察的是民间资本持续的、长期的、不断发生作用的表现形式。这就是民间资本筹集和周转的更重要的途径，这个途径就是近代企业直接面向社会吸收储蓄作为资本和运营金。王宗培从美国留学回来以后感到中外企业在这方面差异很大，他写道：从英美等资本主义各国情形看，企业借入资金，不外是通过商业信用、银行放款、商业票据、公司债券等数项方式筹集。但是，近代中国股份制企业的资本结构和资金筹集方式却有不同，由于国情迥异、金融资本市场尚未完善等缘故，我国公司企业之资本构造，与欧美先进国家显有不同。其中，尤以收受存款一项为唯一之特色。中国近代普通之公司商号皆自行吸收存款，以为资金之调节。其历史悠久基础厚实者，存款在运用资金中所占之地位亦更见重要。这一点，可能是中国的特色，后来我对这个问题产生了兴趣，不管是跟美国的、日本的、英国的、澳大利亚的学者交流的时候都问过这个问题，他们国家的公司、企业的发展过程中，有没有直接向社会吸收储蓄？他们听了都很吃惊，说这怎么可能？没有，企业融资都是通过金融机构进行的，怎么能自己面向社会以办理储蓄的方式吸收呢？但是中国恰好是这样，所以这是一个很大的特色，不是通过向银行贷款或者其他融资渠道借入资金，而是面向社会大众直接吸收存款，乃至像银行一样开办储蓄部，发放存折吸收社会零散资金以供企业作为营运资金的方法，与欧美企业相比，确实可以说是中国近代企业"唯一之特色"。它有没有向金融机构借款？有，也向银行贷款，也向钱庄贷款，但是同时它也向社会吸收存款，多管齐下。我们具体来考察一下南洋兄弟烟草公司，它是近代中国最大的华资烟草公司，它在吸收社会储蓄方面情况是这样的（见表9）：

表9 南洋兄弟烟草公司吸收社会储蓄情况

单位：千元

年份	总额	上海总公司所属部分存款	香港分公司及所属部分存款
1921	1606	1606	
1927	434	434	
1929	1086	849	237
1931	1313	986	327
1936	1547	687	860

资料来源：上海社会科学院经济研究所等编《南洋兄弟烟草公司史料》，上海人民出版社，1958，第492页。

南洋兄弟烟草公司分上海总公司和香港分公司，在1921年上海总公司就吸收了1606000元。然后1921年到1936年，除了1927年以外，吸收的存款都在100万元以上，1936年达到了1547000元，这是从《南洋兄弟烟草公司史料》上摘抄下来的资料。

荣家企业先用旧式存折的方式吸收存款,后来在 1928 年设立了储蓄部叫"同仁储蓄部"。在 1928 年,旧式存折吸收储蓄 103 余万元,储蓄部 147 余万元,合计是 250 余万元。到了 1933 年,旧式存折和储蓄部两边吸收来的存款达到了 754 余万元,这是相当大的数目。这个时期荣家企业在 1933 年的资本总数,面粉厂和纱厂加起来也就是 1000 万元左右,吸收的存款是 754 余万元,达到百分之七八十(见表 10)。

表 10 荣家茂福、申新总公司及储蓄部各年底存款余额(1923~1933 年)

单位:千元

年份	旧式存折吸收存款	储蓄部吸收存款	合计
1923	1090.40		1094.40
1927	1304.28		1304.28
1928	1034.58	1470.33	2504.91
1930	1373.26	4290.15	5663.41
1932	1403.79	5029.73	6433.52
1933	2324.05	5216.42	7540.47

注:荣家"同仁储蓄部"成立于 1928 年。
资料来源:上海社会科学院经济研究所编《荣家企业史料》上册,上海人民出版社,1980,第 277 页。

南京政府成立以后出现了一个新的现象,因为南京政府鼓励兴办企业,发展经济,因此吸收储蓄的企业商号更加增多。上海商业储蓄银行 1930 年 3 月 20 日发给上海银行公会的信函中指出:"迩来沪上各商号如中国内衣公司、世界书局、中法药房等,均以储蓄两字为增加营业资本之唯一方法,假报纸广告大事宣传,不惜诱以厚利,多方招徕,甚至大世界游戏场亦添设各种储蓄存款以固厚其营业上之实力。因之沪上储蓄机关之多竟自汗牛充栋。"所以请求上海银行公会向南京政府上书,要政府出面干预,禁止企业商号吸收存款,"诚恐此端一开,日后商店无论大小皆将以储蓄为主要业务,其资本不必筹措,尽可以厚利吸收……"。以至当时的学者认为,"吸收存款为我国企业界特异之现象",但是,"其运用几普及于各种企业及工商组织。以其重要性言,有时且驾凌行庄(银行和钱庄)借款而上之"。下面这个是当时《申报》上的广告,中华民国十七年四月二十一日星期六,大世界游览储蓄部存款章程（见图1）。

图1 大世界游览储蓄部存款章程

说明：《申报》1928年4月1日第13版开始刊登此广告，直到1930年12月8日第9版。

这个广告里面，吸收存款的方法、存款的种类，比今天的银行还要设计得灵活多样，有活期储蓄，零存整取，整存整取，整存整取还分几种，可以领大世界游览券，可以出卖，可以送给朋友。还有逐月付息、对本对利、长券存款等等，设计了很多灵活多样的储蓄种类。这份《申报》的广告（见图2），也是1928年4月的，百龄储蓄会，它是中法药房、九福公司、中西药房合办的，开创赠送纪念特别赠品两星期的形式。意思是说两星期内你到我这儿来存款，那么你可以获得特别赠品，就是除了存款，还可以得到利润、优惠，还可以给你奖品魔法瓶，也就是暖水瓶，在那个时候暖水瓶还是一个新产品，还有化妆品孩儿面。广告中说：为了不影响你的工作，你可以打电话给我们，可以送货上门，到你家里来办理储蓄手续。即"可以专人送上，以省储户往返之劳"。所以说有奖储蓄在那个时候就开始了。

最厉害的是世界书局的读书储蓄广告，广告词很厉害："读书作为知识储备，储蓄作为经济储备。"该书局的广告词确有迎合社会大众心理、能够抓住人心之处。如："赠言：种瓜得瓜、种豆得豆，及早储蓄，终生无忧"，"读书：一日有一日之益；储蓄：一年多一年之利"，"唯读书才能成名，唯储蓄才能得利"，"读书储蓄，是最进步的储蓄新法"，"读书储蓄，是成名得利的捷径"，等等（见图3）。在世界书局储蓄，可以免费获得"宝洋书券"购买图书。

图 2　百龄储蓄会招揽储蓄广告

资料来源：《申报》1928 年 4 月 5 日。

图 3　世界书局读书储蓄广告

资料来源：《申报》1928 年 4 月 21 日。

上述广告词，确实可以说是"劝之以情，动之以利"。另外一种类型，是ABC 内衣公司红利派股储蓄，这家公司的内衣卖得非常好，利润很高，广告词说为了保护老股东的利益，只吸收储蓄，不卖股份，但如果存款多了，可以把红利转为股份给出，用这种方法来吸收储蓄。南通大生一厂1922~1932 年吸收存款占流通负债总额的比重常年在 30% 以上，1928 年下半年开始后都是 40% 以上，最后两年几乎达到 50%（见表 11）。可见吸收储蓄对企业的营运和发展有相当大的作用，是一个不可忽视的资金的重要来源和途径。

表 11　南通大生一厂 1922~1932 年吸收存款额及占流通负债总额的比重

时间	流通负债总额（两）	吸收存款总额（两）	吸收存款占流通负债比重（％）
1922	7097950.7	1348746.2	19.00
1023	7844174.1	3320914.6	42.33
1924	7943004.6	2717340.3	34.21
1925	9069512.1	2657115.9	29.30
1926.1~6	8236242.4	3132194.7	38.03
1926.7~1927.10	9149843.1	3613681.3	39.49
1927.11~1928.6	9770649.7	3298426.0	33.76
1928.7~1929.6	8936264.3	3642502.1	40.76
1929.7~1930.6	6529416.9	3077673.0	47.14
1930.7~1931.6	6254428.2	3078176.4	49.22
1931.7~1932.6	6425898.3	3142271.4	48.90

资料来源：根据南通大生一厂历届"帐略"编制，转引自《大生系统企业史》，江苏古籍出版社，1990，第 223 页。

我们再来看看民间金融的其他表现形式，这里我们以棉纺织业为例。荣家企业中的申新系统，1916 年时自有资本为 21.7 万余元，到 1923 年增长为 656.3 万余元，1932 年增长为 1802.2 万元。这个增加速度相当快，增长如此之快的原因之一，就是不断把企业盈余红利转为股本。例如，申新纺织一厂将到 1918 年为止的"盈余红利三十万元加入股本"，1919 年的"盈余红利八十万元，提出三十万元分派外，尚余五十万元，添加股本，合足一百五十万元……"。1920 年盈余红利洋 975000 元，提 75000 元分派外，"尚余九十万元，添加股本，合足二百四十万元"。1921 年又将"盈余红利洋六十万元，添加股本，合足三百万元"。除发股息外，一般不发红利给股东，盈余不断滚下去，用来扩大再生产，"如象烧肉，老汁水永远不倒出来"，这种做法，是当时棉纺织业企业成功扩张的普遍做法。大兴纺织公司"红利本应照分，因各厂金融困难，可为前鉴。故决议不分，以固根本……未分之红利存放公司，按月 1 分 2 厘生息，并非空存……"，这个存款给的利息很高。大生纺织企业从 1899 年的一个厂到 1923 年扩展到四个厂，"资本增加近 16 倍，纺锭设备增加近 7 倍，固定资产增加近 18 倍"。"大生扩张新企业首先是由老厂投资，不足再进行招股，招股不足再由老厂贷款维持。如二厂就是先向一厂借了20余万两才开车的。而三厂开车更宕借一、二两厂大宗款项。"除将先开纺织厂所赚的红利作为后开棉纺厂的资本外，还将大笔款项拨给棉纺以外的其他项目如盐垦事业、公用事业等作为开办费和维持经费。例如1920年大生一厂、二厂就将"上届截存余利，计一厂五十万两，二厂二十万两，合计七十万两，拨入中比（比利时）航业贸易公司，作为股本"。另外还将"两厂上届余利，每股百两应得五十两内扣入淮海银行股份十元"。此外，还发行公司债。发行公司债，是当时一些公司从内部扩大积累进行自身扩张的做法。裕大华公司发行的公司债，分甲、乙、丙、丁、戊五种，利息定为月息1分。但公司如资金充裕，可以随时提前还本，倘因营业困难，或时局关系，则还本付息日期，均得酌量延缓。裕大华公司债券发行后，有过两次调整变动。

最后我们做一个小结：上面简单地介绍了以钱庄为首的传统金融机构、新式金融机构银行业对企业的放贷，证券市场的情况和特点，企业商号面向社会直接吸收储蓄作为营运资金，企业内部的利转股，企业红利转设新企业，以及发行内部债券集资等手段和措施，但显示出来的都是中国近代民间资本活跃的各种图景和表现形式。其中值得注意的是，长期稳定发挥作用的是企业吸收储蓄、内部扩张等手段，这是民间资本持续和不断为工业化做出贡献的特有表现形式。一直到1948年和1949年，《银行周报》杂志依然在刊载南京政府禁止企业商号吸收存款的法令和文件。之所以还在刊载，是因为社会上仍然有很多商号、企业依然在大量吸收存款。因为近代中国工业化的进程中，本身缺乏原始积累，来自政府的资金援助更是可望而不可即，因而来自民间的多种筹资手段、多种积累扩张的方式自是不可避免。当然，民间资本的活跃，有历史上长期传统的延续，例如河北大学的刘秋根教授研究宋代高利贷时，就注意到已经有粮号、商号、典当铺、绸缎铺、米铺等等吸收存款的现象，包括一些地主也吸收存款，还给利息。所以它是很长时期历史传统的延续。还有近代机器大工业兴起后新产生的方式，都成为这期间经济发展的重要动力，也为中国近代经济发展和工业化进程做出了明显贡献，同时也成为东亚资本主义发展的多种方式和途径的一种。这一点，是我们不应忽视更不应该忘记的。这种民间资本的活跃光靠堵的方式是不行的，一定要采用疏的方式，一定要让民间金融的活力迸发出来。这一点，对今天的经济体制改革也有启发和借鉴作用，也就是如何发挥民间资本的积极作用，同时又把可能出现的负面因素给予最大程度的限制，否则地下钱庄、非法集资的现象永远解决不了，因为企业发展需要资金，有需求就有供给，所以完全靠堵是不行的。我的介绍就到这里，欢迎大家交流和批评。

（作者：朱荫贵，复旦大学历史系教授，博士生导师；整理者：贾婷宇，华中师范大学人文社会科学高等研究院大数据历史专业硕士研究生）

稿 约

　　2015年，当华中师范大学人文社会科学高等研究院大数据历史专业基地班开始筹划并顺利招生时，我们就期待能够培育一个比较直接反映国内外中国史领域量化研究的小小园地。在高等研究院、历史文化学院等单位的共同努力下，我们策划了"大数据与中国历史研究"的系列讲座，每年定期邀请海内外素有专长的研究者举办专题演讲以及座谈，而这也构成了本刊的重要与特色内容。除了讲座实录外，我们设置了专题研究的栏目，向人文以及社会科学各领域朋友们约稿，感谢各位师友的襄助与惠允，我们很快完成了第1辑的编辑工作。为更好地推动大数据与中国历史的研究，本刊会不定期开设学位论文、新书评介等栏目，期待各位读者、各位同好，能积极惠赐大作或给予批评指正，我们的投稿邮箱为397394776@qq.com。

《大数据与中国历史》编辑组

图书在版编目(CIP)数据

大数据与中国历史研究.第1辑/付海晏,徐剑主编.--北京：社会科学文献出版社，2017.6
ISBN 978-7-5201-0761-7

Ⅰ.①大… Ⅱ.①付…②徐… Ⅲ.①数据管理-应用-中国历史-研究 Ⅳ.①K207

中国版本图书馆CIP数据核字(2017)第096399号

大数据与中国历史研究（第1辑）

主　　编 / 付海晏　徐　剑

出 版 人 / 谢寿光
项目统筹 / 宋荣欣
责任编辑 / 宋　超　陆　彬

出　　版 / 社会科学文献出版社·近代史编辑室 (010)59367256
　　　　　地址：北京市北三环中路甲29号院华龙大厦　邮编：100029
　　　　　网址：www.ssap.com.cn

发　　行 / 市场营销中心 (010) 59367081　59367018
印　　装 / 三河市尚艺印装有限公司

规　　格 / 开　本：787mm × 1092mm　1/16
　　　　　印　张：15.75　字　数：253千字

版　　次 / 2017年6月第1版　2017年6月第1次印刷
书　　号 / ISBN 978-7-5201-0761-7
定　　价 / 65.00元

本书如有印装质量问题，请与读者服务中心 (010-59367028) 联系

▲ 版权所有 翻印必究